Genizah Manuscripts of Palestinian Targum
to the Pentateuch

Michael L. Klein

Genizah Manuscripts
of Palestinian Targum
to the Pentateuch

Volume Two

Hebrew Union College Press
Cincinnati 1986

מיכאל קליין

תרגום ירושלמי לתורה
על פי כתבי־יד מגניזות קאהיר

כרך ב'

דפוס היברו יוניון קולג'
סינסינטי, תשמ"ו

Notes and Comments

For a description of this MS, see A. Díez Macho, in *Studi... offerti a P. Giovanni Rinaldi* (Genoa, 1967), pp. 175–8.

18. אָדָם] Taken as a proper noun; = Neof gl; cf LXX 'Αδαμ; contrast usage in the MT as generic "man", and Neof בר נשא. Note that sometimes the scribe places the *qameṣ* between letters when it is intended for both.

ואברא] MT אעשה; FT(V) and Neof אעבד. The present MS uses ברא to translate several Hebrew verbs in this context, e.g. יצר (v.19) and לקח (v.23).

זוג] < Gk ζυγόν; MT עזר; other tgg also זוג or בר זוג; similar phrases זכר ונקבה (6:19) and איש ואשתו (7:2) are both translated דכר וזוגה.

כד נפק בה] MT כנגדו; = Mishnaic Heb כיוצא בו.

19. דבאפי ברא] MT only השדה; cf Gen 3:1; 29:2; and Exod 9:21, below. This is common to all the PTs.

יתהון] > MT; cf LXX αὐτα. For other examples of pronouns added in the tgg, see below 9:23 יתה; 28:20 ביה; 30:18,26 לי; 31:9 יתהון; 31:42 יתך; 32:29 להון; 38:17 (MS E) לוותי; Exod 15:17; 22:9 יתיה.

ובאילן שמהן] MT מה; explanatory; cf PsJ מה יהי קרי ליה שום.

20. ולה] > MT; for additional examples, see below v. 21, ונצב = ויטע; 9:20, ודמך ליה = ויישן; קמו להון = נצבו; Exod 15:8 ויתב ליה = וישב; 48:2, לה.

21. ושנא בסימא] MT תרדמה; cf Neof שנה עמיקה, PsJ שינתא עמיקתא.

ושוי] = Neof; MT ויסגר.

22. ואעיל יתה] MT וַיְבִאֶהָ; The PTs separate accusative suffixes; cf 4:8 MT ויהרגהו, PT וקטל יתה; 9:5, אדרשנו, PT אתבוע יתיה; 9:16, MT וראיתיה, PT ואחמי יתה; 15:4 יירשך: יירת יתך; 24:3, ואשביעך: ואשבע יתך; 21:13, אשימנו: אשוי יתה.

23. ולא עוד ... מיני] ~ Neof, PsJ; > MT.

ויאי למתקריא] = Neof; MT יִקָּרֵא.

ואתבריאת] = Neof; MT לֻקָחָה, see note to v. 18, above, אברא.

24. ויפרש ... מדמכיה] ~ Neof; MT יעזב איש intransitive; cf FT(V) ישבוק גבר מן מדמכא דאבוהי.

ותריהון] = Neof, PsJ; > MT.

25. והוון ... בהתתה] = Neof, FTs; MT יִתְבֹּשָׁשׁוּ.

3:1. חלף ארום] Meaning of this phrase unclear; MT אף כי is also unusual; cf Neof ארום; O בקושטא; PsJ הקושטא.

מאמרה דאדני] = Neof gl; MT אלהים; cf v.3 et passim. On the use of *memra*, see D. Muñoz León, *Dios Palabra* (1974); R. Hayward, *Divine Name and Presence: The Memra* (1981); and M. L. Klein, *Anthropomorphisms* (1982), esp. pp. 125–134.

3. ואילן דעתא] The tg identifies the tree; cf Gen 2:9,17 ...ועץ הדעת (בתוך הגן); but MT here has only העץ אשר בתוך הגן.

[3]

5. וגלא קדם אדני] = Neof gl; MT יָדַע; Neof וידיע גלי. On the use of קדם, see M. L. Klein, *J.Th.S.* 30 (1979), 502–507.

    ויתפתחן] MT ונפקחו with *waw*; MSS of O divided.

    וכמלאכין ... אדני] = Neof; MT כאלהים; O כרברבין; PsJ כמלאכין רברבין. These are all attempts at avoiding the comparison of man to God; cf Gen 32:29, below.

    ולמפרשא ... לביש] = Neof; ~ PsJ; MT טוב ורע.

6. ולחזוי עיניה] MT לעינים.

    ולמסתכלה בה] = Neof; ~ PsJ, O; but MT להשכיל means "[by which] to become wise."

Leningrad MS Antonin Ebr. III B 739
Genesis 4:4

4. וקבל ... ברעוה] MT וַיִּשַׁע יהוה; *Torah* "paid heed to." This change of verb requires the substitution of the *nota accusativi* ית for the preposition אל.

    ודורון] < Gk δῶρον; = Neof gl; Neof, PsJ, O קרבניה.

5. ולקין ... ברעוה] Syntactically awkward; the verb שעה has been translated קבל ברעוה, but the prepositional *lamed* ולקין ולדורון is retained, cf v.4. This might however be taken as an accusatival *lamed*.

    ואשתני זיוהן דאפוי ולא נס] MT וייפלו פניו; cf Deut 34:7 below, where the Hebrew phrase ולא נס לחה is translated ולא אשתנין זיוהון דאפוי; also, cf Dan 3:19, וצלם אנפוהי אשתנו, and Dan 5:10, וזיויך אל ישתנו.

6. וכען] > MT twice; this is quite frequent, cf, e.g., Gen 29:25; 31:27,30; 43:6; 44:4. See also Gen 30:25,28, where the Aram כען replaces the Heb cohortative and emphatic modes.

7. The embellishment of this verse is paralleled in all the other Palestinian tgg (but not in the Tosefta texts which begin with v.8). This includes the contrast of this world with the next world, the Day of Judgement, the evil inclination, and the last phrase "for better or for worse" – all absent from MT.

    ישתרי וישתבק] Doublet = Neof and FTs; MT שאת, which is taken as "bearing or forgiving a sin," cf Exod 32:32, תשא חטאתם or Exod 34:7, נשא עון ופשע.

    On targumic doublets see M. L. Klein, *Anthropomorphisms*, pp. 145–151; and Y. Avishur, *Pairs of Words in Biblical Literature...* (PhD Diss. Hebrew University, 1974), pp. 379–406.

    וביד ... בישא] = Neof and FTs; but MT ואליך תשוקתו "its urge/desire is towards you." Cf LXX πρός σὲ ἡ ἀποστροφὴ αὐτοῦ "to thee shall be its *submission*."

8. This lengthy expansion which appears in all the PTs and Toseftot reflects the Midrashic literature (e.g., *Ber. R.*, pp. 213–214) elicited by the omission in MT of what Cain said to Abel. The PT provides a simple answer אתה ונפוק תרינן לאפי ברא, which would seem to reflect a common *Vorlage* with LXX δίελθωμεν εἰς τὸ πεδίον, "let us go out to the plain," and with the Samaritan tg ניזל/נהלך לברה. Also cf Exod 19:25, where the PTs provide the missing words that Moses said to the people. For the recent discussion on the debate between Cain and Abel, see S. Eisenberg, *H.T.R.* 63 (1970), 433–444; A. J. Brawer, *Beth Mikra* 44(1971), 583–585; G. Vermes, *A.L.U.O.S.* 3 (1961–62), 81–114; and P. Grelot, *Semitica* (1959), 59–88.

    וכדי נפקו] = PTs; but MT בהיותם.

ואמר ... ועני] Used here for opening a conversation, and not for a reply.

דברחמין] "Favor or partiality," and not "love." Cain claims that God is partial and unfair. This version is superior to that of the other PTs where the arguments are reversed, e.g., Neof has Cain saying, דלא ברחמין איתברי עלמא.

9. **והוא**] > MT.

   **ו)אנה(**] Scribal error, prh influence of the following word.

10. **והיא דא ד——**] = Neof; > MT.

   דאכלסין ... הבל] This expansion is shared by all the PTs, and comes to explain the plural in the Hebrew דמי. Cf M. Sanhedrin 4:5, דמו ודם זרעיותיו.

   דאכלסין] < Gk ὄχλος, "multitude". Note the inherent redundancy in the phrase אכלסין סגין, although in Rabbinic sources, אכלסין has lost the nuance of "many."

   ועליך] > MT; see note to Exod 22:22, below.

11. **ויהוי קין**] Neof תהוי קין; MT אתה; the targum shifts to 3rd person, and replaces the pronoun with a proper name, cf v.12 יהוי קין for MT תהיה, and v.14 ו)י(הוי קין for והייתי; see also the addition of אדני in that verse; and cf Gen 15:4; 21:11; and 38:25(MS E), below.

12. **ובגו** 1°] MT את; Neof, PsJ ית, O MSS בארעא, or ית ארעא, O printed eds ית אדמתא.

   ויהוי קין] MT תהיה; see preceding v.

13. All the PTs offer two translations for the phrase גדול עוני מנשא: 1. My sin (or: punishment) is too great *for me* to bear; 2. The rhetorical question, Is my sin too great *for You* to bear (or: forgive). The other PTs develop them into one by introducing the connective ברם. The present text merely juxtaposes the two. For another example of the syntactic structure סגין ... וסגין, see Gen 15:2 below.

   למשרא ולמשבוק] Targumic doublet, MT מִנְּשֹׂא; see v. 7, above.

14. **אדני**] > MT; see note to v.11.

   לית ... למטמרה] ~ Neof, O; PsJ האיפשר דאיטמר interrogative; MT אֶסָּתֵר. This converse translation is meant to avoid the implication that man can hide from God; see M. L. Klein, *Biblica* 57 (1976), 516–518.

   ו)י(הוי קין] = Neof; MT והייתי.

   ו)י(קטול יתה] ~ Neof; MT יהרגני. Note shift to 3rd person to accommodate the introduction of a proper name.

15. **ואמר**] MT ויאמר לו, indirect object not translated; contrast Neof ואמר ליה.

   ובשבועה] = Neof; MT לכן; cf Gen 30:15 below, and Neof Exod 6:6; Num 20:12; 25:12, for additional examples of this translation. For discussion and references, see H. M. Orlinsky, *Notes*, pp. 69, 110.

   ד)י(דקטל] Perhaps originally a separate relative particle, or simply a *custos* in which the last mark resembles the letter *yod*.

   לקין] MT קין without any *nota accusativi*. The particle ית is more common in the present texts than the earlier *lamed*, cf v. 16 עד לא יקטול קין ית הבל.

   ועד ... לה] = Neof; MT שבעתים יֻקָּם "sevenfold vengeance shall be taken of him." The targum takes the Hebrew יֻקָּם from קום rather than from נקם, i.e., *Cain's punishment will be stayed for seven generations.*

   סימן] < Gk σημεῖον.

[5]

16. ‏וגלא ומטלטל‏ = Neof, FTs; MT ‏נוד‏, a place name, which itself is a play on ‏נדד‏ "wander". The doublet reflects the Hebrew ‏נע ונד‏ in vv. 12, 14.

‏והוה ... קטל‏ This midrashic expansion may be completed on the basis of parallels in the other PTs: "… but after Cain killed Abel, it began to produce for him thorns and thistles," which reflects Gen 3:18.

J.T.S. MS 605 (E.N.A. 2587)
Tosefta Genesis 4:8

As stated in the Introduction (p. xxvii) the language of the following toseftot is that of Onqelos, although the midrashic material is Palestinian. In fact, the beginning and end of the passage are Onqelos verbatim: ‏ואמר ... אחוהי‏ and ‏והוה ... וקטליה‏. The elements of debate in all three of the following tosefta MSS are virtually the same — though they differ slightly in arrangement and phraseology (see note to MS Leningrad B 739 to this verse).

C.U.L. T–S NS 184.81
Tosefta Genesis 4:8

(See note to previous passage)
The first two lines of the heading are apparently the title of the *entire* pamphlet of toseftot. It would seem that the scribe identifies the tosefta texts as [Targum] Yerushalmi (=Palestinian) and Targum Jonathan ben Uziel at the same time. This was common among medieval scribes; see W. Bacher, *Jewish Encyclopedia* XII, p. 60a, on the abbreviation ‏ת"י‏, originally intended for ‏תרגום ירושלמי‏, but often misinterpreted as ‏תרגום יונתן‏, to whom the Talmud attributes the composition of the Targum to the Prophets (B. *Megillah* 3a).

Oxford Ms. Heb. e 74
Toseftot Genesis 4:8,7,23

(See notes to J.T.S. MS 605, Tosefta Genesis 4:8)
The first seven lines of this text are confused, as a result of the conflation of two toseftot. In MS Leningrad B 739, Neof, FTs, and PsJ the dispute over why one offering was accepted favorably and the other not (‏מני אתקבל ברעוא‏) follows the argument between Cain and Abel as to whether the world was created with favor and partiality (‏ברחמין אתברי עלמא‏). Both of these elements are missing entirely from all the Genizah and non-Genizah *tosefta* MSS. Only the present text contains a broken passage related to the offerings. This is one of many vestiges that link the toseftot to the PTs, in spite of their having undergone dialectic transformation to the language of Onqelos.

After opening with v. 8, the text returns to v. 7 (line 6, *lemma*). It barely translates the first 4 words of v. 7, when it reverts to a second tosefta to v. 8 (lines 7–26). This last text is the most expansive of all the known versions. It begins with the classical debate on retribution and the world-to-come. It then develops the conflict between farmer and herdsman, and the division of all the world's wealth and property among its only two inhabitants (cf *Ber. R.,* p. 213). It then introduces the midrash of Cain and Abel each having a twin sister, so that there might be women in the world for them to marry. However, in order to minimize the incest, each one marries his brother's twin (cf Neof and PsJ, Lev 20:17). The tosefta concludes with a midrash on how Cain learned to kill and to bury the dead in the ground.

[6]

line 4. עדהוי] Unclear, perhaps a corruption of על דהוו [עובדי תקנין מן דידך].

l. 5 מעובד] Perhaps a corruption of מעובדך, and misplaced.

l. 8 לאיתפרעא ... ומן טבא] The verb אתפרע is usually applied for punishment only.

l. 9 לא כאן ... מלוותי] Phrases borrowed from Gen 13:8,9.

l. 20 לדיבו] Possibly an error for לדבבו.

l. 27 כען] This word seems misplaced; prh it belongs after the word עילו on the same line.

Genesis 4:23

This tosefta has a parallel in the *Tanḥuma* Bereshit 11, which is slightly different from the tradition in *Ber. R.*, p. 224.

l. 28 חנוך סליק לעילא] Reference to Gen 5:24; cf PsJ there איתניגיד וסליק לרקיעא.

l. 31 ותור]תיהון] The MS reads תלתיהון! Another solution is the deletion of preposition עימיה, as suggested by M. Ginsburger (*Fragmententhargum*, p. 72).

verso

l. 1 לא ג]בורא ... זרעין] Reconstructed after Neof, PsJ and O; MT כי איש הרגתי לפצעי וילד לחברתי. This is another example of converse translation. See M. L. Klein, *Biblica* 57 (1976), 518–519.

l. 3]יתפר]עון] Reading not certain; Neof, PsJ and O all have the verb אתליו, i.e., Cain's punishment was *suspended*.

l. 6 כמא ... אינתתך] Cf *Ber. R.*, p. 225. This midrash comes to explain the immediately following verse 25, "And Adam knew his wife again," as resulting from the rebuke by Lamech's wives.

Oxford Ms. Heb. d 49
Genesis 6:18

19 למקיימה] Expect למתקיימה *(itpa'el)* as in v. 20; MT להחיות "to stay alive." Contrast with the transitive form לחיות זרע *(pi'el)* which is translated למקיימה זרע *(pa'el)* in Gen 7:3. וחוגה] MT and Neof ונקבה.

20. למינהון] MT למינהו singular, which is translated in the beginning of this same verse למינה! cf 7:14 below, for a similar rendering.
   לתיבותיה] MT אליך; this may be the influence of v. 19. Also, the possessive suffix is mistaken; we would expect לתיבותה, definite article.

7:1 ואנשי ביתך] = Neof; MT ביתך.

2. וחוגה] MT ואשתו 2x.
   דכי] Expect feminine דכייה, as in the beginning of the verse; cf v. 8, where the same sequence appears: די לית הוא דכי and דכייה.

4. קלילין] = Neof gl; MT עוד; perhaps Hebrew is taken as "just/only" rather than "another"; cf use of קלילין in v. 10.
   ויומין ... לילוון] MT יום ... לילה, singular form with plural/collective meaning; cf v.6 MT שנה, tg שנין; 7:20 MT אמה, tg אמין; cf Orlinsky, *Notes*, pp. 32–33.
   בירייתה] = Neof; MT יקום; contrast קאימייא in v. 23 below (different MS).
   וברית] ~ Neof; MT עשיתי.

6. ושת מאוון שנין] MT שש מאות שנה. In Hebrew מאות is plural and שנה singular; here both

are plural; cf Exod 12:40,41 below ארבע מאון שנין; but contrast v.11, below, and Neof
to both verses שית מאה שנין.

7.   ונשוי | MT ואשתו sg; Neof ואתתיה. Inasmuch as Noah had only one wife who accom-
panied him, this is an error for ואתתיה (as in Gen 6:18, above) or ואנתתיה (as in v. 13,
below).

    מן קדם | The causal meaning of this phrase is attested elsewhere, e.g. Neof, PsJ, O,
Exod 9:11, מן קדם שיחנא = מפני השחין "*because of* the boils"; cf Exod 19:18 (MS F),
below.

8.   דכי | Expect דכייה, fem; cf v. 2.

    ותרמוס | MT רֹמֵשׂ, Neof דרחש; expect רָמֵס, participle, cf v. 14 below.

10.   ולסוף יומין קלילין | MT לשבעת הימים; cf v. 4 above.

11.   בשנת שת מאה שנין | *Lemma* not translated, perhaps due to similarity of שתה "year" and
שת "six." See also v. 6, above, on the translation of numerals.

    והדין 1° | > MT; perhaps a scribal error for היך, which is reconstructed, cf v. 13, היך זמן.

14.   ולמינהון | MT למינהו; cf 6:20, above.

    ודטאייס | MT כל כנף, "winged"; cf Neof וכל דטייס (וכל דפרח).

C.U.L. MS T–S B 8.11
Genesis 7:17

19.   לחדה לחדה | Neof and O לחדה לחדה; see Gen 30:43 below, for another example of חדה
לחדה with only one *lamed* (= Neof gl Gen 30:43; Num 14:7). The form in Neof, O
and usually in PsJ is with two *lameds*.

20.   ואמין | MT אמה; see notes to vv. 4,6, above.

21.   ובני אנשא | = Neof; MT באדם; sg collective cf v. 23, and Exod 9:22,25, below.

22.   וכל | MT מכל; Neof מן כל; but *LXX* καὶ πᾶν.

23.   וקאימייא | See note to v. 4, above (ביריתה).

8:1   ובר]חמוי טבייא | > MT; = Neof, FTs; cf Gen 30:22 below.

    ודרחמין | > MT; cf Neof, FTs, PsJ to Gen 1:2.

2.   ורמבולה | > MT; = Neof.

3.   מאה וחמשין | = Neof; MT חמשים ומאת in reverse order.

4.   וקרדו | A mountain in Armenia; MT אררט; similar tr. in other tgg; see esp. PsJ טוורי
דקרדון שום טוורא חד קרדוניא ושום טוורא חד ארמניא ... "the mountains of Kardun – the
name of one mountain is Kardounia and the name of the other mountain is Arme-
nia." See M. McNamara, *Targum and Testament*, (1972), p. 196.

5.   ואזלין וחסרין | Pl participle; MT הלוך וחסור inf abs.

    ויום | > MT.

7.   וחזר 2° | MT ויצא יצוא ושוב ... והוה | with repetitive meaning; Neof נפק וחזר נפק וחזר.

    ועד זמן די | MT עד; Neof עד די. Cf Gen 29:8; and Lev 23:14, below, עד עידן די (MTעד).
Also, cf the Aram phrase בזמנא ד, in Gen 32:20; 41:46; Deut 34:7.

[8]

Oxford Ms. Heb. d 49
Genesis 9:5

5. וּמְלוָת ...מִיד ...ומן יד |מן יד ...מיד MT וּמִיד..., *waw* in first position; Neof ומלוות ... ומלוָת.
ואחוי| אחיו MT. All these additional and shifted *waws* may be an attempt to resolve the difficult syntax in the Hebrew text (see Orlinsky, *Notes*, p. 79).

6. ורשפך| שֹׁפֵךְ MT; Neof מן דשפך.
על ידי ברנש| באדם MT, *bet instrumentalis*.
בדיוקנא = ;בצלם אלהים MT ובדמו מן קדם יי Neof here and in Gen 1:27; but PsJ בדיוקנא
בצלמא דיי/בצלם אלהים אלקים and O, quite literal.
וברא| עשה MT, see note to 2:18 above.

9. וית| = Neof gl; Neof, PsJ, O ועם; MT ואת as the preposition "with"; see M .L. Klein, *J.B.L.* 92 (1973), 584–5; cf following verse.
וזרעיית בניכון| זרעכם MT; Neof, PsJ, O בניכון. This is a common targumic doublet; cf Gen 21:11; 35:12; 48:4,11,19 below.

10. וית| = Neof; PsJ and O ועם; MT ואת prepositional "and with." Cf preceding v.

12. ובין מימרי| = Neof, PsJ, O; MT ביני; cf vv. 13,15,17.
ולקיים| לדרת MT; Neof, PsJ, O לדרי. This is probably a scribal error, under the influence of the many references to ברית (= קיים) in the preceding verses, and the phrase ברית עולם (= קיים עלם) in v. 16.

13. וחזון| > MT, unparalleled in the tgg and versions.

14. וכד אפרוס| בְּעַנְנִי MT denominative vb; cf Gen 7:4 MT ממטיר, tgg מחית מטרא.

16. ואדכר| לִזְכֹּר MT infinitive; Neof למדכרה.

18. Note: The marginal *samekh* (= Sidra) marks the beginning of the 7/8th reading in the Palestinian Triennial Lectionary; see note to Gen 35:9, below.
ואלין| > MT.
ואבהון דכנע(נ)אי| = Neof; MT אבי כנען. The gentilic pl replaces the patronymic sg; cf v. 22 and Gen 36:9 אדומייא|; Gen 41:8,55,56; and 43:32 מצראי. Cf Orlinsky, *Notes*, pp. 32–33. Note the scribe deleted the second *nun* here and in v. 22.

19. ואתמלית| נָפְצָה MT; *Torah* "branched out," RSV "was peopled."

20. וגברה ... בארעה| איש האדמה MT. This is a compound associative translation: the phrase גברא צדיקא reflects Gen 6:9 נח איש צדיק; and the epithet פלח בארעה is used to describe Cain in Gen 4:2 עובד אדמה; see M. L. Klein, *Eretz Israel* 16, Orlinsky Volume (Jerusalem, 1982), p. 136*, example no.7.
ולה| > MT; see note to Gen 2:20, above.

21. ורבה| Neof ורווה; on the interchange of ב/ו, see E. Y. Kutscher, *Studies in Galilean Aramaic*, p. 16; cf Gen 31:8 הבת for the verb הוות; and Gen 30:37 ודלווי for ודלבי. Also, see H. L. Ginsberg, *Tarbiz* 5 (1933–34), 381.

22. ואבוהן דכנענאי| אבי כנען MT, see note to v. 18.

23. ואסטליתה| < Gk στολή.
יתה| > MT and tgg.

H.U.C. Genizah MS 1134

Genesis 15:1

This expansive passage has parallels in all the extant PTs (Neof, FTs, PsJ), and in *Ber. R.* (pp. 427–428). The beginnings of *sidrot* in the triennial cycle often attracted midrashic expansions, as here and in Gen 30:22 and 35:9, below; cf R. Le Déaut *Targum du Pentateuque*, I (Paris: Cerf, 1978), pp. 166–7, n. 1. The midrash here explains the connection between Abraham's fear, as implied in 15:1, אל תירא אברהם, and the battle between the kings in Genesis 14 – especially after Abraham's victory. For a full discussion of this text see M. L. Klein, *HUCA* 49 (1978), 73–87.

line 2. ולמסדרא סדרי קרבא] A common phrase in the PTs for "waging war", based upon the Heb ערך, e.g., Gen 14:8 ויערכו אתם מלחמה (tgg וסדרו); cf toseftot to Exod 13:13–14, and tg to Exod 17:8, below.

צדיקייא] Plural, error for צדיקא; note same error in line 11; contrast with the correct form in line 20, below.

l. 7 וליגיונין] < Gk λεγεών.

l. 9 (ודלא)] ~ Neof, Neof gl, FTs; deletion probably due to the similarity of the two words דלמא and דלא. The context requires a negative particle: Abram fears lest he *not* have the merit to sustain him on this occasion.

l. 11 והוה ... אדני] MT היה דבר יהוה; cf v.4, for a similar tr; = Neof, FT(V); cf Tg I Kings 6:11 (MT ויהי דבר יהוה אל שלמה והוה פתגם נבואה מן קדם יוי).

ועל] MT אל; this is common in the PTs; cf Gen 35:7 MT נגלו אליו, tg אתגלי; and 48:3 MT נראה אלי, tg אתגלון עלי.

צדיקייא] Expect צדיקא sg; see line 2 above.

l. 13 ותריס ... דאתי 1°] MT מגן לך. For an example of the targumic parallelism בעלמא דאתי ... הדין, see Neof, FT(P) and CG (broken text) to Gen 39:10 – only there it is based upon a duplication in the MT לשכב אצלה להיות עמה, whereas here we have only the single phrase אנכי מגן לך. The answer might lie in *Ber. R.*, (pp. 427–8): Abram's fear was not that he might lose the next battle, but that having received his reward in this world in the form of victory in battle, he would not have any merits left for reward in the world to come. Cf PTs to Deut 7:10.

ותריס] < Gk θυρέος.

l. 15 ואגר עובדיך טבייא] MT שכרך.

ומתקנין ... דאתי] MT הרבה מאד.

v. 2 ובבעו ... קדמך] > MT; cf Neof Exod 5:22, for this expression of beseeching, where the MT has only the divine name אדני. This is a common tr in the PTs for בי אדני, e.g., Gen 44:18; Exod 4:10.

ואדני] MT אדני יהוה.

וסגין ... לי 2°] This tempers the Hebrew version of Abram's complaint מה תתן לי. It is a type of converse translation, where "what can You give me" is translated "You have given me much;" cf M. L. Klein, *Biblica* 57 (1976) 515–537.

ונפיק מי גו עלמא] MT הולך; *Torah* "continue."

וריקן] Unique tr for Hebrew עירירי; prh this is a targumic doublet ריקן דלא בנין.

ואליעזר ... יתי] See E. A. Speiser, *Genesis*, pp. 111–112, for the difficulties in the MT. The "miracle in Damascus" is a reference to Gen 14:14–15. In *Ber.*

[10]

R., pp. 431–2, Abram's 318 retainers are identified as the single servant Eliezer, who pursued the kings to north of Damascus.

‏ן‎] Misplaced final *nun*; prh Arabic influence (= ibn).

‏ויירית‎] Expect ‏ירית‎ without *waw* as in Neof, Neof gl and FT(P), here and at the end of v. 3.

3. V. 3 was apparently deleted *ex homoioteleuton*; in Neof, vv. 2 and 3 both end with the words ‏ירית יתי‎.

4. ‏ופתגם ... צדיקא‎] See notes to v.1, line 11, above.

‏ועל אברהם צדיקא‎] MT ‏אליו‎; see Gen 4:11,14 on the replacement of personal pronouns with proper names.

C.U.L. MS T–S AS 69.11
Genesis 17:11(?)

This text is apparently related to the circumcision of Abraham, as described in Gen 17, though it might belong to vv. 23–24, rather than v. 11. Unfortunately no *lemmata* or phrases of literal translation are preserved in this brief passage. The assumption that it is a targumic tosefta, is reinforced by the verso of the fragment (see Gen 21:10 below). As in most of the tosefta texts, the language is closely related to that of Onqelos, viz, ‏בסרא דעורלתיה‎, rather than ‏בשר עורל- תיה‎ as in Neof.

‏וכוין ... עלמא‎] The syntax is problematic, prh an error for ‏כוין לביה לרבון עלמא‎.

‏ומליך‎] Meaning unclear, see note to English translation.

C.U.L. MS T–S NS 161.104
Genesis 21:6

6. ‏ויחדי‎] = Neof, O; MT ‏יצחק‎, which the *Torah* translates "laugh," but Speiser takes as "rejoice" (*Genesis*, p. 155); PsJ ‏יתמה‎ "wonder."

7. ‏ואברהם ... מן‎] MT ‏מי מלל לאברהם‎, "who would have said to Abraham." This tg and Neof shift to the future tense, and interpret Abraham as the family of Abraham. The FTs, PsJ and O offer other interpretations. On such birth notices between the houses of Abraham and Nahor, cf Gen 22:20–24.

8. ‏ודי חסל‎] Expect *itpe'el* as in the beginning of the verse; Neof ‏אתחסל‎; but Neof gl has ‏חסל‎ in both positions. Prh the inconsistency in our text is due to the *nota accusativi* ‏את‎ that follows the passive ‏הגמל‎; cf Klein, *Anthropomorphisms*, pp. 100–109 (esp. p. 102).

9. ‏ועם ... יתה‎] > MT; the offence of Ishmael, MT ‏מצחק‎, is variously interpreted in the tgg: Neof "improper acts," FTs and PsJ "idolatory." The present text relates the act to Isaac; cf *LXX* παίζοντα μετὰ Ἰσαὰκ τοῦ υἱοῦ αὐτῆς. This might support the theory of an haplography in the MT (Speiser, *Genesis*, p. 155). The addition ‏בעי למקטול יתה‎ is a midrashic attempt to justify Sarah's harsh demand that Ishmael and Hagar be cast out.

10. ‏ית‎] > MT; cf Gen 29:35; 30:8,31; 38:29, below.

11. ‏ובאפווי‎] = Neof; MT ‏בעיני‎; This is a standard translation in the tgg; cf following verse, and Gen 29:20, below.

[11]

וישמעאל] = Neof; > MT, added proper name.

12. ולא ... 2° לא] > MT, added negative particles; cf Exod 19:12, below.

ורבנין] > MT, = Neof; זרע in the sense of "offspring" or "family" is usually translated in the PTs זרע בנין, see note to Gen 9:9, above.

13. ורבא] > MT; = Neof.

15. ואילניא] = Neof; MT הַשִּׂיחִם, "bush/shrub."

16. ומלא] MT כמטחוי "a bowshot;" Neof כרמי.

C.U.L. MS T–S AS 70.206
Genesis 21:4

This portion of the fragment is very poorly preserved, and has been reconstructed on the basis of the other PTs. The passage is part of the synagogal reading for Rosh Hashana, which begins with Gen 21:1. The fragment is from a collection of festival readings.

7. ואחוי] This key word connects our text with that of the preceding MS (LL) above, and with Neof.

C.U.L. MS T–S AS 69.11
Tosefta Genesis 21:10

The beginning of this passage is badly damaged, and is intelligible only from the middle of line 5. As in the other toseftot, the language is that of Onqelos, viz ארי (line 7) rather than ארום. This text offers an explanation of Sarah's angry reaction, that is otherwise unattested in the extant targumim, namely, that Ishmael publicly laid claim to the first-born rights; cf *Ber. R.*, p. 568. But see PsJ Gen 22:1, ... ישמעאל הוה אמר לי חמי למירות ית אבא דאנא בריה בוכרייא.

ויֹשֹר] The supralinear dot might denote an abbreviation of the word ישראל.

וגו'] This would indicate that the foregoing was a biblical quotation.

וגרש ... בנה] The biblical verse here and in line 12 is not translated!

C.U.L. MS T–S B 8.9
Tosefta Genesis 22:5

This targumic passage is part of a larger liturgical text; see P. Grelot, *R.E.J.* N.S. 16 (1957), 5–27. Verse 5 is especially expansive, and like many other toseftot it is of Palestinian origin (cf *Ber. R.*, pp. 595–6), embedded in the literal translation of Onqelos; see the note to Gen 4:8 (MS J.T.S. 605), above. The present text is particularly significant, in that it preserves several vestiges of the original Palestinian dialect, viz: חמי (recto lines 1,3,4,5) instead of חזי, and the beginning of the word תריהון (verso line 2), "corrected" by the scribe to תרויהון. The literal translation ואמר לעולימוהי ... אוריכו לכון הכא עם חמרא (recto lines 9–11) is Onqelos.

5. The text probably began with the words ואמר אברהם.

ובעלמא] Expression meaning "at all"; literally "in the world."

ומתיב ואמר] Lit: "he answered and said," similar to עני ואמר.

ועמודא דעננא] See, for example, Exod 13:21, for the Pillar of Cloud signifying the presence of the Lord.

סבא**]** Epithet for Abraham, who was over 100 years old at the time; cf Lev 22:27, below למדכרה סביה דמדנחה (= PTs ad loc). See also Gen 43:27, below, for סבא as the equivalent of MT הזקן.

עמא ... בחמרא**]** Play on words עם החמור/עם החמור. For a similar comparison, cf Neof, FTs Exod 22:30(31) לבר עממיא ... דהוא מדמי לכלבא.

ואוריכו**]** = PsJ, O; Neof תבו; MT שבו, but meaning "wait/stay" rather than "sit." ע'**]** Scribal error, marked over in MS for deletion, prh under the influence of the previous word, or prh an indication of the confusion of the gutturals ח and ע in Palestinian Aramaic; see Kutscher, *SGA*, pp. 70–75.

ושבו לכם וגו'**]** This is the Hebrew continuation of the verse. The abbreviation וגו' would seem to indicate that the reader was expected to complete the verse (in Hebrew or in Onqelos) on his own.

6. ונסיב אעיא**]** The text is telescoped; MT ויקח אברהם את עצי העולה; note אעיא as in PsJ and O, as opposed to קיסייא in the PTs (Neof and Neof gl).

ואישתא ... בידיה**]** Inverted word order, MT ויקח בידו את האש ואת המאכלת.

תריה תרויהון**]** See the note at the beginning of this passage; and cf Kutscher, *SGA*, pp. 26–28, for additional examples of "editorial correction" of this word.

7. The following two verses are paraphrased and embroidered upon by the targum.

ומאן דמטו לאתרא**]** Misplaced from v. 9 (MT ויבאו אל המקום). In the MT and the versions, Isaac questions his father *before* arriving at the designated place. Prh this is the influence of the homographs מטו "arrive/reach" and מטו "please." וישאל**]** MT ויאמר not וישאל. Abraham's response ויאמר הנני בני is not translated.

8. ומתיב ... לעקודה**]** MT ויאמר אברהם.

וקודם י"י גלי**]** = O; MT אלהים יראה לו.

ותרויהון ... למעבד**]** Expect vb ואזלו; MT וילכו שניהם יחדו.

ורעותך מרי עלמא**]** 2 pers, reflects the liturgical *Sitz im Leben* of this text; cf Gen 35:9 below אלדיה דעלמא יהי שמך מברך. Also, see the note to Exod 20:2, below, עמי בני ישראל.

9. The beginning of this verse is misplaced in v.7 above מאן דמטו לאתרא.

Oxford Ms. Heb. e 73
Genesis 24:3

These two verses are inexplicably inserted in a collection of targumic poems to Exod 12:2, the reading for Shabbat ha-Ḥodesh. The text breaks off as abruptly as it begins. Though closely related to Neof, it contains several important unique readings.

3. ואלדד**]** = אלהה; the use of ד instead of ה in the word אלהים is a pietistic medieval practice among Jewish scribes in order to avoid writing out the word "Lord" or "God" except in Torah scrolls used for public reading in the synagogue. ובשם ממריה די"י**]** = Neof, MT ביהוה.

ודהוא אלדד**]** MT ואלהי הארץ.

4. ואלאל**]** Cf Exod 22:19, below; the more common form is אלאהן, see Concordance.

C.U.L. MS T–S B 8.4
Genesis 28:17

17. ‏ואתר ... הוא‏ = Neof gl₂; MT ‏בית אלהים‏; the divine name is also deleted in FT(P) ‏אתר בית מקדשא‏; but Neof ‏אתר מזומן מן קדם י"י‏; and Neof gl₁ ‏מכוון לבית צלו הוא‏ ‏די"י‏. Cf v. 22 below ‏בית מקדש‏; also cf *Ber. R.* (p. 797) ‏מלמד שהראה לו הקב"ה בית‏ ‏המקדש בנוי וחָרֵב ובנוי ...‏.
‏ודמכוון עד צית‏ = FT(P); ~ Neof, Neof gl; > MT.

18. ‏ומראשתיו‏ MT ‏ותחות יסודי ראשיה‏; cf M. Jastrow, *Dictionary,* p. 582b, s.v. ‏יסודא‏.
‏ואקים‏ MT ‏וישם‏; Neof, PsJ, O ‏ושוי‏; the present tg is consistent, cf v. 22 ‏שַׂמְתִּי‏ is translated ‏אקימת‏. This is probably under the influence of the word ‏קיימה‏ and such cognate accusatives as ‏ואקים קימא ... מצבה‏ = ‏ויצב‏ in Gen 35:14, below.

19. ‏ואלאהן‏ > MT, and somewhat awkward in this context.

20. ‏ובסעדי‏ = Neof, MT ‏עמדי‏; this is the common translation of ‏היה יהוה/אלהים‏ ‏עם/את‏, cf Gen 31:3,5,42; 39:2,3; 48:21. This may be a circumlocution to avoid saying "God was *with* someone."
‏וביה‏ = Neof; > MT; see note to Gen 2:19.
‏ומזון‏ = Neof gl; MT, Neof ‏לחם‏; both of these translations are interchangeable in the PTs, cf Gen 37:25; 39:6; 41:54,55; and 43:23, where the same manuscript as the present has ‏לחם‏ in the body of the text and ‏מזון‏ as a gloss.

21. ‏ובסעדי‏ = Neof gl; MT, Neof ‏לי‏; repeated under the influence of the preceding verse, but inappropriately. Also cf Exod 6:7 below, MT ‏והייתי לכם לאלהים‏, PT ‏ויהוי ממרי לכון לאלה פרוק‏. These verses are quite different from Gen 31:42, MT ‏אלהיה דאבא ... הוה בסעדי‏ PT ,‏אלהי אבי ... היה לי‏. The meaning of the present verse is "the Lord Yahweh will be my God"; whereas 31:42 means "the God of my father ... been *with* me."
‏ואקימת‏ MT ‏שמתי‏, see v. 18, above.
‏ובית מקדש‏ MT ‏בית אלהים‏; see v. 17, above; Neof ‏בית מקדשיא לשמה די"י‏.
‏וחד ... יתיה‏ MT ‏עשר אעשרנו‏; = Neof; but contrast Deut 14:22 MT ‏עשר תעשר‏, Neof ‏מעשרה תעשרון‏, FTs ‏מעסרה תעסרון‏.
‏ולשמך‏ = Neof; MT ‏לך‏; PsJ and O ‏קדמך‏. The translation of the prepositional *lamed* as ‏לשמא‏ is very common in the divine context, e.g. Exod 12:11 ‏פסח הוא‏ ‏ליהוה‏, PT ‏פסחה הוא לשמה די"י‏; Deut 26:18 ‏להיות לו לעם סגולה‏, PT ‏למהוי לשמיה‏ ‏לעם חביבין היך סגלה‏. It does, however, also appear in the human context, e.g., Gen 48:5,6 ‏לי הם‏, PT ‏לשמי יתקרון‏, and ‏לך יהיו‏, PT ‏לשמך יהון‏. Also cf *Sifre* Deut 24:1 (p. 288), ‏וכתב לה, לשמה‏.

29:2 ‏ובאפי ברה‏ MT ‏בשדה‏; see note to Gen 2:19, above.
‏והוון משקיין‏ MT ‏ישקו‏; the tg introduces the auxiliary verb ‏הוה‏ plus the participle, for the durative/repetitive mode; cf Gen 39:6, PT ‏ולא ידע ... אשר הוא אוכל‏, ‏ולא‏ ‏דהוה אכל‏; 43:32, ‏הוון חכם ...‏; Exod 20:16(18), ‏לא הוון יכלין‏ PT ‏לא יוכלון המצרים‏ ‏אנא הוינא משלם‏, PT ‏אנכי אֲחַטֶּנָּה‏; Gen 31:39, PT ‏הוון חמיין ... ראים את הקולת‏.
‏וכל‏ > MT, influence of the following verse, ‏כל העדרים‏; cf Gen 32:24, below.
‏ואבן רבה‏ Neof ‏ואבנא רבא‏; MT ‏והאבן גדלה‏ "the stone was large," subject and predicate.

3. The reconstructions in vv. 3–5 and 14–17 are based upon recurrent phrases in the present MS, or upon Neof gl, to which this text displays close affinity.

5. ‎בן] Hebraism; Neof ‎בר.

7. ‎ובתוקפה] = Neof gl; MT ‎גדול; Neof ‎תלי; cf Gen 18:1 MT ‎כְּחֹם הַיּוֹם, Neof gl ‎לתוקפה דיומא.

   ‎עדרייה] = Neof gl; MT ‎הַמִּקְנֶה; Neof, PsJ, O ‎בעיר; prh the influence of vv. 3,7.

8. ‎עד זמן] = Neof, MT ‎עד; see note to Gen 8:7, above.

   ‎וישקון] 3 pers. = Neof gl; MT ‎וְהִשְׁקִינוּ; Neof ‎ונשקי.

9. ‎עד] > MT, tgg.

10. (3x) ‎ואחוי] Masculine suffix, expect ‎אחוה, as ‎אבוה in v. 12. The same error appears all three times in Neof, the first of which is corrected in Neof gl.

11. ‎וארעם] = Neof gl; MT ‎וַיִּשָּׂא; Neof ‎ונטל; PsJ, O ‎וארים. The form ‎ארעם is widely attested in Neof gl in the context of "raising one's voice and crying" e.g. Gen 21:16; 27:38; Num 14:1. It may be derived from the verb ‎רום "to be high" with an added medial guttural letter; see Kutscher, *SGA*, p. 81. Others have suggested a connection with the Akkadian and Ugaritic ‎רגם, but this remains doubtful (S. A. Kaufman).

15. ‎ותפלוח גבי] = Neof gl; MT ‎וַעֲבַדְתַּנִי; Neof ‎למפלח קדמי; cf v.18, below ‎אפלוח גבך, MT ‎אֶעֱבָדְךָ. The present MS also uses the preposition ‎עם, e.g. 30:26 ‎פלחת עמך, MT ‎עֲבַדְתִּיךָ. The expression ‎פלח קדם is reserved in the Genizah MSS for divine (or idol) worship.

Leningrad MS Antonin Ebr. III B 111
Genesis 29:17

17. ‎ועל ... דעשו] Midrashic expansion; = FTs, Neof gl, and similar in theme to Neof and PsJ; cf *Ber. R.*, (pp. 815–6).

18. ‎גבך] See v. 15, above.

   ‎דיומין] = Neof gl; > MT; cf v. 14 above, MT ‎חֹדֶשׁ יָמִים; also cf v.20, below.

20. ‎באפוי] = Neof; MT ‎בְּעֵינָיו; see the note to Gen 21:11, above.

21. ‎לי] > MT; but *LXX* δός μοι; cf Gen 30:26, below.

   ‎פלחני] = Neof; > MT.

   ‎ואעדמן] = Neof gl; MT ‎וְאָבוֹאָה; this is a common euphemism for marital relations, cf vv. 23,30 and Gen 30:16; 38:16 below; it also translates ‎יזבלני in Gen 30:20, below.

22. ‎וענו ... רחל] This midrashic expansion is paralleled in all the PTs, and in *Ber. R.* (pp. 817–8).

   ‎שובע] On this form with the *waw*, see Kutscher, *SGA*, p. 28.

   ‎ואסיבו] Pl., the referent being the local people; = FT(P) and Neof gl; but FT(V), Neof, PsJ ‎לאס(א)(א)בא/למסבה, infinitive, which better suits the context.

23. ‎ואעדמן] See v. 21, above.

24. ‎ולאמהא] = Neof; ~ Neof gl, PsJ; MT ‎שפחה, without a *lamed*; but cf v. 29 MT ‎לשפחה; also, cf variants in BHK to the present v.

25. ‎ועבד(ת)] Scribal error; MT ‎עָשִׂיתָ.

[15]

27. ‏ושובעתי ... דלאה‏] ~ Neof, Neof gl, FT (V); MT ‏שבוע זאת‏; note the replacement of the demonstrative pronoun with a proper name.
‏ואתן‏] = Neof, FT(V); MT ‏ונתנה‏, plural.

28. ‏ושובעתי ... דלאה‏] MT ‏שבוע זאת‏, see preceding verse.
‏ויהב ... לאתה‏] Preposition ‏לו‏ repeated in MT, ‏ויתן לו את רחל בתו לו לאשה‏. This may be a scribal deletion, since the same repeated preposition is preserved in the following verse.

30. ‏ואזדמן‏] MT ‏ויבא‏; see v. 21, above.
‏(ית)‏] Anticipatory of ‏ית רחל‏ in the following clause.

31. ‏וגלי קדם יי‏ o] = Neof, PsJ; MT ‏וירא יהוה‏; but all O MSS ‏וחזא יוי‏; see Klein, *Anthropomorphisms*, pp. 95–96, on the almost equal distribution of both of these translations in all of the tgg.
‏וארום ... בעלה‏] = Neof gl, PsJ; MT ‏כי שנואה לאה‏; Neof, O literal. The tg avoids attributing outright *hatred* to the patriarch; cf v. 33 below ‏לא הווינה רחימה‏. But compare modern translations (Orlinsky, *Notes* pp.109, 253; and Speiser, *Genesis* p. 230) "unloved," as the literal translation!
‏ובאפוי בעלה‏] > MT; cf v.33 for same addition. Also, the grammatical construction is awkward; we expect either ‏באפוי דבעלה‏ or ‏באפי בעלה‏; cf Gen 31:5, below ‏ואלדה אבה‏.
‏ואמר ... בנין‏] = Neof, Neof gl, PsJ; MT ‏ויפתח את רחמה‏; cf Gen 30:22, below.
‏הוות‏] = Neof; > MT; see note to v. 2, above.

32. ‏צערי‏] MT ‏בעניי‏. The preposition is deleted in the tg, since ‏צערי‏ has become the subject of the passive verb ‏גלי‏. Contrast Neof ‏גלי קדם יי ית צערי‏. Also see notes to Gen 4:4,5, above.

33. ‏וגלי קודם יי‏ o] = Neof gl; MT ‏שמע יהוה‏; Neof, PsJ ‏שמיע קדם יי‏.
‏ולא ... בעלי‏] MT ‏שנואה אנכי‏; see note to v. 31.

34. ‏יזדמן‏] = Neof; MT ‏ילוה‏ (*Torah* "will become attached"); see v. 21, above.
‏וקראת‏] MT ‏על כן קרא‏ masc; Neof, PsJ ‏בגין כדן קרא‏; a scribal error under the influence of the two preceding verses. Note: the midrash (Rashi apud *Deut. R.*) makes a special point of the change of gender in the MT.

35. ‏כדון‏] ~ Neof gl; > MT; probably added under the influence of the preceding verse ‏עתה הפעם‏.
‏ואודה ונשבח‏] ~ Neof, Neof gl; MT ‏אודה‏. This doublet also appears as the translation of ‏שיר‏, e.g. Exod 15:1, 21 MT ‏אשירה‏, tg ‏נודי ונשבח‏, and also as the translation of ‏וישתחו‏ in Gen 43:28 (MS D), below. Also, see Dan 2:23, ‏מהודא ומשבח‏. Note the morphological inconsistency, we expect ‏נודה ונשבח‏ (or less likely ‏אודה ואשבח‏). See H. L. Ginsberg, *Tarbiz* 5 (1933–4), 382–3; and cf Gen 30:3, below.
‏ית‏] > MT; cf note to Gen 21:10 (MS LL).

30:1 ‏מן ... חשיבה‏] = Neof gl, PsJ; MT ‏מתה אנכי‏; Neof ‏מיתה אנה‏.

Leningrad MS Antonin Ebr. III B 120
Genesis 30:2

2. ‏והא ...יי‏ o] MT ‏התחת אלהים אנכי‏; this expansive translation avoids the rhetorical question, "Am I in place of God?" cf M. L. Klein, *Biblica* 57 (1976), 532–537.
‏ופרי וולד מעייה‏] = Neof; MT ‏פרי בטן‏; cf Deut 28:18, below.

[16]

3. **וְהִיא תֵלֵד** MT, Neof **וּתְלַד.**

וְאֵנָה אַרְבֵּה = Neof, PsJ, O; MT **עַל בִּרְכַּי** "on my knees," which reflects an early Near Eastern act of child adoption. This was no longer understood by the tgg; see Speiser, *Genesis*, p. 230. This same translation appears in Neof gl to Gen 16:2, for MT **אוּלַי אִבָּנֶה מִמֶּנָּה!**

וְאַרְבֵּה וְנִתְבַּנֵי Note the inconsistency in the 1 sg preformative **א/נ**, see note to Gen 29:35, above.

6. **בְּעוֹבְדֵי טָבַיָּיה** = Neof gl; > MT, Neof; expect **בְּעוֹבְדֵיי** 1 pers; cf v29, and 31:11, below **קוֹדְמוּי.** For an extensive list of similar cases in Neof, see A. Díez Macho, "L'usage de la Troisième Personne au lieu de la Première dans le Targum," in *Mélanges Dominique Barthélemy*, ed. P. Casetti et al. [Orbis Biblicus et Orientalis 38] (Fribourg/Göttingen, 1981), pp. 61–89. The phenomenon has now been explained by Z. Ben-Hayyim as not merely a translational or scribal substitution, but as the result of the phonological development in some dialects of Western Aramaic, of (ay) > (oy), see **ז. בן־חיים, "האומנם נסתר במקום מדבר?" ספר היובל לאברהם אבן שושן (ירושלים: קרית ספר, תשמ"ג), עמ' 93–98.**

וְקָרָא MT **קָרָאָה**, fem; expect **קְרָאת** as in vv. 32,33, above.

8. **וְצָלוֹתָה ... אִשְׁתְּמַעַת** = Neof; MT **נַפְתּוּלֵי אֱלֹהִים נִפְתַּלְתִּי עִם אֲחֹתִי גַּם יָכֹלְתִּי**, "I waged a fateful (lit: Godly) struggle with my sister, and I prevailed." The tg takes **נַפְתּוּלֵי** from **פלל** "to pray," rather than from **פתל** "to wrestle/struggle."

יָת Added superlinearly; = Neof gl; > MT.

11. **טָבָה** = Neof, FTs; > MT. The tgg make clear that it was *good* luck; cf Exod 39:24, **צֶבַע זִהוֹרֵי טָבָא**; and Deut 26:19, **שֵׁם טָב**; also cf Deut 27:6 **וְטָבָן.**

13. **וּבְנָתְהוֹן ... מְדָרְשַׁיָּיה** = Neof gl; ~ Neof; MT **בָּנוֹת.**

14. **בְּיוֹם** MT **בִּימֵי**, plural; Neof **בְּיוֹמֵי**; perhaps a reference to the Shavuoth Festival.

15. **וְהָא קַלִּיל זְעִיר** Doublet; MT **הַמְעַט**; Neof **הָא זְעֵירָא**; cf v. 30, below.

בִּשְׁבוּעָה = Neof gl, FT(V); MT **לָכֵן**; Neof **בְּגִין כֵּן**; see note to Gen 4:15, above.

וִישַׁמֵּשׁ A common euphemistic translation of MT **יִשְׁכַּב**, possibly an abbreviation, based upon the phrase **תַּשְׁמִישׁ דְּעֶרֶס**; cf following verse, and Gen 39:7, below, for additional examples.

16. **לְעִידּוֹנִי רַמְשָׁה** = Neof gl; MT **בָּעֶרֶב**; Neof **בְּרַמְשָׁא.**

וְשַׁמֵּשׁ MT **וַיִּשְׁכַּב**; see preceding verse.

הַהוּא Expect **הוּא** without definite article, as in MT, Neof and O, and especially in view of the midrashic interpretation of direct divine intervention (B *Niddah* 31a; Pal. *Sotah* 3:4); see M. L. Klein, *J.S.S.* 19 (1974), 221; cf Gen. 32:23, below.

17. **וּבְקַל צְלוֹתָה דְלֵאָה** = Neof; MT **אֶל לֵאָה.**

18. **הָא** = Neof gl; > MT; cf v. 23, and 31:43, below.

20. **זְבוֹדִין טָבִין** = Neof; MT **זֶבֶד טוֹב**, sg.

כְּדוֹן ~ Neof gl; > MT, Neof; see note to Gen 29:35, above.

יְזַדְּמַן ... לְוָותִי = Neof gl; MT **יִזְבְּלֵנִי** the meaning of which is uncertain; see Orlinsky, *Notes*, p. 110; on the use of **יְזַדְּמַן**, see note to Gen. 29:21, above.

וְקָרָאת MT + **אֶת.**

[17]

21. או בר דכר tg ,או בן יגח או בת יגח; בת MT; ברתה נקבה Neof; cf Exod 21:31, MT; ברה נקבה|
ובנות Neof, ;יגח או ברא נקבה יגח Gen 41:49 MT ,שני בנים tg ,תרין בנין דכרין; Gen 6:1 MT
.ובן נקבן ... תורין דכרין ... תורין נקבן Also, cf Gen 32:16, below, .גמלין נקבן ... תורין נקבן

22. This verse is the beginning of a triennial *sidra* (no. 25 or 28), and as such has elicited
midrashic expansion in the other PTs; cf note to Gen 15:1, above. There is no trace
of this in the present MS, except for the marginal *samekh*; cf Gen 9:18; 35:9; 39:1;
41:38; 44:16; 46:28; 48:1; Exod 6:2; 12:29; 21:1; 22:24; Lev 23:9(?); and see
M. L. Klein, *J.J.S.* 22 (1981), 65–73.
וברחמוי טבייה| = PTs; > MT; cf Gen 8:1, above.
ובקל צלותיה| ~ PTs; MT אליה; cf v. 17, above.
ואמר ... בנין| = Neof, FT(V); ~ FT(P); MT ויפתח את רחמה; cf Gen 29:31, above.

23. והא| > MT; cf v. 18, above.
וחסדיי| = Neof; MT את חרפתי; for this meaning of חסד, see Lev 20:17; expect חסדי, sg.

25. ואזל כען| MT ואלכה, the particle כען replaces the cohortative of the Hebrew. Therefore,
the present word order is preferred over that of Neof שלח יתי כען ואזיל...; cf v. 28,
below. See the note to Gen 4:6, above.

26. ולי| = Neof; > MT; see notes to Gen 29:21 and 2:19, above.
וכדון| MT אתה; Neof את; the *meturgeman* may have mistaken the MT for עתה –
probably an aural error.
ופלוחות עמך| MT עבדתיך; Neof פלחית קדמך; Neof gl גבך; see note to Gen 29:15, above.

27. וחן וחסד| Doublet; = Neof; MT חן; see note to Gen 4:7, above.
וקודמיך| = Neof gl; MT בעיניך; Neof באנפיך; cf Gen 34:11, below. Note this use of קדם
in a non-divine context; see note to Gen 3:5, above.
ובזכוותך| = Neof, Neof gl; MT בגללך; cf v. 30, below MT לרגלי, tg בזכוותי; and cf Gen
39:5, below.

28. ולבן ליעקב| > MT, tgg; added for clarification; cf Gen 38:28, below וילדה.
וכען| Replaces emphatic imperative of MT נקבה; cf v. 25, above.

29. ופלחנה| ~ Neof gl; > MT, Neof; influence of v. 26.
והוון| = Neof gl; MT היה, sg.
ורעיין קודמיי| = Neof gl; MT אתי; expect קודמיי, 1 pers; see note to v. 6, above.

30. וכקליל זעיר| Doublet; MT מעט; Neof קליל בעיר! cf v. 15, above.
ובזכוותי| = Neof; MT לרגלי; see v. 27, above.
ומה ... למעבד| = Neof; MT מתי אעשה, temporal.
ואנה ... בייתי| = Neof; MT אעשה גם אנכי לביתי.

31. וית| > MT; cf note to Gen 21:10 (MS LL).
ולמרעי| Infinitive; MT ארעה.
ויתך| > MT; Neof יתיה; Neof gl יתהון; both of these readings are preferred over the
present reading. On the added pronouns, see note to Gen 2:19, above.

32. ואעבר| 2° 1 pers, in agreement with the first verb of this sentence; MT הָסֵר; but see
Speiser, *Genesis*, (p. 236), who argues against the 1st person in either position, and
points out the confusion of referents in the MT. Perhaps אעבר is intended as *'af'el* 2
sg imperative?

[18]

קרוח ונמור **]** This is the stock translation throughout the passage, regardless of any variation in the Hebrew text. Thus נקד וטלוא (vv. 32,33,35), טלוא ונקד (32), and עקד (vv. 32,33,35), טלוא ונקד

טלוא (35), are *all* translated קרוח ונמור. In v. 39, the triplet עקד נקד טלוא is rendered קרוח נמר מדקדק, where the first two words are the stock translation, and a new word is found for טלוא. Likewise, in Gen 31:10,12, the Hebrew ברודים replaces טלאים in the last position of the triplet, but the fixed Aramaic triplet remains unchanged, namely קרוחין נמורין ומדקדקין.

33. ויסהדון בי זכוותי **]** ~ Neof; MT וענתה בי צדקתי, sg.

ויומה הדין MT ביום מחר ; Neof and Neof gl interpret it as present and future, ביומא הדין ולמחר/ודמחר.

ואיעול ... קודמיך **]** MT תבוא על שכרי לפניך (Torah: "when *you* go over my wages"); 2nd person, though not without problems. The translation in Neof תיעול למקבלה אגרי קדמיך is an impossible combination, since it is Jacob who comes to Laban for wages.

34. ואמר **]** MT, Neof + לבן.

טובא אמרית **]** MT הן; Neof הא טאבות; Neof gl והאא יאות מללת.

35. וית **]** 2° > MT.

שומה חוורה **]** = Neof; MT לבן.

וישוי **]** Expect ושוי, perfect + *waw*; cf vv. 36, 40.

36. ואורח מהלך **]** = Neof; MT דרך; cf Gen 31:23, below, and Neof Exod 3:18; 5:3; 8:23.

והוה רעי **]** MT רֹעֶה, added auxiliary verb; see note to Gen 29:2, above.

37. ורכיך **]** MT לח (moist/fresh); Neof רטיב; the Aramaic רכיך generally means "soft/tender", cf Gen 41:43; Lev 22:27, below; and Neof gl Gen 29:17.

ודלווײ **]** Neof ודלוב; Neof gl ודלבוי; O, Sam Tg^A ודדלוב; see note to Gen 9:21, above, on ב/ו in Galilean Aramaic.

וקלף **]** Expect וקלף with a *waw,* as in Neof; MT ויפצל.

וקלוותיה **]** Neof קלופיתא; Neof gl קלופייתא; O קלוף; פ/ו is another pair of interchangeable labials in this dialect; cf Gen 31:2, below שפיין/שוין.

38. ויהוין **]** Added auxiliary vb + participle for repetitive mode; see note to Gen 29:2, above; expect הוה < והויין.

39. ועל **]** = Neof; MT אל; both meaning "near/by."

והווה ילד **]** MT ותלדן, pl; expect והוון ילדן; or if ענה in Aramaic requires sg f, then we would expect והוות ילדה; Neof וילדת.

וקרוחין ... ומדקדקין **]** See note to v. 32, above.

40. ולבית קריחתה **]** MT אל עקד; Neof לקבל קרווחיא; for the use of בית for "place of," cf Exod אתר בית 22:4, בית שפר חקלה ובית שפר כרמה Exod 7:19; בית כנישת מימיהון; and Lev 23:3 מדוריכון.

Leningrad MS Antonin Ebr. III B111
Genesis 30:40

42. והוו **]** > MT; Neof הוי; expect הווה, the subject being Jacob.

והוון **]** Pl, in agreement with לקישייה, but MT והיה sg.

43. וחדה לחדה **]** See note to Gen 7:19, above; Neof לחדא לחדא.

ואמוהן **]** = Neof; MT ושפחות; MS ואמרין, which is a scribal error רי/ה.

[19]

31:1. **ויעקב** MT + **את.**
ודהוה > MT, Neof.

2. **וסבר אפוי** = Neof; MT **פְּנֵי**; this is a common translation; cf Gen 32:21; 46:30; and v. 5, below.
ואנין שוין Contrast with **הינין שפיין** in v. 5, below. This is a characteristic example of inconsistent orthography. On the interchange of **פ/ו**, see the notes to Gen 30:37, above. On **הינין/אנין**, see Kutscher, *SGA*, p. 31.
ושוין לקובלה = Neof gl; ~ Neof; MT **עִמּו.**
ולא ... ולא Repeated negative particle > MT.
ודקדמויי Targumic equivalent of Heb **שלשום**; cf v.5 and Exod 21:29, below.

3. **ולארע ... תלדוותך** On the addition of **בית**, see note to Gen 30:40, above; although here its meaning is both "house" and "place." Also cf v. 13, below.
ויהי מימרי {עִמֹ} בסעדך MT **ואהיה עמך**; Neof **ואהוי במימרי עמך**; Neof gl **בסעדך**. Note how the scribe began writing **עמך** and stopped short of the last letter. He marked the *mem* with a superlinear dot, and continued with the common paraphrase **הוה בסעדי**; see note to Gen 28:20, above. It is difficult to determine whether the incomplete word **עִמֹ** reflects a true variant, or merely a momentary translational/scribal lapse, under the influence of the Hebrew text.

5. For this entire verse, see notes to v. 2, above.
ודאבוכון Expect **דאבוכין**, fem suffix, as in vv. 6,7, below. This may simply be a scribal interchange of **ו/י.**
והינין שפיין Contrast **אנין שוין** in v. 2, above; see note there.
ואלדה אבה Expect *dalet* **דאבה**; but cf Gen 29:31 **באפוי בעלה.**

6. **ועם** MT **את**; Neof **קדם**; see note to Gen 29:15, above.

7. **ושקר** = Neof, Neof gl, PsJ, O; MT **הֵתֶל**; cf Gen 29:25, above, where MT reads **רִמִּיתָנִי.** Although the traditional English translation of **התל** is "mocked," RSV, *Torah* and Speiser all render it "cheated." Also see Orlinsky, *Notes*, p. 111.
ודנא = Gen 31:41 (MS C) below; = Neof gl; > MT in both cases. This may be the influence of Gen 27:36 **ויעקבני זה פעמים**, PsJ **ושקר בי דנן תרתין זימנין.** Also cf MT vv. 38,41 below **זה ... לי עשרים שנה.**

8. **הוה ילדה ... הבת ילדת ...** (2x) **יאמר ... וילדו** MT **הוה(ה) אמר**; on the addition of the auxiliary verb, see note to Gen 29:2, above.
וקרוחין/נמורין/מרקדקין See note to Gen 30:32, above.
והבת = **הוות**; see note to Gen 9:21, above. This is another example of inconsistent orthography.

9. **ורוקן** MT **ויצל**; *Torah* "has taken away;" Speiser "reclaimed;" approximate sense of MT is "salvaged." But cf Exod 12:36 MT **וינצלו את מצרים**, PTs **ורוקנו ית מצריא.**
ויתהון = Neof gl; > MT; see note to Gen 2:19.

10. **ויחמות** MS **וחמות**, scribal error.
ודיכרה MT **עתודים**; Neof **גדיא**; Neof gl **תישׁיא**. The present tg may have used **דכרה** for he-goat, even though it usually denotes "ram," because the MT follows with **צאן** which generally means sheep. Also, contrast this form with **דכרייה** in v. 12.

11. **וענה ... ואמר** = FT(V), Neof gl; MT **וָאֹמַר** 1 pers. This embellishment of the response

[20]

הנני to a divine or angelic call is quite common in the PTs, e.g., Gen 22:1 (Neof), 11 (FTs, Neof gl); 46:2 (Neof gl); Exod 3:4 (Neof). Also, cf v. 47, below, where reference is clearly to the Hebrew language. On the origin of this phrase, see E. Levine, *Augustinianum* 11(1971), 97; and A. Shinan, *Beth Mikra* 66 (1976), 472–474. Shinan argues that בית קודשא may mean "synagogue" rather than "sanctuary" (i.e., Holy Temple in Jerusalem), since the latter is usually denoted by בית מוקדשא/מקדשא.

והנני] Not translated from the Hebrew; = FT(V), Neof gl; but Neof הא אנא.

12. ודכרייה] See note to v. 10.

וגלי קודמי] On this rendering, see note to Gen 29:31, above. As to the suffix —וי for the Hebrew ראיתי 1 pers, see note to Gen 30:6.

ית] *Nota accusativi* retained even though the verb has been changed from active to passive, see notes to Gen 4:5; 21:8; 29:32.

ד(ראית ל)לבן] = Neof gl! This error is probably caused by the similarity to v.1 כל אשר לאבינו, tg כל מה דאית לאבונן. On the very close relationship between Neof gl and CG; see E. G. Clarke, *V.T.* 22 (1972), 257–265.

13. ואלדא ... אל] = Neof; *LXX* ἐγώ εἰμι ὁ θεός ὁ ὀφθείς σοι ἐν τόπῳ θεοῦ; MT אל בית אל, which is syntactically difficult; cf Speiser, *Genesis*, p. 244. Contrast Gen 35:7 (MS C), below, where the phrase is taken as a toponym.

ורבית] MT מָשַׁחְתָּ; with a primary meaning of "to be/make great," רבי has taken on the meaning "to anoint" in the tgg, e.g, Exod 40:10,11,13,15, below.

ופרשת ... דנדר] ~ Neof gl; MT נדרת לי שם נדר. The tg often alters these cognate accusative phrases by replacing the verb; but see reverse in vv. 44,45, below. The Aram פרש normally translates the Heb פלא, in the context of making (expressing) a vow; cf Neof, PsJ, O, Lev 22:21; 27:2; Num 6:2.

ובית תולדוותך] MT מוֹלַדְתֶּךָ; see v. 3, above.

15. וכנכריין] ~ Neof כאלו נכריין; but MT נכריות, without the comparative *kaf*; cf Deut 28:28, for the expansion in the tg of terse Heb metaphors.

C.U.L. MS T–S B 8.4
Genesis 31:15

והוא ... כתובתן] = FT(V), Neof gl; ~ FT(P) ...; MT ויאכל גם אכל את כספנו, as a fact of the past, rather than a present scheme. The money which is not explicitly identified in MT, is interpreted in the tg as that of the marriage contract (bride money); but contrast Neof כסף זבנן "our sale price" in accord with the preceding phrase כי מכרנו.

16. ודוקן] See note to v. 9, above.

17. ויקם יעקב ונטל] The targum picks up *after* the *lemma*.

18. קינינייו] Probably a scribal error for קינינוי; cf Neof and Neof gl.

19. וצלמי טעוותה] = Neof gl; MT הַתְּרָפִים; Neof צלמייה. The pejorative adjective טעוותה derives from טעו, "error"; cf v. 30, and Exod 20:5, 20/23, below.

20. ודעתיה] ~ Neof; MT לב; cf v. 26, below.

ואיד] Neof gl היד; > MT.

22. עד ... בכן] Expansive introduction; > MT; ~ Neof, Neof gl, FTs, PsJ.
עד כיוון] Awkward combination; other tgg כיוון, והוה כיוון, והוה כד.
(ויכילו)] Reconstructed after Neof, FTs.
מסכיין...טפת] For a description of the miracle of the upsurging well, see Neof and FTs to Gen 28:10. See, also, the reference in Gen 29:22, above.

23. (ואורחא) מהלך] = Neof; cf Gen 30:36, above; MT דרך.
(ושבעה) MT שבעת; MS תלתה is a scribal error under the influence of the preceding verse.

24. הארמייה] The initial *hé* is a redundant Hebraism.

25. ופרס ית אחוי MT את אחיו תקע, which may be a corruption of תקע את אהלו (Speiser, *Genesis*, p. 247); another possibility is that the particle את is prepositional, "with his brothers" (*Torah*), and the direct object is *understood* to be "his tent". The translation ית, rather than עם, for the prepositional את ("with") is otherwise attested, see M. Klein, *J.B.L.* 92 (1973), 584–585. Neof, PsJ and O read ולבן אשרי ית אחוי, "Laban *caused* his kinsmen to camp...," which solves the problem by transforming the verb to causative.

26. ודעתי MT לבבי; see v. 20, above.
שלופי ... ודערקין] = Neof gl; MT כִּשְׁבֻיוֹת חָרֶב "captives of the sword."
ואטמרית] Expect אטמרת 2 pers; MT נֶחְבֵּאתָ.
ית דעתי MT אֹתִי; cf vv. 20,26, above.
ויתהון] Expect יתך, as in Neof; MT וָאֲשַׁלֵּחֲךָ.
בתופין ובכינרין] = Neof; MT בְתֹף וּבְכִנּוֹר, sg.

28. ולאנשי ביתי MT וְלִבְנֹתָי, prh misread by the meturgeman as ולבית, which would be taken as "members of household" (cf Gen 39:4, below).
ית ... עבדת] Relative clause replaces the Heb infinitive absolute עָשׂוֹ.

29. {אית}] Anticipatory.
(חיל) ואוכלסין סגין] After Neof, FT(V); the phrase חיל ואוכלסין is a targumic doublet; MT יֶשׁ לְאֵל יָדִי. Also, see note to Gen 4:10, above.
ואבוך MT אביכם, pl suffix; *LXX* ὁ δὲ θεὸς τοῦ πατρός σου, which might imply a common variant *Vorlage*.
ודלא תמלל] = Neof gl; MT מִדַּבֵּר; Neof מן למללה; the present tr is influenced by v. 24, above, MT פֶּן תְדַבֵּר.
מן ביש ועד טוב] Reverse order; MT מטוב עד רע.

30. צלמי (טעוות)ִ] = Neof gl; MT אֱלֹהָי; cf v. 19, above.

32. מה אית גבך] Corrupted text; MT הכר לך מה עמדי; Neof חכם לך מה עמי; Neof gl חכים ... דאית גבי מן דידך.

34. ושוויית MT וַתְּשִׂמֵם + suffix; expect + יתהון.
תחות] = Neof gl; MT בְּכַר, preposition "in."

Leningrad MS Antonin Ebr. III B 542
Genesis 31:38
38. ותכלין] Participle; MT שִׁכֵּלוּ perfect.

[22]

39. ‏ואידא ... מניינא‏ ~ Neof, FTs; MT ‏אנכי אחטנה‏ "I would make good." The expected phrase ‏אנא הוינא משלם‏ appears twice at the end of the verse. On the added auxiliary vb ‏הוה‏, see the note to Gen 29:2, above.

‏וחיות ברא מתכלא‏ ~ Neof, FTs; MT ‏גְנֻבְתִי‏, "stolen."

‏ואנא הוינא משלם‏ (2x) > MT; = Neof + ‏יתהון‏.

41. ‏ושנין‏ (2x) MT ‏שנה‏ sg collective; see note to Gen 7:4, above.

‏ופלחית עמך‏ MT ‏עבדתיך‏; see note to Gen 29:15, above.

‏ודנא‏ = Neof gl; > MT; see v. 7, above (MS E).

42. ‏ותקיפיה‏ ~ Neof, Neof gl; MT ‏ופחד‏, which is translated "Fear" or "Awesome One," but the exact meaning of which is uncertain. Cf v. 53, below.

‏ובסעדי‏ = Neof gl; MT ‏לי‏; see note to Gen 28:20, above.

‏ית ... גְלִי‏ Skewed syntax produced by replacement of active ‏ראה‏ by passive ‏גלי‏ and retention of the *nota accusativi* ‏ית‏; see note to Gen 4:5.

‏וכפי־ידיי‏ ~ Neof gl; MT ‏כַּפַּי‏; cf Gen 40:11; Exod 9:29,33 below, for the same translation.

‏וגלי קדם יי‏ MT ‏ראה‏; see note to Gen 29:31, above.

‏ויתר‏ > MT; See note to Gen 2:19 on the addition of pronouns. The tg interprets ‏ואוכח‏ as "admonished" (= RSV), rather than "gave judgement" (*Torah*, Speiser).

43. ‏והא, והא‏ (2x) > MT; see note to Gen 30:18, above.

‏ואינון‏ MT ‏הוא‏, sg.

‏ובאלין‏ MT ‏לאלה‏, *lamed*; Neof ‏לאלין‏.

‏ואולידו‏ *'Aph'el*! MT ‏יָלָדוּ‏; Neof ‏ילדן‏; Neof gls ‏ילידו, ילדו‏.

46. ‏לבנוי ... אחוי‏ ~ Neof gl, PsJ; MT ‏לאחיו‏, but clearly not "brothers"; *Torah*: "kinsmen;" Speiser: "companions."

‏ואבנים‏ Hebrew! Expect ‏אבנין‏; but see Kutscher, *SGA*, pp. 19–20, on ‏ס/ן‏; and cf Gen 37:24,31; 38:25(MS E), below.

47. ‏והוה‏ > MT, and inappropriate in the present context, since no durative or repetitive mode is intended.

‏ובלשן בית קדשא‏ = Neof; > MT; see note to v.11, above.

49. ‏וידון‏ = Neof; > MT; for the source of this sequence of verbs, see Exod 5:21 ‏יֵרֶא יהוה‏ ‏עליכם וישפט‏; tgg ‏יתגלי ... וידון‏; and cf Gen 16:5, where MT reads only ‏ישפט יהוה‏, but Neof and FTs produce ‏יתגלי ... וידון‏. Also see v. 53, below ‏ישפטו ביניני‏. On this type of associative translation, see M. L. Klein, *Eretz-Israel* 16 (1982), 134–140.

50. ‏ואחרן‏ > MT; cf Gen 43:7, below ‏האית לכון אח אחרן‏, (MT ‏היש לכם אח‏).

51. ‏הדא‏ = Neof; > MT; cf end of following verse ‏המצבה הזאת‏.

52. ‏הדא‏ 1° See preceding note.

‏ולמבאשה‏ = Neof; MT ‏לְרָעָה‏; Neof gl ‏לביש‏, noun.

53. {‏ודיצחק‏} Error corrected by scribe; for the source of this error, see Gen 28:13 ‏אלהי‏ ‏אברהם אביך ואלהי יצחק‏, or 32:9 ‏אלהי אבי אברהם ואלהי אבי יצחק‏. Another likely source of influence is the opening benediction of the *Amidah* prayer, recited three times daily ‏... אלהי אברהם אלהי יצחק‏.

‏ובתקיפיה‏ MT ‏בפחד‏; see note to v. 42, above.

Oxford Ms. Heb. b4
Genesis 32:13

13. ויתמנון Pl; = Neof; MT יִסָּפֵר sg.

16. דכרין,(2x)ונקבן] > MT; see note to Gen 30:21, above.
   ולובדקין ~ Neof, FTs; < Gk Λυβδικός; MT וְעֶירִם.

17. ושוי, תשון] This is a clear example of translational convergence; the Aramaic שוי translates the Hebrew verbs נתן and שים, in the same verse; contrast with the note to Gen 43:21 (MS D), below.

18. וארום] = Neof; note the temporal meaning of ארום.
   {ולמֵימֹר}] Anticipatory; marked over in MS for deletion.
   ודאית] ~ Neof, Neof gl; > MT.

19. ומשלחא] MT שלוחה, passive participle; expect משתלחא Itpe'el; Neof ואשלחת(?).
   On the vocalization of this word and its pronunciation in spoken Aramaic of the 1st Century C.E., see P. Kahle, Z.N.W. 49 (1958), 115, and E. Y. Kutscher, Z.N.W. 51 (1960), 53.
   ואתא] Vb > MT; contrast with v. 21, below.

20. ובזמנא די] ~ Neof; MT ב— (temporal); see note to Gen 8:7, above.

21. וסבר אפוי] MT פני/פני; (3x) see note to Gen 31:2, above. In the third instance, we expect אפי 1 pers; see note to Gen 30:6, above. The present tg is apparently not sensitive to the distinct meanings of the word פני in the various different phrases ישא פני ,אראה פניו ,אכפרה פניו; but rather mechanically substitutes the stock phrase סבר אפוי in all three cases.
   וית] > MT.

22. ורורון דידיה] MT המנחה definite article, but no possessive suffix.

23. וההוא] = Neof; MT הוּא; prh influence of the end of the preceding verse; see note to Gen 30:16, above.

24. וכל] = Neof; > MT; This is under the influence of the phrase כל אשר לו (Gen 24:36; 25:5; 39:5,6).

25. ומלאך ... גבר] = Neof gl, PsJ; MT איש עמו; Neof identifies the angel as שריאל. For additional examples of identification of the anonymous איש as an angel, see Neof and PsJ Gen 18:2; 37:15; and Neof, FTs, PsJ and the present tg to v. 27, below (see note). Also see v. 29, below.
   ועמוד שחרא] = Neof; MT השחר; cf v. 27. For this phrase, see M. Berakhot 1:1.

26. וקהת] ~ Neof, FT(V); but MT וַתֵּקַע "wrenched/strained."
   ובפגשותיה] Expect באתפגשותיה, Itpa'el as in Neof, and the present tg to the preceding verse.

27. ועמוד שחרא] See note to v. 25.
   וארום־מטא ... למשבחייא] Midrashic expansion; > MT; ~ Neof, FT(P), and less closely related to FT(V); see G. Vermes, "The Archangel Sariel," in J. Neusner ed. Christianity, Judaism and Other Greco-Roman Cults; Studies for Morton Smith at Sixty, (Leiden: Brill, 1975), pp. 159–166.

28. הוא] = Neof gl; > MT.

29. יתקרי] = Neof; MT יֵאָמֵר; Neof gl (ן)יתאמרו; this may be an associative translation based upon Gen 17:5, וְלֹא יִקָּרֵא עוֹד אֶת שִׁמְךָ אַבְרָם; see M. L. Klein, *Eretz-Israel* 16 (1982), p. 135*.

ומלאכין ... גוברין] = Neof gl; ~ Neof, PsJ, O; MT עִם אֱלֹהִים וְעִם אֲנָשִׁים. For additional examples of אֱלֹהִים translated (ין)מלאכ, cf Gen 3:5; 35:7 in the present texts, and Neof Gen 32:31; 33:11; Exod 3:4.

להון] = Neof; > MT; see note to Gen 2:19, above.

Oxford Ms. Heb. b4

Genesis 34:9

9. ותתערבון] = Neof gl; ~ Neof; MT וְהִתְחַתְּנוּ "intermarry"; cf PsJ ותיתערבון בחיתונא, which defines the intermingling as through marriage.

10. ואתגרו בה] MT וּסְחָרוּהָ. The original meaning of סחר is "to move about;" and only later, "to trade;" see Speiser, *Genesis*, pp. 264–265; and Orlinsky, *Notes*, p. 115. The tgg reflect this later meaning, as does the *LXX*, καὶ ἐμπορεύεσθε ἐπ᾿ αὐτῆς; cf Gen 42:34, below.

11. חן וחסד] Doublet; = Neof; MT חֵן; see note to Gen 4:7, above.

קדמכון] MT בעיניכם; Neof באפיכון; see note to Gen 30:27, above.

12. פרין] < Gk φερνή.

וקדושין] Unique translation; MT מתן; tgg (א)כתוב(ת); cf כסף כתובתן in Gen 31:15, above.

13. בעיצא דרמיו] MT במרמה. The present tg is more literal than Neof, PsJ and O, which interpret מרמה as חוכמה, both in this verse and in Gen 27:35, in order to avoid attributing acts of deceit to the patriarchs; cf S. D. Luzzatto, *Ohev Ger*, pp. 5–6. The phrase בעיצא דרמיו appears in all the PTs in the midrashic expansion to Gen 29:22, where there are no such considerations regarding Laban and his fellow townsmen.

סאיבו] Pl; = Neof gl; LXX ἐμίαναν; MT טִמֵּא sg. The plural is due to the mention of Shechem and Hamor in the beginning of the verse and may be coincidental to the tg and LXX; but it may reflect a common variant *Vorlage*; cf note to Gen 48:20, below, בכון.

14. מרחקה] = Neof gl; MT חֶרְפָּה; Neof בזיון; the word חרפה is usually translated חסודה in the tgg, whereas מרחקה is the targumic equivalent of תּוֹעֵבָה.

15. במגזר] Prepositional *bet* (instrumental/temporal); MT להמל.

16. כולן] = Neof; > MT; cf v. 22, below, for the same addition (but not in Neof).

18. באפוי, באפי] ~ Neof; MT בעיני (2x); see note to Gen 21:11, above.

19. רב ושליט] Doublet; MT נִכְבָּד; cf Gen 39:9, below MT איננו גדול: tg לית (הוא) רב ושליט. On targumic doublets, see note to Gen 4:7, above.

20. חכימי] MT אנשי; it is however, the elders זקני העיר, who sit in council at the city gate; cf Neof Deut 21:19; 22:18; חכימי קרתה.

21. בעבדא טבא] = Neof; > MT; for another example of this embellishment, see Gen 33:18, MT וַיָּבֹא יַעֲקֹב שָׁלֵם; Neof ואתא יעקב שלם בעבדא טבא.

רחבת־ידים היא MT ;Neof = [פתיא היא בתחמה, a fixed idiom. For the addition of the explanatory בתחמה, see Neof Gen 9:27 יפת י׳ תחומא דיפת; Deut 33:20 בריך מן דאפתי תחומה דגד.

22. [ויתערבון ~ Neof; MT יֵאֹתוּ; expect ישתוון as in vv. 15,23, in the present MS. But Neof has יתערב in all these verses.
[וכלן = Neof gl; > MT; cf v. 16, above.

23. [וממונהון MT מקניהם, "livestock;" expect נכסיהון as in Neof gl, and as in Gen 30:29; 31:9,18, above, and Exod 12:38, below. Also, cf Neof gl Gen 46:32,34; Exod 12:38. The confusion may be due to the second meaning of נכסים, "property/wealth."

Leningrad MS Antonin Ebr. III B 542
Genesis 35:6

7. [ושמיה > MT; but cf v. 15, below ויקרא יעקב את שם המקום; cf Gen 28:19; 32:2(3).
[ועלוי MT אליו; in the phrase בא/נראה/נגלה אל the preposition in the tgg becomes (אתגלי) על; cf following verse (quotation from Gen 18:1); and Exod 19:9; Num 20:6, below.
[ומלאכיא MT האלהים; see note to Gen 32:29, above.
[ועשו = Neof, Neof gl, PsJ, LXX, Syriac; > MT, O; Sam Tg; cf Gen 32:4,14, עשו אחיו; see note to Gen 4:11.

8. [ומרביינתה ~ Neof gl, FT(V); MT מינקת, cf following verse.

Isa. 43:1 This phrase is the beginning of the *Haftarah* to the triennial *sidra* that begins with Gen 35:9, the thematic connection being the Lord's renaming Jacob, and His calling Jacob/Israel by name. The marginal *samekh* and the cipher לא indicate that this is the 31st *sidra* in Genesis. This is in agreement with the division of the Pentateuch into 154 *sidrot*, as found in the second *Biblia Rabbinica* (Venice, 1524–5). However, see the notes at Gen 44:18 and 46:28, below, where the ciphers belong to a slightly different lectionary division. For *sidra* listings, see *EJ*, 15:1387–8; I. Joel, *Kiryath Sepher* 38(1962), 122–132; B. Z. Wacholder, Prolegomenon to J. Mann, *The Bible As Read and Preached In The Old Synagogue*, 2nd ed (N.Y.: Ktav, 1971), pp. LI–LXVII; and also M. L. Klein, *J.J.S.* 32 (1981), 65–73.

9. This is the beginning of a *sidra*, therefore, the lengthy midrashic expansion, with close parallels in the other PTs (Neof, Neof gl, FTs); see the note to Gen 15:1, above.
[שמך, אליפת ... Direct address of God (2 pers) reflects the liturgical *Sitz im Leben* of these targumic texts; see note to Gen 22:8, above.
[ויומת עלמה For this formation, see Deut 32:7, ימות עולם, and Neof, FT(V) *ad loc*.
[ומברכין לחתנא ולכלתא See B. *Kethuboth* 7b–8a, for the seven benedictions.
[וחזגיה See note to Gen 2:18, above.
[ויברך ... וכבשוה = Gen 1:28.

ממריה
/[ואתגלי דיי אלהיה דעלמא This footnote by a *secunda manus* comes to introduce three words of literal translation, ואתגלי ממריה דיי, at the beginning of the midrashic expansion אלהיה דעלמא. The author of the note apparently omitted the word ממריה, which he added superlinearly. However, the entire exercise is an unnecessary "hypercorrection." This is evident from all the parallels (Neof, Neof gl, FTs), which begin with אלהיה דעלמא. Furthermore, it is a well-known midrashic technique to

begin with a seemingly unrelated text, and only later to focus upon the verse at hand. The literal translation of the present verse appears in all the PTs at the end of this passage.

וכד אתגלית ... ערלתיה] Reference to Gen 17:1,9–14.

ויתב־לה ... יומה] *Approximate* targum of Gen 18:1, used in the narrative.

וידא ... יומא] *Lemma* and exact targum of Gen 18:1, used for quotation of the proof text. Note the inconsistent orthography יומה/יומא (lines 9,20).

ובמשרי חזוא] = Neof, FTs; MT בְּאֵלֹנֵי מַמְרֵא "terebinths/oaks of Mamre." See the note to Gen 4:16, on the targumic interpretation of Heb toponyms.

והוא יתיב] = Neof, FTs (18:1); MT יושב, "was sitting," durative.

בתרע] = Neof, FTs (18:1); MT פתח, without prepositional *bet*.

ואורחיה דעלמה] Euphemism for death; cf Josh 23:14; I Kings 2:2, הולך בדרך כל הארץ.

ובה־שעתא ... אמיה] Cf *Ber. R.*, pp. 976f, and FT(P, somewhat confused) for this midrashic detail, which is absent from the other PTs. The exegetical technique is a bilingual play on the word אלון (v.8) and the Greek ἄλλον, "another," i.e. the death of Rebekah in addition to that of Deborah.

וצערה דכף־ירכיה] Reference to Gen 32:25–32.

ומיתת ... בארחא] Reference to vv. 16–20, below. For this expression מיתת עלוי, see Gen 48:7, מֵתָה עָלַי. Note that the death of Rachel occurs *after* the revelation and Jacob's departure from Bethel (v.16), yet the present midrash includes it among the tragedies for which God comforted Jacob at Bethel.

 וברכתא דאבילייא ...] See M. *Megillah* 4:3, and an example of such a blessing in B. *Kethuboth* 8b.

ועל] MT אל, see note to v. 7, above.

וזמן תנינות] = Neof; MT עוד.

10.   ומן כדון] MT עוד; Neof תוב; Neof gl עוד.

11.   ואלד שמיא] = Neof; MT אֵל שַׁדָּי. This is a standard translation in the PTs; cf Gen 48:3; Exod 6:3, below, and Neof Gen 17:1; 28:3; 43:14 *et passim*. Kahle's reconstruction אלה שדריא (*MdW II*, p. 13) is mistaken.

וקהל ... סגין] MT וקהל גוים; Neof וקהל כנישת אומין צדיקין (= Neof Gen 28:3; 48:4). This may be reduced to components: a) קהל is translated in the PTs קהל כנישתא (e.g. Neof Lev 16:17; Num 16:3; 20:4), probably after the Hebrew hendiadys קהל עדת (e.g., Exod 12:6), and b) גוים, semantically related to עמים, which is also translated אוכלסין סגין (e.g., Gen 48:4, below). On the redundancy in the phrase אוכלוסין סגין, see the note to Gen 4:10, above.

ודשלטן באומיא] = Neof; > MT; cf Gen 48:19, below, שלטין בכל אומיא (MT מלא הגוים).

12.   ולזרעית בניך] Doublet; MT ולזרעך; see note to Gen 9:9, above.

13.   ואסתלקת] Fem; = Neof; MT ויעל; the gender is due to the introduction of the שכינה. The substitution of the *Itpa'el* for the *Pe'al* is to avoid the use of the simple verb of motion (וסליקת) in the divine context; cf Neof, PsJ, O, Gen 17:22; and Tg Ezek 11:23. See Klein, *Anthropomorphisms*, pp. 85–87.

ויקר שכינתה דיי'] = Neof gl, PsJ; ~ Neof; MT יהוה. This expression represents the Divine Presence that reveals itself to the patriarchs/Israel, and that dwells among them; cf Exod 19:4,17,18,20; 20:20,21; Num 20:6; Deut 26:2, below. For the Hebrew source of the "glory being revealed" (כבוד + passive vb) see Exod 16:10; Lev

9:6; Num 16:19; 17:7; 20:6; Isa 40:5; et al. In all these instances (except Isa.) Neof supplies the combination יקר שכינתא. See further, D. Muñoz León, *Gloria de la Shekina en los Targumim del Pentateuco*, (Madrid: C S I C, 1977).

14. וניסוכין] Pl; = Neof; MT נסך sg.

C.U.L. MS T–S B8.3
Genesis 36:8–9, 24

This is a small unpublished fragment that is attached to a larger piece published by P. Kahle in *MdW II* (MS D) Gen 38:16, below.

9. דאדומ[יא] ~ Neof, Neof gl; MT אדום. Note the use of the plural gentilic in place of the singular patronymic; see note to Gen 9:18, above.

דגבלא] = Neof; MT שֵׂעִיר; = Gobolitis, a region in Idumea; see M. McNamara, *Targum and Testament*, p. 194.

24. וערדיא] = Wild asses, cf Job 39:5; MT הַיֵּמִם. But the Syriac reads מיא (= המים), and the modern translations follow suit with reservations; *Torah*: "hot springs"; Speiser: "water"; see note in Speiser, *Genesis*, pp. 279–280.

C.U.L. MS T–S B8.10
Genesis 37:19

This, too, is a small unpublished fragment that is conjoined to a larger piece published by Kahle.

19. וה[א]לין] = Neof; MT הלזה sg, with Joseph as referent, rather than the dreams.

20. והוי בסוף חלמוי ~ Neof; MT יהיו חלמתיו; cf Gen 42:36, below for the expression מה הוה בסופה.

21. ונתחיב באדרמיה] = PsJ; MT נפש; MS E, Neof בנפשיה.

22. וכי] = MS E, Neof, PsJ; > MT.
דקטולין] = MS E, Neof, PsJ; > MT; cf MS E v. 27, below, and MS U Exod 19:13, for the same addition.

23. ומטה] MT בא; other tgg אתא; the present tg brings out the nuance of "reach"; cf Gen 43:21, below.
ופרגודיה, פרגודא] < Gk παραγαύδιον / Latin paragauda; "a tunic/garment with a purple border." This loanword is used by the various PTs only in the context of Joseph's tunic, and in some MSS, only for כתנת פסים; see vv.31,32 below. Elsewhere in the Pentateuch the Hebrew כתנת is translated by the cognate כתונתא, as in the priestly garments, or as לבושא, e.g., Gen 3:21.
ומצויירא] "Ornamented"; MT פַּסִים; see Orlinsky, *Notes*, pp. 118–119, and Speiser, *Genesis*, pp. 289–290.
דהוא] MT אשר; Neof די; the auxiliary vb הוה may have been added in order to produce a progressive mode "was wearing." See note to Gen 29:2, above. Note, also, the inconsistent orthography in the present MS; compare דהוא in this verse with הוה and הוה in following v.

24. ומים] Hebraism; expect מין; cf MS E, v. 31, below (עזים).

[28]

25. ‫ודסרקאין‬] < Latin Saraceni; MT ‫ישמעאלים‬; "Saracens" originally denoted a people of N.W. Arabia, but like the Heb ‫ישמעאלים‬, was later extended in rabbinic parlance to other Arab peoples.

‫ושעבא‬] On the interchange of ‫ב/ו‬, see note to Gen 9:21, above.

26. ‫ולן‬] > MT; cf Neof ‫מה ממון אנן מתהניין‬; see note to Gen 2:19, above.

27. ‫וולסורקאי‬] See note to v. 25, above. Note the apocopated *nun*, as in other gentilic names, e.g., ‫כנענאי‬, ‫מצראי‬; contrast with v. 25, ‫דסרקאין‬.

‫וידינן לא וישלטן‬] Plural; MT ‫ותהי אל ידנו‬ sg; prh due to the Heb sg and pl being homophonic.

‫וישלטן‬] MT ‫תהי‬; Neof and MS E ‫נפשוט‬; cf MT v 22, ‫ויד אל תשלחו בו‬.

‫ווקוריבות בשרן‬] ~ Neof; MT ‫בשרנו‬; cf Neof, Neof gl Gen 29:14, ‫קריב(ות) בשרי‬ for the Heb hendiadys ‫עצמי ובשרי‬.

‫וליה‬] = Neof, MS E; > MT; see note to preceding v. In the present case the additional preposition may bring out the nuance of agreement on the part of the brothers; see Orlinsky, *Notes*, p. 121.

28. ‫ולסרקיי‬] See notes to vv 25,27, above; on ‫יי—/אי—‬, see Kutscher, *SGA*, p. 47.

‫ומאעין דכסף‬] ~ PsJ; MT ‫כסף‬; MS E ‫זוזין דכסף‬; Neof, O‫ﬢ‬var ‫סלעין דכסף‬. These are attempts by the targumim to identify the unspecified unit of silver, which, in the Pentateuchal narrative, was nugget weight rather than coinage.

‫ולמצרימה‬] The tg retains the alocative ‫ה‬ in addition to the prepositional *lamed* that is introduced; cf Gen 37:17 (MS E) ‫לדותיינה‬; Gen 39:1; 46:26,27 below ‫למצרימה‬; and Neof Num 32:39 ‫לגלעדה‬.

30. ‫ובגובא‬] > MT; influence of the preceding v, ‫אין יוסף בבור‬; Neof is somewhat corrupt, but adds ‫הכא‬; see M. Klein, *J.S.S.* 19 (1974), 223.

‫ואנה...איבא‬] MT ‫ואני אנה אני בא‬; *Torah*, "what am I to do," see Orlinsky, *Notes*, p. 121. The double translation "where shall I go (to seek the boy)" and "how shall I face my father" is paralleled in PsJ, and not necessarily a conflation. For another example of the form ‫איבא‬, see Gen 38:26 (MS D), below.

31. ‫וצפיר בר עזין‬] = Neof; ~ PsJ, O; MT ‫שעיר עזים‬; prh by analogy to the common Hebrew ‫בן בקר‬, which is translated ‫בר תורין‬, although ‫בני עזים‬ is attested once, II Chron 35:7.

32. ‫ווואמרין‬] Participle; = MS E, Neof; MT ‫ויאמרו‬; cf MS E v.19.

‫ופרגודא‬] See note to v. 23, above.

‫ויוסף‬] > MT; the proper name is also added in the following verse; see note to Gen 4:11, above.

33. ‫הדא דא‬] ~ Neof ‫הדא‬; > MT; prh influence of ‫היא‬ in preceding verse.

‫ולא ... לא ...‬] Expansive *converse* translation, shared by MS E, FTs and PsJ; see M. L. Klein, *Biblica* 57 (1976), 522–524.

‫ולא מתקטלא... אכלת ויתה‬] This corresponds to MT ‫חיה רעה אכלתהו טרף טרף יוסף‬, only in the reverse order. The other PTs preserve the original order.

‫ורחיץ ...יי‬] Cf expansion to Gen 38:25 (end) for this phrase.

J.T.S. MS E.N.A. 2755
Genesis 37:15
　　For a description of this MS, see A. Díez Macho, *Sefarad* 15 (1955), 31–32.

17. **ואזלו]** MT נָסְעוּ; Neof, PsJ, O נטלו.
ויתהלון] = Neof, LXX; > MT; see note to Gen 2:19, above.
לדותיינה] Prepositional *lamed* and alocative הָ ; see note to Gen 37:28 (MS D), above.

18. **ולא על לא]** Targumic doublet; = Neof; MT וּבְטֶרֶם; cf Gen 41:50, below; and see note to Gen 4:7, above.
לוותון] Expect לוותהון, as in Gen 40:6, below; but the letter ה often disappears in Galilean Aramaic; see Kutscher, *SGA*, pp. 82–83.
ועלוי] = Neof; MT אֹתוֹ.

19. **ואמרין]** Participle; = Neof; MT וַיֹּאמְרוּ; cf MSS D and E v. 32.
בישייה] MT הַלָּזֶה; MS D, Neof האלין, which also has the dreams as its referent, rather than Joseph.

Note: For vv. 20–33, MSS D and E are in close parallel. Therefore, reference should be made to the immediately preceding notes to MS D.

20. **וו]נטלקה]** The הָ is imitative of the Heb cohortative; cf v 27, below, ונזבנה; MS D, Neof ונטלק.

21. **ונתחייב בנ]פשיה]** = Neof; MT נֶפֶשׁ.

25. **קטב ושאבה וטום]** Reversed order of first two items; contrast with MS D, Neof, PsJ. On the interchange of the labials ב/פ (קטף/קטב, ו/ב (שעוה/שעבה) and the laryngeals ע/א (שעבה/שאבה), see Kutscher, *SGA* pp. 16ff and 79ff; and H. L. Ginsberg, *Tarbiz* 5 (1933–34), 381.

27. **ונזבנה]** See note to v. 20, on the cohortative ה.
ויד דקטולין] MT וְיָדֵנוּ; see note to MS D, v 22.
ולא נפשוט ביה] = Neof; MT אַל תְּהִי בוֹ; MS D וי]שלטן ביה לא; the present associative translation reflects the influence of v 22 MT ויד אל תשלחו בו; see M. L. Klein, *Eretz Israel* 16 (1982), 134*–140*.

31. **עזים]** Heb; expect עזין; cf MS D, v 24, above (מים).
פרגודה] See note to MS D, v 23.

33. **לא ... ולא]** It is clear from the parallel versions (MS D, FTs, PsJ), as well as from the second negative particle ולא "nor", that the first particle לא was deleted by a scribe, and later added supralinearly.

C.U.L. MS T-S B 8.3
Genesis 38:16

17. **אנה כען]** MT אָנֹכִי; MS E, Neof הא אנה. Both translations are the equivalent of a Hebrew הנה אנכי, which is unattested.
ובר] = MS E, Neof; > MT; See note to Gen 37:31(MS D), above.
זמן] = MS E, Neof; > MT; See note to Gen 8:7, above.

18. **עזקתך ושושפך]** Understood by the Genizah PTs, FTs(v 25) and O as two distinct items, the second of which being a cloth or garment. The original meaning of the Heb חותמך ופתילך "your (cylinder) seal and cord" has been lost; cf Speiser, *Genesis*, p. 298. Only in Neof, עזקתך ושותפך, and PsJ, סיטומתך וחוטייך, do we possibly have a vestige

[30]

of the original "cord." See also, *Aruch*, s.v. שׁתָף² (Vol. 5, p. 186), which is corroborated by Neof.

וּמִנֵּיהּ] = Neof; MT לוֹ; for the Aramaic idiom, see v 25, מנה אנא מעברא.

21. וְדַאֲתְרָא] = MS E, Neof; MT מְקֹמָהּ, lit "her place"; but cf MT v 22, אַנְשֵׁי הַמָּקוֹם, without the possesive suffix.

אתתא נפקת־בר] = MS E, Neof; lit: "woman who goes out," i.e., prostitute; but MT קְדֵשָׁה, "votary/cult prostitute," which is different from the Heb זוֹנָה "harlot," (v 15), see Orlinsky, *Notes*, p. 123, and Speiser, *Genesis*, p. 299. Only PsJ and O distinguish between the two.

וְדַהֲוַת יָתְבָא] ~ MS E, Neof; MT הִיא; on the addition of the auxiliary vb הוה for the durative mode, see note to Gen 29:2.

וּבְפָרָשַׁת אוֹרְחָתָא] = MS E, Neof; MT בְּעֵינַיִם, a toponym "Enaim," which is taken by the tgg and the rabbinic literature as the "eyes" of the road, or the cross-roads. See B. *Sotah* 10a, for both views.

23. וְדַלָא] = MS E, Neof; MT פֶּן, this is a standard translational equivalent in the PTs. Cf *Sifre*, Deut 12:11 (p. 133) פן, בלא תעשה.

24. וְלִסוֹף תְּלָתָא] = MS E; MT כְּמִשְׁלֹשׁ, *Torah*: "about three months later," which is similar to Neof היך בתר תלתא ירחין. Cf Gen 40:13, below.

וּבְגִין דְזַנּוּ] = MS E, Neof; MT לִזְנוּנִים. The full Heb phrases are found in Hos 1:2, יַלְדֵי זְנוּנִים and Hos 2:6, בְּנֵי זְנוּנִים.

וְלִבְנוּר] > MT; this might be the associative influence of Lev 21:9, בָּאֵשׁ תִּשָּׂרֵף; cf *Ber. R.* (p. 1044), which makes this connection: תמר בת שם היית, דכת' ובת איש כהן כי תחל לזנות וגו'.

25. This expansive midrashic passage is found, with variations in all the extant PTs, as well as in tosefta texts attached to Onqelos (e.g., A. Sperber, *The Bible in Aramaic*, Vol. I, p. 354, and A. Epstein, *R.E.J.* 30 [1895], 45).

כַּד הֲוַת נָפְקָא] ~ FT(P); MT הִיא מוּצֵאת; see note to Gen 37:23, above, on the progressive mode, "as she was being taken out."

וַאֲנָא מְקוֹמָא ... See Dan 1:6, from which the midrash assumes that Hananiah, Mishael and Azariah descended from Judah and Tamar (cf *Ber. R.*, pp. 1211, 1213). The present tg refers to Dan 3:19–23, where Tamar's descendants will willingly be cast into the furnace – in place of her being burnt at the stake. This is explicit in Neof and in some of the toseftot.

וְטַלְקַת ... דַיָּינַיָּא] In MT, she confronts Judah directly וְהִיא שָׁלְחָה אֶל חָמִיהָ.

מִנֵּהּ] MT לְ(אִישׁ); see note to v 18, on the interchange of prepositions.

אַף עַל גַב דִיקְדָא] Expect a personal pronoun, as in Neof and FT(V) דְאָנָה יָקְדָה..., but the present reading cannot be dismissed as an error, inasmuch as MS E, FTs (PNL) also omit the pronoun.

מְפַרְסַיָּא] < Gk παρρησία.

וְרַחֲצָא ... יְיָ] Cf expansion to Gen 37:33, above, for the same phrase.

עִזְקָתָא וְשׁוֹשִׁפָא] See note to v 18.

26. קָם ... דָאִיבָא] Cf I Chron 28:2 וַיָּקָם דָּוִד הַמֶּלֶךְ עַל רַגְלָיו וַיֹּאמֶר שְׁמָעוּנִי אַחַי וְעַמִּי. For another example of the form אִיבָא, see Gen 37:30, above.

וּבְמִכְלְתָא ... לֵיהּ] Cf M. *Sotah* 1:7 בַּמְּדָה שֶׁאָדָם מוֹדֵד בָּהּ מוֹדְדִין לוֹ, and also Tosefta *Sotah* 3:1, 4:1; (usually in the name of R. Meir – mid 2nd Cent.).

בעלמה, לעלמ[א] Expect parallelism בעלמא הדין ... בעלמא דאתי, as in MS E, Neof FTs(P,V); but FT(N) agrees with the present MS.

כאשא דאכלא אשא] Cf Neof, FT(V) Deut 4:24 and Neof gl₂ Deut 9:3 for this phrase (MT אֵשׁ אֹכְלָה הוּא).

ושלחית ... או לא] = Gen 37:32, only there it is a collective act (3 pl), though at the instigation of Judah (37:26).

סדר דין] This is the common PT equivalent of the Heb מִשְׁפָּט, in the sense of "court/legal decision" (e.g., Neof Deut 17:11; 19:6), as well as in the senses of "law, rule, custom, manner" (e.g., Gen 40:13; Exod 21:31; Deut 26:16,17, below; and Neof Lev 24:22). It it also used for שְׁפָטִים "punishments" in Exod 6:6, below.

כלקבל סדר דין] The implied follow through is: so, too, I was told "recognize these articles"; this is explicit in Neof, ...ואנה איתמר לי (אכר) כען דמן אינון עזקתא; see also the toseftot, below.

מני היא ...] The following word was מעברה, as in Neof and the FTs. This interpretation translates the Heb מִמֶּנִּי "from me," rather than its original sense as the comparative "than I."

Oxford Ms. Heb. c75
Tosefta Genesis 38:25,26

Note: For the running comments, see notes to MS D, above.

25. כד איתא.. קודמהא] Only in the tosefta MSS is the loss of the three objects explained in this manner; see M. L. Klein, "Targumic Toseftot...," in *En Memoria ... Díez Macho*, Madrid, 1986, pp. 415–416.

ואיתא] Expect אתא, perf.

דלית] MSS D, E, FF, Neof, FTs, PsJ, all read תלת (תלא >). The present unique reading may derive from דלי, and need not involve an interchange of the dentals ד/ת (J. C. Greenfield).

דאנא נקיא] This is probably a corruption of דאנינקי (= Gk ἀνάγκη) "in this hour of distress"; cf Neof, FTs, PsJ.

ולגבריאל] This too is unique to the tosefta *genre*; the MSS of straight tg read מיכאל.

ואמרת...הֹאלין] = Onqelos, verbatim, as the other passages of literal translation in the targumic toseftot.

מני הוה פתגמא] This is a midrashic interpretation of MT מִמֶּנִּי, as being spoken by Providence. The phrase מני היא מעדייא at the beginning of the verse represents another interpretation, while the simple sense of the MT is: "She is more in the right *than I*."

C.U.L. T–S NS 184.81 and 182.2
Tosefta Genesis 38:25,26

Note: for running comments, see the notes to the two preceding passages.

ובעו ... אבהתי] This is a compound liturgical formulation, not found in the parallel versions.

ואתון נורא ויק[ד]תא] = Daniel 3:15,17,23.

מניה ייתא משיח[א] די'י] See M. L. Klein, in *En Memoria ... Díez Macho*, pp. 417–418, on the preponderance of messianic references in the targumic toseftot. Also, cf tosefta MSS to Gen 49:18, below.

ארי על כן...למידעֹה] = Onqelos verbatim.

[32]

Oxford Ms. Heb. e43
Genesis 38:16

16. הא מיתי כען]Prh an error for ניתי, 1 pers; although MT הָבָה־נָּא.
אבוא, תבוא MT]ונזדמן, תזדמן; see note to Gen 29:21, above.
הווה]> MT; see note to Gen 29:2; the nuance here is "he was not aware."
Note: From v. 17 to 26, the text is in close parallel to MS D.

17. וגדי בר עזין]= Neof; MT גדי עזים; see note to Gen 37:31(MS D).
ולוותי]> MT; see note to Gen 2:19.

18. ושח]ש]פך]The MS is unclear, and looks like a scribal error ושופיפך. Also, see note to MS D.

19. ועלוי]MS corrected from masc to fem as required.

20. עזייה]Kahle, *MdW II*, p. 43, reads עזייה, and H. L. Ginsberg, *Tarbiz* 5 (1933–34), 382, provides a linguistic explanation for this strange form. However, a careful reading of the MS, can also support the common form עזיה. The vertical stroke of the first *yod* is even shorter than that of the second and moves straight down rather than to the right. Admittedly, the top stroke is diagonal, slanted downwards to the right, and protrudes to the right, in support of the reading עזייה. Also, see v. 23, below לבזייון.

21. לית הכא]Neof לא הוות הכא; MS D לא היתה בזה; MT לית לן.

23. ולבזייון]Kahle, *MdW II*, p. 43, לבזיון. Here, unlike v 20 (עזייה/עזיה), the reading לבזיין is fairly clear. Also, Ginsberg's explanation would seem to apply equally here. It is however possible that the scribe's writing of the letter *yod* is influenced by a preceding *zayyin*.
וארום]MT הנה; expect הא, as in MS D and Neof.

25. ותמר]Proper name replaces pronoun; cf note to Gen 4:11.
נפקת]= Neof; active as opposed to MT מוצאת.
ואנינקי]< Gk ἀνάγκη.
צדקים]Heb; expect צדיקין; but see Kutscher, *SGA*, pp. 19–20, on the interchange of final *m* and *n*; and see note to Gen 31:46, above.
תחות]Contrast with קודם in other MSS, and בידוי דדיינא in Neof.
ושהדה דביני לבינה]This unique description is probably elicited by the earlier תלתי שהדייה, and serves as a literary device: the One Witness (i.e., the Lord) can accomplish what the three others cannot.

26. וזכייה היא תמר]~ Neof; MT צדקה ממני; this is the closest of all the PTs and toseftot to a literal translation – but the comparative מני is missing.

27. ומולדה]Expect מֹלדה, as in following verse.

28. באשון מלדה]MT בלדתה; possibly under the influence of בְּעֵת לדתה, in the preceding verse – although there it is translated בשעת; also cf Gen 43:16,25(2 MSS), below, באשון שירותא for MT בצהרים.
וולדה]= Neof; > MT; cf Gen 30:28, above, for the addition of the subject or object for clarification.
וידה]MT יָד, without the possessive suffix.

[33]

29. וכד חזר ~ Neof; MT כְּמֵשִׁיב; the Aram חזר is sometimes transitive/causative; cf Gen 40:13; 41:13; 42:37; 48:21; Exod 4:7; 19:8, *et passim*.

ומה תקפת ... למתקף ~ Neof; MT פָּרַצְתָּ ... פָּרֶץ; the Heb cognate accusative is interpreted by the tg as a durative/repetitive, or even as a prophetic future.

ית] > MT; cf note to Gen 21:10 (MS LL).

39:1 ולמצרימה] Prepositional *lamed* + alocative ה ָ; MT מִצרימה; see note to Gen 37:28 (MS D), above.

ושליטה] = Neof; MT סריס, "courtier" (*Torah*), but literally "eunuch." Cf שולטן (= MT עבד) in Gen 41:37; Deut 34:11, below; and see Orlinsky, *Notes*, p. 121. On the targumic use of שליטא for a royal servant or official, see Klein, *Anthropomorphisms*, pp. 151–152.

וספוקלטרייה] < Gk σπεκουλάτωρ, "executioner/guard"; cf D. Sperber, *Dictionary*, 133–135. The origin and exact nature of the royal Egyptian post, reflected in the Heb שַׂר הַטַּבָּחִים ("chief steward") are unknown; see Orlinsky, *Notes*, p. 121; and Speiser, *Genesis*, pp. 291–292.

ודסרקאי] MT הישמעאלים; see note to Gen 37:25 (MS D), above.

2. ובסעדה ד——] MT את "with"; Neof ית(!); see note to Gen 28:20, above.

ויהיב] > MT; the tgg modify the general verb of being; cf Neof והוה רב ושליט (under the influence of v. 9); also cf *Torah*, "He remained;" and Speiser "[he] was assigned to." Also see note to Gen 47:1, below.

4. וחן וחסד] Doublet; = Neof; MT חן; see note to Gen 4:7.

באפוי] = Neof; MT בעיני; see note to Gen 21:11, above.

ומאני] From מנא/מנה; for another example of the added vocalic *'aleph*, see עאני (2x) at Gen 4:8, above; and cf Kutscher, *SGA*, p. 52, on מן/מאן.

ואפיטרפוס] < Gk ἐπίτροπος; > MT; = Neof; cf Gen 44:1(MS E), below. The Heb title (אשר) על הבית denoted an official position (e.g., royal steward), cf I Kings 16:9; II Kings 10:5; as well as the tomb inscription from the Kidron Valley, Jerusalem, and the Gedalyahu seal impression (Lachish). But the tgg spell it out explicitly. See *Inscriptions Reveal* 2 ed, Jerusalem: Israel Museum, 1972, pp. 17–18 (English); 24–27 (Hebrew).

ואנשי ביתה] MT ביתו; cf Gen 41:51; 46:31, below; also cf דביתה אמה(!) in Exod 12:4, and דייארה ודארעה] in Gen 41:57.

ובן ידוי] MT בידו; Neof רשותיה תחות; cf vv. 6,8 and Gen 42:37, below. Note the defective spelling of בן; expect בין.

5. ומן שעתה] MT מֵאָז; Neof מן זמנא; cf note to Gen 8:7, above, on עד זמן ד—— for MT עָד.

ואפטרפוס] See note to preceding v; also contrast the orthography.

ובזכוותה] = Neof; MT בִּגְלָל; cf Gen 30:27, above.

6. והוה 2°, דהוה] = Neof; > MT.

ומן בתריה] = Neof; MT אִתּו; the change in preposition alters the meaning of the verb from "pay attention *to*" (*Torah*) to "inspect" or "check *after*"; but, contrast v. 8, below גבי.

ומזונה] MT הלחם; see note to Gen 28:20, above.

7. ושמש] MT שְׁכָבָה; see note to Gen 30:15, above.

8. וגבי] Contrast with v.6, above. Perhaps the present verse should be translated "pays no attention."

    (וכל מנדעם)] Mistakenly added by a second hand between the lines, under the influence of v. 6. There is indeed a deletion in the original text, but not of these words. Note that Neof also suffers from a deletion *ex homoioteleuton*, (בביתיה וכל מה) מה דליה, but there is no connection between the two scribal errors.

    וכל מה דאית בביתה] MT מה בבית; perhaps the anticipated word כל brought about the following deletion.

9. (א)לית הוא] MT איננו; the scribe began to write the Heb אין again, and stopped after the first letter. The word הוא is inappropriate in the present context.

    ורב ושליט] = Neof; MT גדול; on targumic doublets, see note to Gen 4:7; and on the use of שליט, see v. 1, above.

    וקודם י ó] ~ Neof; MT לאלהים; on the use of קדם, see note to Gen 3:5, above.

10. עם] = Neof; MT אל; this is a standard equivalent, Heb דבר אל = Aram מלל עם.

    ויום בתר יום] = Neof; MT יום יום, but with the same meaning.

    ויוסף] > MT; see note to Gen 4:11, above.

    ולמזדמנה] MT לִשְׁכַּב; on this euphemistic translation, see note to Gen 29:21, above.

    ובעלמא הדן כמסת דלא] > MT; ~ Neof and FT(P), where the continuation is למהוי עמה למיהוי שותף עמה בגיהנם לעלמא דאתי (Neof), or לעלמא דאתי (FT). This interpretation is based upon the double phrase לשכב אצלה להיות עמה, cf *Ber. R.* p. 1070.

J.T.S. MS E.N.A. 2755
Genesis 40:5
    For a description of this MS, see A. Díez Macho, *Sefarad* 15(1955), 31–32.

6. והא אפיהון] = Neof; MT וְהִנָּם; this might be an associative translation based upon the following verse פניכם רעים.

7. ושליטי] ~ Neof; MT סריסי; see note to Gen 39:1, above.

    בבייתה] ~ Neof; MT בית, without the preposition or suffix; cf Gen 41:10, below.

    וזעיפון] = Neof gl; MT רעים, in contrast with the preceding v זֹעֲפִים.

8. ולן] > MT; on additional pronouns, see note to Gen 2:19, above; Gen 41:15, below, for the same context; and Num 20:5, below.

9. ושתילה] = Neof gl; > MT; explanatory.

10. ואתעבדו] = Neof; > MT; explanatory.

11. ושוויית] The second *yod* is added above the line, for the 1 pers perfect of the final weak verb שוי. On the use of שוי for the Heb נתן, see note to Gen 32:17, above.

    וכף ידה] ~ Neof; = Neof gl; MT כף; see note to Gen 31:42, above.

12. *Note*: The following midrashic expansion, and the parallel passage in v 18 regarding the chief baker, are shared in common with Neof, Neof gl, and the FTs, with some small variation. Whereas Joseph discloses the immediate and superficial messages of the dreams to Pharaoh's courtiers, he does not reveal the deeper prophetic interpretation – which in any case, would not have been of interest to them.

    ודה] Expect masc דין, as at the end of this v, and in v 18.

    ודבני] The *dalet* is probably an error; Neof, FTs בני.

[35]

פרנסין] < Gk προνοέω(?).

ורנוסַבת ... דפרעה °2] = preceding verse.

פיילותה] < Gk φιάλη.

ואמר ל[יה] יוסף] The literal translation resumes here.

ורחלמד] = FT(P); > MT. This is similar to the addition of personal names, as described in the note to Gen 4:11, above.

13. לסוף] = Neof; MT בְּעוֹד; see note to Gen 38:24(MS D), above.

וחזר] MT וַהֲשִׁיבְךָ; Neof ויחזור, also causative; see note to Gen 38:29, above.

באתרך] MT עַל־כַּנֶּךָ "to your post"; Neof לשימושך; cf Gen 41:13, below.

כסדר דינה] = Neof, Neof gl; MT כְּמִשְׁפָּט; see note to Gen 38:26(MS D), above, on the semantic range of this phrase.

משקי יתה] = Neof gl; Neof מזיג ליה; these tgg interpret the Heb מַשְׁקֵהוּ as a verbal clause. Only PsJ reads דהוית מזוגיה, which reflects the simple sense, "when you were *his butler*."

14. יתי] MT + אִתָּךְ; Neof עמך.

בית חבושה] = Neof, Neof gl; MT הַבַּיִת; explanatory.

15. ביש] = PsJ; > MT; explanatory.

בבית חבושה הדן] ~ Neof, Neof gl; MT בַּבּוֹר; probably under the associative influence of the preceding v, הבית הזה.

16. יאות] MT טוֹב; Neof טבות; the Heb may mean "favorably"; see Orlinsky, *Notes*, p. 126. Cf *LXX* ὀρθῶς, "true/correct."

חמית] PsJ הוית חמי; > MT.

ודפתיה נקייה] ~ Neof; MT חֹרִי, which is taken to refer to the type of baskets: "open work" *(Torah)*, "wicker" (Speiser) – although RSV translates, "cake baskets." Our transcription differs from that of Díez Macho דפיתה נ[ק]ויה, which is closer to Neof דפיתא נקיתא, and which would be expected.

17. יתה] MT אֹתָם pl; expect יתהון.

18. See introductory note to v. 12, above.

בחמר ובלבנים ובכל עבודה ותלתי שעבודייה קשייה] Midrashic interpretation of Exod 1:14 בשדה; cf Neof and FTs, for the continuation of the present text.

Oxford Ms. Heb. d26
Genesis 41:6

6. וסלקן] ~ Neof gl; MT צמְחוֹת; influence of v 3 עלות אחריהן (Neof סלקין בתריהון).

7. ושבלתייה] The *taw* is a scribal error; the correct form being שבלייה (pl def); cf continuation of this verse and v 24, below.

8. ואטרפת] = Neof; MT וַתִּפָּעֶם; cf Tg Ps 77:5, אטרפית (MT נִפְעַמְתִּי).

ודפרעה] = Neof; > MT; see note to Gen 4:11, above.

ודמצראי] Gentilic = Neof; MT מִצְרַיִם toponymic; see note to Gen 9:18, above.

וחכימיהון] = Neof; MT חֲכָמֶיהָ 3 fem suffix; this is a result of the introduction of the plural gentilic מצראי.

9. ו{ית} עם] MT את ... וידבר את פרעה, "spoke *to/with* Pharaoh." The prepositional את is

usually translated עם, and the *nota accusativi* את is rendered ית. But there are exceptions to this rule; see note to Gen 31:25, above.

סורחניי] ~ Neof; MT חָטָאִי; cf Neof Gen 40:1 סרחו (MT חָטְאוּ). The original meaning of this vb is "to decay/smell bad/be offensive."

10. ויתהון] MT אֹתִי 1 sg; under the influence of עבדוי/עבדיי, or prh associative of Gen 40:3, וִיתן אֹתָם; cf *LXX* ἡμᾶς 1 pl.

    בבייתה] = Neof; MT בֵית, without preposition; cf Gen 40:7, above.

    ספוקלטרייה] See note to Gen 39:1, above.

12. קודמי] MT לוֹ; Neof לה; on the substitution of קדם for other prepositions in non-divine contexts, see M. L. Klein, *J.Th.S.* 30 (1979), 502–507.

    וכחלמה פתר] = Neof; MT אִישׁ כַּחֲלֹמוֹ פָּתָר; MS גבר כפתרון חלמה חלמנן, a scribal error *ex homoioarchon*, with the end of v. 11.

13. וחזר לאתרי] MT הֵשִׁיב עַל כַּנִּי; see notes to Gen 40:13, above.

    וצלב] Even after recent discussion, it is unclear whether death by impalement or crucifixion was a legal Jewish form of execution in Roman times – or perhaps only by hanging. See J. M. Baumgarten, *Studies in Qumran Law*, Leiden, 1977, pp. 172–182; Y. Yadin, *The Temple Scroll,* Jerusalem, 1983, Vol. I, pp. 373–378. Also, see J. Heinemann, *J.J.S.* 25 (1974), 120–121, on Tg Ruth 1:17; and D. Halperin, *J.J.S.* 32 (1981), 32–46. In the present text, the targumist is describing an execution by the Pharaoh in anachronistic terms. The verb צלב is used throughout the targumim for hanging or impalement; cf Neof, PsJ, O to the present verse and to Deut 21:22,23; FT(V) Deut 21:22; Tg Esth 9:14, *et passim*

14. וקרא ליוסף] MT וִיקְרָא אֶת יוֹסֵף; this may be the accusative *lamed*.

    ודלון יתיה] MT וַיְרִיצֻהוּ, "they rushed him"; Neof וארהטו יתיה; the present reading is an associative translation under the influence of Gen 37:28(2 MSS) ודלון ואסקן ית יוסף (MT וַיִּמְשְׁכוּ וַיַּעֲלוּ).

15. לי] > MT; see note to Gen 40:8, above.

    ופתר] MT לִפְתֹּר infinitive; Neof למפתר.

16. מימריה די'י] MT אֱלֹהִים; deleted by original scribe, and added by a second hand. This accounts for the writing of the divine name as י' rather than 'ה and the *plene* spelling of the 3 m sg suffix.

18. ו(ב)ברייך] Scribal error due to following word.

    ובבשריהין] ~ Neof; MT בָּשָׂר, without preposition or suffix.

    ויאיין למחמי] MT וִיפֹת תֹּאַר; expect ויאיין בריווהון, cf Neof and Gen 29:17; 39:6, above; but also see the following verse, where our MS and Neof read למחמי; the vb למחמי might reflect the Heb מַרְאֶה, of the common double phrase יפת תאר ויפת מראה.

    והוין רעיין] = Neof; MT וַתִּרְעֶינָה; the auxiliary vb הוה denotes the progressive/durative; see note to Gen 29:2, above.

19. ודקיקן בבשרהן] MT here and in vv 20,27 וְדַקּוֹת בָּשָׂר; contrast MT vv 3,4 וְדַקּוֹת. There seems to be a general confusion in the Heb ר/ד. The present tg employs דקיקן for both דַקּוֹת and רַקּוֹת.

    ובישן] = Neof; MT לָרֹעַ; PsJ, O לבישׁ.

23. וברוח דקדום] ~ Neof, here and in v 27; MT קָדִים; explanatory.

[37]

25. עתיד עבד MT עֹשֶׂה; the additional modifier produces the nuance of future, "is about to do"; cf *Torah* and RSV. The syntax has been skewed by the addition; we would expect an infinitive to follow, עתיד למעבד; cf Klein, *Anthropomorphisms*, pp. 100–109.

C.U.L. T–S NS 76.1
Genesis 41:32

For a description of this MS, see A. Díez Macho, *Augustinianum* 9 (1969), 120; reprinted in Idem, *Manuscritos hebreos y arameos de la Biblia*, Rome, 1971, p. 217.

32. מבסרןא[MT נכון, "fixed" (RSV), "determined" (*Torah*), "reaffirmed" (Speiser); the present tg implies a final decision *having been announced*.

33. וימני יתיה [MT וִישִׁיתֵהוּ; Neof וישוי יתיה; cf v 41, below.
רב ותשׁ[ל]יט > MT; for this doublet, see Gen 34:19, above.

35. ורשׁ[ו]תיה ~ Neof; MT יַד; cf Neof Gen 39:4,6,8; also cf B. *Baba Meṣi'a* 56b, ויקח את כל ארצו מידו (Num 21:26) הכי נמי דכל ארעא בידיה הוה נקיט לה אלא מרשותו.

37. [ב]א[פ]וֹי ... ובאפי ~ Neof; MT בעיני...ובעיני; see note to Gen 21:11, above.
שלטנוי[= Neof; MT עבדיו; see note to Gen 39:1, above.

38. ולכל [MT אל; probably the influence of the preceding v, כל עבדיו.
רוח דנבו מן קדם יי o רוח אלהים [MT ורוח דנבו מן קדם MT; cf similar targumic phrases such as רוח גבורא מן קדם י"י (Gen 15:1,4, above), רוח דרחמין מן קדם י"י (Neof, FTs, Gen 1:2), and רוח דרחמין מן קדם יוי (Tg Jud 13:25).
גבר דרוח קדש מן קדם י"י = Neof; MT בּוֹ; cf Num 27:18 איש אשר רוח בו, Neof שריא עלוי ותשרי עלוי רוח נבואה מן קדם יי Tg, ונחה עליו רוח יהוה, and Isa 11:2, שרייה עלוי. It is for this very reason that the Haftara for this triennial *sidra* begins with Isa 11:2, as noted in the margin of the MS; see note before Gen 35:9, above.

40. ממני[> MT; Neof ממני אפיטרופוס; see note to Gen 39:4, above; and cf 43:16; 44:1, below.
פלטין[< Gk παλάτιον; MT בֵּיתִי; cf Gen 43:16; 44:1, below.
מימר פימך [MT פִּיךָ; Neof גזירת פומך; cf Neof Deut 17:6 על פם מימר תרין סהדין and Neof gl Exod 38:21, על מימר פמיה דמשה; on the use of מימר in non-divine contexts, see Klein, *Anthropomorphisms*, pp. 62–64.
יתזנון[= Neof; MT יִשַׁק, the meaning of which is uncertain; see Speiser, *Genesis* pp. 313–314, for several possibilities – none, however, is "to be fed."
נכרוסי[מלכותא ~ Neof; MT הַכִּסֵּא; explanatory.

J.T.S. MS E.N.A. 2578
Genesis 41:43

For a description of this MS, see A. Díez Macho, *Sefarad* 15 (1955), 31–32.

43. במרכבתה[Probably a Hebraism; expect ארתכה/רתיכי as in Neof, and as in Gen 46:29; Exod 15:4,19, below.
תניינתא[= Neof; this rare form is also attested in Neof Gen 47:18; Exod 28:10 (תניינותא[); Num 9:1; 10:11; Neof gl Exod 40:17, Num 1:1; PsJ Exod 1:15 (*ed. princeps*, Venice, 1590); the more common form being תנייתא, with the assimilation of the second *nun*. The Heb הַמִּשְׁנֶה has recently been translated as "the second in

command", "viceroy"; see Orlinsky, *Notes,* p. 128, and Speiser, *Genesis*, p. 314.

ולפרעה] MT לו; Neof דידיה; on the replacement of the pronoun by the proper name, see note to Gen 4:11, above.

והוון מקלסין... בשנייה] MT ויקראו לפניו אַבְרֵךְ; the word אברך, which is of uncertain Egyptian origin, has been broken up by this midrashic interpretation into two assumed Hebrew elements אב and רך. The folk etymology is further developed, by giving the second element a double meaning "king/nobility" and "tender"; cf Jastrow, *Dictionary*, p. 1474b ריכא, and p. 1478b רך II. This midrashic expansion is shared by all the extant PTs.

מקלסין] < Gk καλῶς / κελεῦσαι.

ומני יתה] = Neof; MT וְנָתוֹן אֹתוֹ; cf v 33, above.

רב ושליט] = Neof; > MT; see note to Gen 34:19, above.

44. ולמיסור זוני, למרכוב סוסיה] ~Neof, PsJ; > MT; the tgg describe the raising of hand or foot as specific acts of authority.

זוני] < Gk ζωνή.

45. וגברא ... ליה] ~ Neof and most MSS of O; MT צָפְנַת פַּעְנֵחַ, of Egyptian origin, meaning "God speaks; he lives" or "creator of life"; see footnotes in the *Torah* and Speiser. It is interpreted in the tgg as though it were derived from the Heb צפן and an assumed quadriliteral root פענח (attested in early medieval liturgical texts).

ואת] Heb, error for ית; prh under influence of the following word which begins with an *aleph*. Cf Gen 42:36, below.

ורבה] = Neof; MT כהן; cf Neof Exod 2:16; 18:1 *et passim*, where כהן מִדְיָן, is translated רבה דמדין. This distinguishes pagan priests from priests of the Lord (e.g., Melchizedek, Neof Gen 14:18) which are translated by the cognate כהנא.

טניס] < Gk Τάνις; = Neof; and Neof gl Gen 46:20 דתנוס; MT אֹן; this is the targumic equivalent of פִּתֹם (Neof, FTs, PsJ, Exod 1:11); and also of צֹעַן (Neof, PsJ, O Num 13:22 and Tgg Isa 19:11,13; 30:4; Ezek 30:14 and Ps 78:12,43). Apparently טניס is used by the tgg for a variety of sites in N. Egypt – both in the E. Delta and in the area of modern Cairo.

46. בזמנה דקם] MT בְּעָמְדוֹ; Neof כד קם; see note to Gen 32:20, above.

47. סוגי עבור לאוצרייה] ~ O; MT לִקְמָצִים, "in abundance;" Neof and PsJ also interpret קמצים as "storehouses."

48. חזור חזור] = Neof; MT סְבִיבֹתֶיהָ; this is the common tr of the single Heb word סביב; cf Exod 19:12; 39:26, below.

49. ועד זמן] = Neof; MT עד; see note to Gen 8:7, above. The addition is inappropriate here, since the sense of עד in the MT is not strictly temporal. This is one of the many targumic equivalents that are often used mechanically, without consideration of the particular context.

50. דכרין] > MT; see note to Gen 30:21, above.

קדם עד לא] Doublet, = Neof; MT בטרם; cf Gen 37:18; and see note to Gen 4:7, above.

ושני כיפנה] Pl; MT שְׁנַת הָרָעָב; influence of vv 30,36,47.

רבה טניס] See notes to v 45.

51. וארום אמר] = PsJ; > MT; prh by association with Exod 2:22; 18:3.

ואנשי] = Neof; > MT; see note to Gen 39:4, above.

53. הוון Pl; ~ Neof; MT היה; the tg considers שני שבעה as the antecedent of the vb.

54. ומזונה MT לחם; see note to Gen 28:20, above.

55. וצבחו Neof וצוותו; on ב/ו, see note to Gen 9:21, above.
   וקודם = Neof, PsJ; MT אֶל; see note to v. 12.
   ועל עסק מזונה MT לַלָּחֶם; Neof על עיסק לחמא; for this phrase, cf Gen 43:7,18; Deut 1:1; 33:6, below.

56. ו[בא]וצרייה ~ Neof, PsJ; MT בהם; the Heb is problematic; see Orlinsky, *Notes,* p. 129; and Speiser, *Genesis,* p. 315.
   וזבן = Neof, PsJ; MT וַיִּשְׁבֹּר "supplied/sold grain."

57. ו[דייארה ו[דארעה] ~ Neof, PsJ; MT הארץ; this is similar to the addition of אנשי; see note to Gen 39:4.
   ולמזבון עבור = PsJ; ~ Neof; MT לִשְׁבֹּר, without a direct object; cf preceding v, and also Gen 43:2, וְנִשְׁבְּרָה לְךָ אֹכֶל 4, שִׁבְרוּ לָנוּ מְעַט אֹכֶל; and 42:3 לִשְׁבֹּר בָּר.
   מן = Neof, PsJ; MT אל.

Genesis 42:34

34. ו[תתוגרון בה ~ PsJ, ותתגרון בפרגמטיא; MT תסחרו, without any object; the addition might be under the influence of Gen 34:10, וּסְחָרוּהָ = ואתגרו בה. On this translation, see note at 34:10, above.

36. The midrashic expansion of this v is common to all the extant PTs, with some variation, and with explicable scribal deletions in some of the MSS.
   ומן שעתה ... לדותן Deleted, and then added above the line – probably by the original scribe. It is to be inserted after the word יוסף. Reference here is to Gen 37:13–17.
   ולית אנה ... בסופה (2x) = PTs; MT אֵינֶנּוּ; for similar renderings, see FT(P) Gen 5:24, and Neof, FT(P) Gen 42:13. These non-literal interpretations reflect the fact that Joseph and Enoch had not really died, but continued their existence elsewhere; cf M. L. Klein, *Biblica* 57 (1976), 519–521.
   ושמעון ... למצרים Reference to Gen 42:19,24.
   ואת Hebrew; expect וית; cf Gen 41:45, above.
   ואתון בעיין למסב = PTs; MT תִּקָּחוּ; cf *Torah,* RSV, "you *would* take."
   ועליי ... שבטין MT עָלַי הָיוּ כֻלָּנָה, the simple sense being, "all this happened to me." This may also be the "adversative" usage of עלי, as in Gen 33:13; 48:7; see Speiser *Genesis,* p. 357. The tg reflects Jacob's prophetic knowledge that it was his task to establish the twelve Israelite tribes; cf *Ber. R.,* p. 1132.

37. וית בני MT אֶת שְׁנֵי בָנַי; probably a scribal deletion; cf Neof ית תרין בני.
   ולוא MS ליה, scribal error.
   ובין ידי MT עַל יָדִי; see note to Gen 39:4, above.

38. ושאולה Heb; expect לשאול, as in Neof.

Oxford Ms. Heb. c 75
Tosefta Genesis 42:36

   In general, see notes to Gen 42:36 (MS E), above.
   ויעקב MT + אביהם; scribal deletion.
   ואמרתון 1° However, in Gen 37:33, it is Jacob who says it.

[40]

ובישא] Expect בישתא, fem.

ואכלת יתיה] MT אֲכָלָתְהוּ (37:33) and Onqelos אֲכַלְתֵּיה. The separated direct object is a vestige of the Palestinian-Targum origins of this tosefta; cf M. L. Klein in *En Memoria … Díez Macho*, Madrid, 1986, pp. 409–418; also see the note at the beginning of the Tosefta to Gen 22:5, above.

J.T.S. MS E.N.A. 2578
Genesis 43:3 (continued)

3. וסבר אפי] = Neof; MT פְּנֵי; see note to Gen 31:2.

    ואתא] > MT; added vb, here and in v. 5, אייתיתון.

4. ואן ברעותך] = Neof; MT אִם יֶשְׁךָ; cf Gen 24:49 אִם יֶשְׁכֶם, Neof אן ברעתכון; also cf Neof Gen 23:8; 24:42.

    ומשלחה] = Neof; skewed syntax; after the translation ברעותך, we expect the infinitive construct למשלחה/לשלחה.

    ונשברה לך אכל MT ונזבון לן קליל מזון] under the influence of v. 2, שברו לנו מעט אכל.

5. ולא אנן נחתין] Unusual syntax; expect לית אנן נחתין, or לא נחות as in Neof.

    ואייתיתון] > MT; see note to v. 3.

7. ואחרן] > MT; explanatory.

    ועל עסק MT עַל פִּי]; see note to Gen 41:55, above.

    והא מדע הוונן (ידעין) MT הֲיָדוֹעַ נֵדַע]; reconstructed after Neof, PsJ and O.

    ולן] > MT; see note to Gen 2:19, above.

8. ולהוד, להות] Note inconsistent orthography in a single verse; prh under the influence of the following *ṭet*.

9. והוא] > MT; prh for emphasis.

    ונהוי … בשלמך] ~ Neof, FTs; the severe punishment implied here is excommunication נידוי, which entails a prohibition of greeting and being greeted by people; cf B. *Makkot* 11b … נידוי על תנאי מנלן? מיהודה; this phrase also appears in the various PTs to Gen 44:18, see especially FT(P) נהוי לך חייב ומנודה מן שאלית שלמיה דאבא.

Oxford Ms. Heb. d 26
Genesis 43:23

24. ושוי] MT וַיִתֵּן; Neof ויהב; see note to Gen 32:17, above.

     ומיים] Heb; expect מיא, as in Neof.

     וגסה] Interchange of כ/ג; Neof כסא; O כסתא.

25. ובשעת טהרה] MT בַּצָּהֳרָיִם; cf addition of בזמנא in Gen 32:20; 41:46; and באשון in Gen 38:28, above.

     ולחם/מזון] See note to Gen 28:20, above, on these two variants.

26. ולבייתה] (2x) Probably with 3 m sg possessive suffix לְבַיְיתֵה, as in v. 23; but MT הַבָּיְתָה.

     ושאלו … ארעה] ~ Neof, Neof gl; MT וַיִּשְׁתַּחֲווּ לוֹ אָרְצָה. This is the common translation in the PTs for one man bowing down to another in greeting – an innocuous act in the Bible; cf Neof Gen 18:2; 19:1; 23:7; 27:29; 33:3,6,7; *et passim*; also cf Onqelos Gen 49:8; and v 28, below in the present MS; see Klein, *Anthropomorphisms*, pp. 152–155.

     וכנימוס] < Gk νόμος.

[41]

27. ‎ומלין דשלם [= Neof gl; MT ‎לשלום.

28. The beginning of this verse was deleted *ex homoioteleuton*, the catchword being ‎בחיין. The proposed reconstruction for the phrase ‎עודנו חי, is eclectic, and based upon the end of the preceding verse in the present text, Neof and Neof gloss. Neof gl, which is very closely related to MS E, mistakenly adds the particle ‎הא twice, under the influence of the interrogative ‎הֲשָׁלוֹם and ‎הַעוֹדֶנּוּ of the preceding v. Neof, on the other hand, is inconsistent in its use of the prepositional *lamed* ‎לעבדך אבונן, which corresponds to the MT ‎לעבדך לאבינו.

‎ושאלו בשלמיה (ואודן) See note to v 26, above. MS D (below) and Neof read ‎ואודון) ושבחו, "and they thanked him for inquiring," which is more appropriate, inasmuch as "greeting" only suits the initial encounter. For additional examples, of ‎אודי ושבח as a translation of ‎השתחוה, see Neof Gen 24:26,48,52; 47:31.

30. ‎ולקיטונה [< Gk κοιτών, "bed chamber" or "private chamber"; MT ‎הַחַדְרָה, "room."

31. ‎ואזדרז [= Neof, PsJ; MT ‎ויתאפק; MS D, Neof ‎ואשתהי; O ‎ואתחסן; but cf ‎ואזדרז in Neof Gen 48:2 (= MT ‎ויתחזק) and in Tg Esth 5:10 (= MT ‎ויתאפק). For a similar use of the Aram ‎זרז, see Neof, Lev 8:7 ‎וזרז יתיה בהמיינה דאפודה for MT ‎וַיַּחְגֹּר; and cf PsJ Exod 12:11; Lev 8:7(2x),13; O Exod 29:9. These examples all have the more concrete meaning "to bind." The same is true of the vb ‎אזדרז in Tg 1K 18:44 (= MT ‎אָסֹר) and v. 46 (= MT ‎וַיְשַׁנֵּס).

32. ‎ולמצרייאי [First *yod* is superfluous, perhaps under the influence of the Heb; cf ‎מצראי further on in this v.

‎דהוון, הוון [> MT; added auxiliary vb; see note to Gen 29:2, above.

34. ‎ופלג [= Neof; > MT; cf PsJ ‎ושדרינון; the meaning of the Heb expression ‎וַיִּשָּׂא מַשְׂאֹת אֲלֵהֶם ... "served them portions," is apparently not preserved in the Aram ‎ונטל חולקין להון, which required the additional vb. Prh the entire passage is to be translated, "he removed portions and divided them up" (J. C. Greenfield).

‎ורבון [Neof ‎ורוון; on ‎ב/ו, see note to Gen 9:21, above.

44:1 ‎ולדן ... בייתה [~ Neof; MT ‎את אשר על ביתו; see note to Gen 39:4, above.

‎דהוון [> MT; this vb in past tense is out of place here, the reading ‎דהינון in Neof gl may be what was originally intended; cf PsJ ‎דאינון.

2. ‎כלידי, כלידה [< Gk κάλυξ(?); = Onq.

3. ‎וכצפרה בנוהרה [MT ‎הַבֹּקֶר אוֹר, without prepositions; Neof gl ‎בנוגהא.

4. ‎ומן [= MS D, PsJ; MT ‎את; Neof ‎ית.

‎וכישן, טבן [Pl; = Neof; MT ‎רעה, טובה, abstract sg.

C.U.L. T–S B 8.6

Genesis 43:7

> *Note*: For Gen 43:7–10 and 43:23 – 44:4, MSS D and E are in close parallel. Therefore, reference should be made to the notes of the immediately preceding MS E.

11. ‎ומשח דבטמין ודלוזין [~ Neof, PsJ, and *Ber. R.* (p. 1137); MT ‎בטנים ושקדים, the nuts themselves and not their oil. Note the interchange of ‎מ/נ; O ‎בוטמין; Neof and PsJ ‎בוטנין.

[42]

12. **ובּרפ[לוא]** < Gk διπλός; reconstruction after FT(L) and Exod 22:3,6,8, below, as well as Neof gl Exod 22:6,8. However, Neof and FT(V) read בכפלה, in all four cases, which is equally plausible for MS D.

14. **וגוברא [שליטא ד]ארעא** MT הָאִישׁ; Neof שליטא; PsJ, O גברא; the present texts combine both of these translations; cf Gen 44:15 [גבר רב ז ושליט, below; also cf Neof Exod 34:24 גבר מלך ושליט for MT אִישׁ. The nondescript אישׁ is often specifically defined in the PTs.

    [והיד־מא ... בנימין MT כַּאֲשֶׁר שָׁכֹלְתִּי שָׁכָלְתִּי; this expansive converse translation is shared by Neof and the FTs, and is implied in PsJ. The midrashic interpretation is based upon Jacob's prophetic knowledge that Joseph had not died. On the deletion of the negative particle, and for a discussion of this targumic technique, see M. L. Klein, *J.S.S.* 19 (1974), 224–225, and Idem., *Biblica* 57 (1976), 515–537 (esp, 523f).

16. **[ולמאן ... דידיה** MT לַאֲשֶׁר עַל בֵּיתוֹ; see note to Gen 39:4, above.
    פלטין (2x) < Gk παλάτιον; ~ Neof; contrast with פלטורין in v 18; the two are used interchangeably.
    [וכאשון שירותא = Neof; MT בַּצׇּהֳרָיִם; cf Gen 38:28, above.

18. **[ולפלטורין** < Gk πραιτώριον; = Neof; MT בֵּית; contrast with v 16.
    [ואתחזר Passive = Neof; MT הַשָּׁב, under the influence of v 12 (MT הַמּוּשָׁב).
    [בפים טעונינן MT בְּאַמְתְּחֹתֵינוּ; also under the influence of v 12 (MT בְּפִי +).
    [ולמתרברבא ... ולמתנטלא MT לְהִתְנַפֵּל ... וּלְהִתְגֹלֵל "to find pretext ... and to attack."

21. **[ומטינן** MT בָּאנוּ; note how the tg separates the various meanings of Heb words (translational divergence); cf note to Gen 32:17, above, on tr. convergence.
    [ולבית אבתותא ~ Neof; MT לַמָּלוֹן; on the addition of the word בית, see note to Gen 30:40, above.

23. **[וסימן טמירן** MT מַטְמוֹן; Neof סימן; a likely source for the double reading is Deut 33:19, וּשְׂפֻנֵי טְמוּנֵי חוֹל, Neof וסימן דטמירן יתגליין להון, and similar translations in the FTs.

25. **[ואעלון** MT וַיָּכִינוּ; MS E, Neof ואתקנו; prh anticipatory of the following v, ויביאו לו את המנחה.

28. **[ואודון ושבחו** ~ Neof; MT וַיִּשְׁתַּחֲווּ; see notes to MS E vv 26,28, and to Gen 44:12, below. On this translational doublet, see note to Gen 29:35, above.

30. **[ואתן_רחומן** Perhaps to be reconstructed אֶתְמַלִּי רָחֲמִן, in view of the *pataḥ* and the absence of the possessive suffix; MT נִכְמְרוּ רַחֲמָיו.

31. **[ואשתהי** = Neof gl; MT וַיִּתְאַפַּק "controlled himself." Perhaps this translation was chosen as the opposite of וזרז (MT וַיְמַהֵר) in the preceding v.

44:5. **[הוא דין** MT זֶה.

9. **[ויתקטל** MT וָמֵת, with *waw*. None of the tggs (Neof, PsJ, O) reproduce the *waw*, since it is not conjunctive.
    [וכפים ~ Neof gl; > MT; see note to Gen 43:18, above; also cf vv 1,2.
    [ואש[תטחו ~ Neof gl; contrast with Gen 43:26,28 (both MSS), above. Whereas in those verses it is appropriate for the brothers to "greet" and "thank" Joseph; here, having been caught red-handed with the goblet, they fall flat on their faces before him.

15. גבר רב] MT איש; the text is cut off here, but the doublet may be reconstructed on the basis of Neof as [גבר רב ושליט; also see note to Gen 43:14, above.

16. [מן קדם יי] The missing vb is something like אשתכח (= PsJ, O) or ארעת (= Neof); MT האלהים מצא. With the addition of the prepositional words מן קדם, the verb would be transformed from active to passive.

    משעבדין] > MT; for the phrase עבד משעבד, see Neof Gen 9:25,26,27, where only in v. 25 does the MT read עבד עבדים.

    לרבונן] = Neof gl; MT לַאדֹנִי, sg suffix. Also, see note to Gen 32:19, on the vocalization of this word.

Josh 14:6. These are the first words of the *haftara* to the triennial *sidra* that begins with Gen 44:18. The *haftara* was selected because of the similarity of opening phrases ויגש אליו יהודה and ויגשו בני יהודה, as well as the description of the strength of Caleb, as compared to the legendary strength of the eponymic Judah. The cipher מ denotes the beginning of the 40th *sidra* in Genesis. This corresponds with the 154 *sidra* lectionary at the end of Bible Codex 1260, and the division of certain *piyyutim*. See references to Joel, Wacholder and Klein, in the introductory note to Gen 35:9, above.

Note: The expansive passages in the following two verses are common to all the extant PTs (Neof, Neof gl, FTs, PsJ) and to some toseftot to Onqelos. See A. Díez Macho, *Sefarad* 16 (1956), 319–324, for four different versions – including those of the earlier editions by A. Epstein and M. Ginsburger. The present edition contains fragments of seven distinct Genizah MSS of this very popular targumic text.

18. במשמעיה] = MS Z, FTs, PsJ; MT באזני. This is a common translation in the PTs in both human and divine contexts; cf Exod 17:14, below, and Neof Gen 20:8; 23:10,13,16; Exod 10:2; 11:2, *et passim*; also see J. Shunary, *Textus* 5 (1966), 139, n. 16, and Klein, *Anthropomorphisms*, pp. 43–44.

    הלא מן ...] Midrashic expansion begins here.

    מן קדם ... דחיל] = Neof, PsJ, O Gen 42:18; see also Exod 14:31, below.

    למהוי ...] The continuation in the PTs is מדמיין לדינוי דפרעה רבך, which would reflect the Heb phrase כי כמוך כפרעה.

    וקטילו ... דחרב] See Gen 34:25.

    מקבל ... ארעא] The sign of full tribal status; cf Gen 48:5, below, with regard to Ephraim and Manasseh.

    קשישׁין מן ...] The continuation is "stronger than both of them… and if I draw my sword, I will kill you first, and end with Pharaoh your master."

    דערבית ... יומיא] See Gen 43:9, above, and the note there.

19. The missing passage describes an impressive display of strength by Manasseh, Joseph's son, after which Judah softens his tone.

    ולממלל/לא מלין דשלם] For this expression, cf Neof Gen 37:4 ולא יכלין לממללה עמיה מלין דשלם.

    רבוני] The literal tr resumes here.

20. לרבונן] Pl suffix; MT אדֹנִי, sg suff; due to the preceding וַנֹּאמֶר and the following לָנוּ.

    ואית] = Neof gl; > MT.

21. ועיני] Pl vocalization; MT עֵינִי, sg.

22. ‏ולרבונן‎] See note to v. 20.

‏ודאין‎] ~ Neof, Neof gl; this translates the conditional *waw* ‏וְעָזַב‎ "if he were to leave him" *(Torah)*.

2° ‏וטליא‎] = Neof; > MT.

‏ושעה חדא זעירא‎] > MT; added for dramatic emphasis.

23. ‏ואמר(י)ת‎] Expect 2 pers; MT ‏ותאמר.‎

‏ולעבדך‎] = Neof; MT ‏אֶל עֲבָדֶיךָ‎, pl.

Oxford Ms. Heb. c74
Tosefta Genesis 44:18

See introductory note and running comments to MS D Gen 44:18, above. This tosefta MS is written in the dialect of Onqelos; viz., vocabulary, ‏תסקופי‎; morphology, ‏ויהבתיה, ויהבתנא‎, with suffixes; ‏תרויהון‎ etc.

‏וכאריא‎] For the image of Judah the lion, see Gen 49:9.

18. ‏ומן קדם פרעה אנא דחיל‎] Perhaps a reference to Joseph's swearing by Pharaoh's name ‏חי פרעה‎ (Gen 42:15,16), although these precede his declaration that he is God-fearing (v 18).

‏ויהבתנא כמאללי ארעא‎] Reference to Gen 42:14–16.

‏וית שמעון ... לעינגא‎] Reference to Gen 42:24.

‏ומה דעבדו ... דכורא‎] Reference to Gen 34:25.

‏ו(בפגול)‎] Error of metatheses corrected by original scribe.

‏ותי]קא‎] Cf MS Z below, Neof, FTs; < Gk ϑήκη.

‏ולדנה‎] Expect ‏לנדנה‎ as in MSS FF, R, below and I Ch 21:27, ‏וַיָּשֶׁב חַרְבּוֹ אֶל נְדָנָהּ‎; Dan 7:15 ‏אֶתְכְּרִיַּת רוּחִי ... בְּגוֹא נִדְנֶה‎. However, in light of Tg I Ch 21:27, ‏וְאָתִיב סַיְיפֵי לְלִדְנֵהּ‎, and most MSS of Tg Ezek 21:35, ‏אָתִיב חַרְבָּא לְלִדְנָהּ‎, the present reading is probably correct as is, or simply missing the prepositional *lamed*.

‏ובבעו רבוני ...‎] The literal translation which follows the tosefta is Onqelos.

C.U.L. MS T-S AS 70.229
Genesis 44:18

This small vellum fragment has another (magical) text, in a later hand, on the reverse side. It is therefore impossible to determine whether we have a tosefta MS or part of a running targum – although the former is more likely.

Some of the words of this fragment do not correspond to any of the parallel versions, e.g. ‏בעמו]דא דהכלא‎ (line 4); and ‏חמור בנוי] שמעין‎ (line 8). On the other hand, the words correspond to the immediately following fragment (MS FF, marginal gloss to line 10).

C.U.L. MS T-S NS 182.2, 182.69
Tosefta Genesis 44:18

See introductory notes and running comments to MS D Gen 44:18, and to the preceding tosefta.

18. ‏וכאריה‎] Cf Gen 49:9, ‏גור אריה יהודה‎; also cf tosefta to Gen 50:1, below.

[45]

???
שין] Unclear; prh ought to be read יְתֵן.

ונרונה] Expect נרנה, without *waw*.

ובההישעתה] Written as a single word; cf Kutscher, *SGA*, p. 18, on יומדן.

וכדפה] כתפה (ר/ת); cf preceding tosefta.

וור]ג[לוהי] Unclear, prh the strength of his legs displayed in kicking the pillars of the palace.

ושרא] Prh error for כשרא; cf Neof v 19 אין לא הווה כשר למעבד כדין, and FT(V) לא הוה כשר למ(ו)ת)עברא כן; the syntax would still require a relative + pronoun דהוא or some form of the vb הוה.

ותב ... ותב ...] Seemingly conflated text.

C.U.L. MS T–S AS 71.1
Genesis 44:16; 47:26

16. ומן ... ארעת] = Neof; MT הָאֱלֹהִים מָצָא, active. The Heb מצא is translated by ארע in other contexts, e.g., Gen 37:17, above, and might perhaps be translated here "found" or "disclosed."

ומשעברין] > MT; see note to MS D, above.

17. ומחיס] Expect מחוס, as in Neof gl.

47:26. There is a discontinuity in the MS that might be explained as follows: Gen 44:17 is the last verse in the *parashah* מִקֵּץ. The scribe therefore left the remainder of this side of the page blank, and began the new *parashah* ויגש on the reverse side. When he reached the end of ויגש, he used this space for the last two verses of the *parashah*, so as to begin *parashat* ויחי (Gen 47:28) at the top of a page, see below MS Z (T–S AS 71.3, 281).

C.U.L. MS T–S AS 71.1, 70.209
Genesis 44:16

See introductory notes and running comments to MS D Gen 44:18, and to the preceding toseftot.

? ?
18. ומש] MS unclear.

ו(לתיקה),לתיקה] Misplaced; or prh an unusual chiastic structure, the second part being לתיקה לית אנא מחזר יתה.

ויומי]ה ... אין לא] This is a combination of Gen 43:9 and 44:32.

C.U.L. MS T–S B12.2
Tosefta Genesis 44:18

For a description of this MS, see A. Díez Macho, *Sefarad* 16 (1956), 319–320. Also, see introductory notes and running comments to the preceding parallel texts.

18. וכל ... שנין] According to the biblical account in Gen 29:33–34, Simeon and Levi were siblings, but certainly not twins. However, because of their common mother, closeness of age, and sundry partnerships, they are midrashically considered as twins.

ואחת] Heb; expect Aram חד.

[46]

ודירד'ו MS דייו, scribal error.

ומתערה, לנדנה] These terms are synonymous; cf MT and Tg Ezek 21:35.

זובד ...] The continuation may have been: Upon seeing this show of strength, Judah said: This *gift* of strength must be related to the house of Jacob... For the only biblical example of this root, see Gen 30:20.

C.U.L. MS T–S AS 64.13
Tosefta Genesis 44:18

See introductory notes and running comments to the preceding parallel texts. This tosefta is inserted in an Onqelos MS.

C.U.L. MS T–S Misc. 27.1.4
Genesis 46:26

Note: This MS was discovered by Shirley Lund, and was described by her at the Annual Meeting of the Society of Biblical Literature, New York, November, 1979. It has not yet been published.

נפשן] 2° > MT.

Zach 10:6. This is the beginning of the *haftara* to the 41st triennial *sidra* in Genesis, as indicated by the cipher מא, in the margin. The thematic connection is the coexistence of houses of Judah and Joseph.

Note: the number 41, is in accord with the numbers noted above at Gen 44:18 and Gen 35:9; see notes at both of these verses. However, it is in contradiction with the cipher לח in the body of the present MS, at Gen 47:31, below.

28. ולמתקנא ... משרוי] ~ Neof, FTs; Neof gl לתקנא ליה בית מדרשא; MT להורֹת לפניו, which itself is unclear, viz., *Torah*: "point the way"; Speiser: "precede"; RSV: "appear." The idea of a "vanguard" type of function may reflect Deut 1:33 ההלך לפניכם בדרך לתור לכם מקום לחנתכם, which is translated in Neof למתקנה לכון אתר לשרוייכון .... On the meaning of בית as "place of," see note to Gen 30:40, above.

29. וטכס] < Gk τάξις/τάσσω.

וחמא יתיה] = Neof; MT וַיֵּרָא אליו, passive: "appeared before him."

ואתרכין] = Neof; MT וַיִּפֹּל; *Torah* "embracing"; cf tosefta to Gen 50:1, below.

צווריה, צוואריה] Note the inconsistent orthography.

ותוב] = Neof; MT עוֹד, but understood as "for a long while," rather than "again." The translation זמן תנינות in Neof gl is inappropriate. Cf note to Num 19:13, below.

30. ואין מאית ... מיתת] = FT(P); ~ Neof, Neof gl; MT אמותה הפעם, meaning "now I can die [with peace of mind]." On this form of converse translation, כאילו דלא מיתת, see M. L. Klein, *Biblica* 57 (1976), 524–525.

וסבר אפיך] = Neof, FT(P); MT פניך; see note to Gen 31:2, above.

31. ולאנשי, ואנשי] = Neof; > MT; cf Gen 39:4, above.

32. וגוברין מארי בעיר] MT אנשי מקנה; Neof מרי בעירא; Neof gl גוברין מריה נכסין; on the addition of מארי, cf Exod 4:10, below, MT איש דברים, tg גבר מרי ממלל. On the spelling מארי, with the vocalic 'aleph, see note to Gen 39:4, above דמאני.

33. וֹדְעבדתכון] Error corrected in MS; the dots over the first *dalet* mark it for deletion; cf Gen 47:3, below, עבידתכון.

34. ומנערינו] MT מִנְעוּרֵינוּ, doubly *plene*. This spelling contradicts the masoretic notes in the margin and at the top of the MS. The masoretic notes were probably added later, and copied from an independent source.

ודרעי] = Neof; MT רֹעֵה, without the relative particle.

47:1. וֹהא אנון יהיבין] = Neof; MT וְהִנָּם; for this expression for "being situated in a place," cf Neof, FT(V, Br) Deut 1:1 עד וֹדֹאינון יהיבין בעבר ירדנה. Also, cf Gen 39:2, above.

29. למתכנשא מן גו עלמיה] = MS Z, below; MT לָמוּת. This is a euphemism for death, similar to the biblical נאסף אל עמו, (e.g. Gen 49:29,33). An abbreviated form הא אנה כען מתכניש appears in MSS D, Z Gen 48:21, and the full phrase is attested in Neof Deut 6:4 כיון דמטה קצה דאבונן יעקב למתכנש בשלם מן גו עלמא.

וקיימי] = Neof; MT יְרֵכִי "thigh"; see Speiser, *Genesis*, p. 178 (Gen 24:2), on the symbolism of this act. The rabbinic interpretation is the "sign of the covenant," i.e., the circumcised male organ; cf PsJ here, and at 24:2, בגזירת מהולתי.

30. ואתכניש בשלם] = MS Z; ~ Neof; MT וְשָׁכַבְתִּי; see note to the preceding v; although in the present case the Heb ושכבתי עם אבתי is itself a euphemistic expression. Note also the skewed syntax: the vb אתכנש requires the preposition לוות, as in Neof and as in the Heb נאסף אֶל.

31. וקיים ... בשבועא(2x)] = Neof gl; MT הִשָּׁבְעָה, וַיִּשָּׁבַע; PsJ and O קיים. Cf Neof Gen 21:24, אנא אשתבע ואקיים בשבועה, and Neof gl Gen 25:33 קיים לי בשבועה.

2K 13:14. This is the beginning of the *haftarah* for the following triennial *sidra*. The thematic connection between the two is the mortal illnesses of Jacob and Elisha. The number cipher לח = 38, is found in the column rather than in the margin, and does not correspond to the ciphers 40 and 41 found in the margins at Gen 44:18 and 46:28, above (see notes there). In fact the cipher 38 is not in agreement with any known triennial lectionary cycle; see M. L. Klein, *J.J.S.* 32 (1981), 67–68.

48:1. ואתאמר] = MS Z, Neof, Neof gl; MT וַיֹּאמֶר, but with passive meaning; *Torah*: "was told."

וברוח בית קדשא] ~ MS Z, ברוח קדשא; > MT; see also the following v in the present MS, Neof Gen 42:1 וחמא יעקב ברוח קודשא, and PsJ Gen 27:42 ואתחווה לרבקה ברוח קודשא. This comes to explain how the patriarchs gain knowledge of something they could not have perceived through normal human senses. There does not seem to be any difference between רוח בית קודשא and רוח קודשא, just as no difference has been found between לשן בית קודשא and לשן קודשא; see comment above at Gen 31:11. Prh the fuller phrases are the original forms and reflect their basic meaning: i.e., the spirit that dwells in the sanctuary, or the language spoken in the sanctuary/synagogue.

ודהא] = MS Z; MT הִנֵּה; the relative *dalet* is out of place in a direct quotation.

2. ליה] = Neof; > MT; see note to Gen 2:20, above, for additional examples of the added reflexive pronoun.

3. ואלה שמיא] = Neof; MT אֵל שַׁדָּי; see note to Gen 35:11, above.

ואתגלי עלי] = Neof; MT נראה אלי; cf Exod 5:21, below, and Neof Gen 18:1, *et passim*. This is a circumlocution to avoid the literal "appeared to" or "was seen by."

4. ‏וְלקהל ... סגין‏] ~ Neof, ‏לקהל כנישת אומין צדיקין‏; MT ‏לִקְהַל עמים‏; see note to Gen 35:11, above.

‏וְלִזרעית בניך‏] = Neof gls; MT ‏וּלזרעך‏; see note to Gen 9:9, above.

5. ‏וְלשמי יתקרון‏] = MS Z; ~ Neof ‏לשמי אינון‏; MT ‏לי הם‏; the targum may have wanted to provide a contrasting parallelism with the following v, ‏על שם אחיהם יקראו‏. Also, the prepositional *lamed* meaning "for someone," is often translated ‏לשם__‏; see note to Gen 28:22, above.

‏(יהוי לי)‏] This literal tg, which is similar to Neof ‏יהוון לי‏, is marked over in the MS for deletion, and a midrashic interpretation follows.

‏וְיקבלון ... ארעא‏] This is the sign of full independent tribal status; see notes to Gen 44:18, above. The preposition ‏עמן‏ is probably an error, under the influence of 44:18, in which Judah is speaking; we expect here ‏עמהון‏.

7. ‏בְּאשון ... דארעא‏] = MS Z, ~ Neof ‏באשון עללתא דארעא‏; and see Neof, PsJ Gen 35:16, for similar translations; MT ‏בעוד כברת ארץ‏, which apparently denotes a distance, rather than a time (the season of first fruits or harvest). See also *Ber. R.* Gen 35:16 (p. 983), which relates it to the season of the full-grown grain. Whereas the midrash is based upon ‏כברה‏ "sieve," or the similarity of ‏בר/כבר‏ "already/grain," the targumic interpretation is based upon the methathesis ‏בכרה/כברה‏, "distance"/"first fruit."

‏וְדיהודה‏] = MS Z, Neof gl; > MT. This additional identification is common in the Heb Bible, e.g. Jud 17:7; I Sam 17:12; Ruth 1:1; and it serves to distinguish this town from another with the same name located in the Galilee.

8. ‏וְאנון‏] ~ MS Z, Neof; > MT; cf following v, ‏בני הם‏, tg ‏בני אנון‏.

10. ‏(מן)‏] = Neof gl; MT ‏מִזּקֶן‏; Neof ‏מְשֵׂיבָה‏.

C.U.L. T-S B 8.7

Genesis 48:10

11. ‏וְסבר אפיך‏] = MS Z, Neof; MT ‏פניך‏; see note to Gen 31:2.

12. ‏וְאשתטחו‏] Pl; = MS Z, Neof, with Ephraim and Manasseh as the subjects; contrast MT ‏וַיִּשְׁתַּחוּ‏ sg, with Joseph as the subject.

‏וְקדמוי‏] = MS Z, Neof; the Heb adverbial ‏לאפיו ארצה‏ "with his face to the ground," is taken by the tg as prepositional (= ‏לפניו‏) "before him," with Jacob as the referent.

16. ‏וְיתקפון ויסגון‏] = MS Z; MT ‏וְיִדְגּוּ לָרֹב‏; the doublet ‏תקף וסגי‏ = Heb ‏פרה ורבה‏, e.g., Gen 9:7; 35:11; 48:4, above.

‏(הַיִּד)...המה‏] ~ MS Z, Neof, Neof gl, and less closely to PsJ and O; > MT; the *hapax* vb ‏וידגון‏ is generally taken as a denominative from ‏דג‏, "fish," which explains the targumic simile. Cf *Ber. R.*, pp. 1246–1247, for additional midrashic interpretations based upon this meaning of the vb.

19. ‏יהוון‏] = Neof; MT ‏יהיה‏, sg.

‏וְשלטין בכל אומיא‏] ~ MS Z, Neof, O; MT ‏מְלֹא הגוים‏, unclear, but taken to mean "will suffice or be plentiful enough to form nations." The tgg understand ‏הגוים‏ as the *other* nations, rather than those coming forth from Ephraim. This is also reflected in Neof gl: (MS ‏עלמייא‏) ‏ומן בנוהי יתבון בסנהדרין רבתא שבעין חכמין כמינין עמ(מ)מייא‏, i.e., as the seventy nations of the world.

[49]

20. ‫ובכון‬] MT ‫בך‬, sg; the tg was influenced by the pl suffix of the preceding vb ‫וִיבָרֲכֶם‬; contrast PsJ ‫בך יוסף ברי‬, which makes Joseph the sg referent. However, *LXX* reads ἐν ὑμῖν, which may imply a variant *Vorlage* ‫בכם‬; cf note to Gen 34:13, above, ‫סאיבו‬.

‫וגבר ית חבריה‬ = MS Z; > MT; cf PsJ which identifies the occasion of such blessing: ‫יברכון בית ישראל ית ינוקא ביומא דמהולתא‬.

‫וישויך יתך‬ MT ‫יָשִֹמְךָ‬; expect ‫ישוי יתך‬ as in MS Z and Neof; the final *kaf* is probably a scribal error in anticipation of the following word. The PTs do not use accusative suffixes (contrast PsJ and O ‫ישוינך‬), which would be redundant with the pronoun ‫יתך‬.

‫וסדר ברכתיה ד__‬ = MS Z; > MT; Neof ‫ברכתיה‬; cf Lev 22:27, below, and Neof, FT(V) Gen 49:2 for the phrase ‫סדר/סדרי ברכתא‬. Blessings like legal decisions ‫סדרי דינין‬ are solemn and orderly; see note to Gen 38:26 (MS D, ‫סדר דין‬), above. Also cf the phrases ‫סדרי קרבא‬ "battle," o ‫סדרי מועדוי די‬ "festival cycle," and ‫סדרי קרבנין‬ "sacrificial order"; see Concordance.

21. ‫ומתכנש‬ = MS Z; MT ‫מת‬; on this euphemism, see note to Gen 47:29 (MS D), above.

‫וייהוי...ובס[ע]דֱ[כון‬ = MS Z, Neof gl; MT ‫והיה אלהים עמכם‬; see note to Gen 28:20, above.

C.U.L. MSS T-S AS 71.3, 5, 215, 281; 70.213
Genesis 47:28

28. ‫ושנין‬] MT ‫שנה‬; see note to Gen 7:6, above.

1° ‫וחיוי‬ = Neof; > MT; prh anticipatory.

‫ומאה...שנין‬] MT ‫שבע שנים וארבעים ומאת שנה‬; the tg has reorganized the numerals in descending order, and removed the repeated ‫שנים‬, ‫שנה‬. For many similar examples, see Neof Gen 5:6,7,11,14; 11:13,15,19,21 *et passim*. However, contrast Exod 12:40, 41 (2 MSS), below, where the original order is retained ‫תלתין שנין וארבע מאן שנין‬.

Note: For Gen 47:28–48:21, see running comments to MS D.

48:6. ‫ו[זר]עית תולדותה‬ MT ‫וּמוֹלַדְתְּךָ‬, this unusual doublet is similar to ‫זרעית בנין‬; see note to Gen 9:9, above.

8. 1° ‫וחמה‬] Anticipated Aram instead of Heb *lemma*.

15. ‫ופלחו...בקושטא‬] MT ‫(האלהים אשר) התהלכו אבתי לפניו‬). This is a common translation in the PTs, e.g., Neof Gen 5:22,24 (= FTs); 6:9; 17:1; 24:40; PsJ Gen 5:22,24; 17:1; 24:40; 48:15 (the last 3, ‫פלח קדמי‬, = O). Strangely enough, in the present v, Neof and Neof gl read ‫הלכו/הליכו‬ instead of ‫פלחו‬. See Orlinsky, *Notes,* p. 90, for various interpretations of the Heb ‫התהלך לפני‬.

‫ומן טליותי‬ = Neof; MT ‫מֵעוֹדִי‬ "from my birth" or "from (the beginning of) my existence."

‫וזמן‬ > MT; this usually translates ‫(עד) עצם (היום הזה)‬; see note to Gen 8:7, above.

16. ‫ופרק ושיזיב‬] Doublet; MT ‫הַגֹּאֵל‬; see Exod 14:30 below, for the same doublet (MT ‫וַיּוֹשַׁע‬), for salvation/deliverance.

20. ‫ו(למימר)‬] Scribal error; repetition of word that appears twice earlier in the v; it is marked over in MS for deletion.

22. The midrashic expansion of this v is common to all the PTs (Neof, Neof gl, FTs, PsJ), and seems to have been elicited by the obscure Heb clause שְׁכֶם אַחַד עַל אַחֶיךָ, which has been variously interpreted, "the town of Shechem," "a mountain slope," "a portion"; see Speiser, *Genesis,* p. 358. Also, cf *Ber. R.,* p. 1249, for the interpretation of שכם אחד ... as "the firstborn rights" and "the garments of Adam."

לבושיה דאדם קדמיה] According to the various midrashim, these garments, which were tailored by God, Himself (Gen 3:21), were indestructible, and possessed of miraculous qualities. They passed from generation to generation, bestowing upon their owners special powers, such as success at the hunt: Nimrod, גִּבֹּר צַיִד (Gen 10:9 and *PdRE* 24), Esau אִישׁ יֹדֵעַ צַיִד (Gen 25:27), and בִּגְדֵי עֵשָׂו בְּנָהּ הַגָּדֹל הַחֲמֻדֹת (Gen 27:15).

ולא בחרבי ולא בקשתי] = Neof, FTs; MT בְּחַרְבִּי וּבְקַשְׁתִּי; on this converse translation, see J. Heinemann, *Aggadah and its Development*, Jerusalem: Keter, 1974, p. 154; and M. L. Klein, *Biblica* 57 (1976), 525–527. Also for this midrash, cf *Mekhilta* to Exod 14:10 (ed. J. Z. Lauterbach, Vol 1, p. 207).

49:1. *Note*: The poetic and often cryptic nature of this entire chapter has elicited expansive midrashic interpretation in all of the tgg. The Heb phrases אַחֲרִית הַיָּמִים (v 1), עַד כִּי יָבֹא שִׁילֹה (v 10), and לִישׁוּעָתְךָ קִוִּיתִי יהוה (v 18), which were taken by the rabbis as eschatological and messianic allusions, affected the interpretation of the entire chapter.

מן דאתגלי ... מנה] This is based on the discrepancy between Jacob's announcement that he will tell his sons "that which will befall them *in the End of Days*" and the ensuing testament/blessings, which do not contain any such information; cf *Ber. R.,* p. 1251, רבנן אמרי: בא לגלות להם את הקץ ונתכסה ממנו.

C.U.L. MS T-S NS 182. 69
Tosefta Genesis 49:1

1. ניסייא] Contrast with קצייה in all the parallel texts.
   מיסת כברכתיה] Expect כמיסת ברכתיה, as in FT(P); cf Neof v 28.

C.U.L. MS T-S AS 71.4,217
Genesis 49:2

Note: This fragment is poorly preserved. The many hiatuses have been reconstructed on the basis of parallels in the PTs, in order to render the text intelligible, but the reconstructions generally go without comment.

3. וצערי] = Neof, FTs; MT אֹנִי "my vigor"; cf Neof Deut 21:17 שרוי צעריה; based upon the second meaning of אוֹן "sorrow, trouble." The shift in meaning in the present context is due to the pain that Reuben caused Jacob as described in Gen 35:22, and referred to in the following v.

ואתיהבת] בכורותה ליוסף] Cf Gen 48:5, where the tribe of Joseph is split into two tribes, each entitled to a full portion in the national inheritance; and I Ch 5:1–2, כי הוא הבכור ובחללו את יצועי אביו נתנה בכרתו לבני יוסף.

ומלכותה וכהנתה ורבתה] The exegetic connection with high-priesthood and kingship is spelled out in the *Midrash Tanḥuma* (ed. Buber, p. 218); יתר שאת ... ואין שאת אלא כהונה גדולה שנאמר וישא אהרן את ידיו (Lev 9:22), ואין עז אלא מלכות שנאמר ויתן עז למלכו (I Sam 2:10).

[51]

4. כי עלית [משכבי אביך] Heb; likewise not translated in Neof and FT(V); cf M. *Megillah* 4:10, מעשה ראובן נקרא ולא מתרגם. See also B *Shabbat* 55b, for various attempts to explain away Reuben's offense. Also, cf M. Ginsburger, "Verbotene Thargumim," *M.G.W.J.* 44 (1900), 1–7; and P. S. Alexander, "The Rabbinic Lists of Forbidden Targumim," *J.J.S.* 27 (1976), 177–191.

5. Reference to Gen 34:25,26.

6. Reference to Jacob's displeasure and fear as expressed in Gen 34:30.
    ...איש [מלכין = Neof; FT(V) מלכין עם שלטונין; PsJ מלכא sg; MT איש; cf *Ber. R.*, p. 1256, איש, זה חמור, אבי שכם. However, Hamor is called נשיא הארץ in Gen 34:2, and not מלך. This may simply be a targumic equivalent; cf Deut 7:24 לא יתיצב איש בפניך, Neof לא יקום באמתיה דמלכא, tg בְּאַמַּת־אִישׁ, Deut 3:11; מלך ושלטן.

7. [ליט...דשכם] = Neof, FTs, PsJ; Neof gl ליית בעלי שכם; MT אָרוּר אַפָּם. This is a diversion of Jacob's curse from Simeon and Levi – or from their wrath – to the city or citizens of Shechem. Cf Omen Poem to Exod 12:2, below (p. 199, fol. 3r, lines 7, 8), "enemies of the Jews"; also cf Exod 17:11, below, where the word מתגברין is altered to מתברין (ונפלין בחרבה), to avoid attributing to Amalek victory over Israel.

8. [מקדמין...בשלמך [ויהוון = Neof, FTs, PsJ; ~ O; MT יִשְׁתַּחֲווּ לָךְ; cf Neof Gen 27:29, מקדמין ושאלין בשלמך כל בנוי דלבן; also see note to Gen 43:26 (MS E), above.

9. [מן קטילוי...משיזוב] ~ Neof, FTs, PsJ; MT מִטֶּרֶף בְּנִי עָלִיתָ, "on prey, my son, you have grown" (*Torah*). The tgg take מטרף בני as a reference to Joseph (cf Gen 37:33, טָרֹף טֹרַף), rather than Jacob addressing Judah.
    [ובדינה...כלתך] ~ PTs. This parallel allusion is totally absent from the MT; but cf *Ber. R.*, p. 1258 מטרפה של תמר... מטרפו של יוסף... In this case the referent of בני is Judah: You, my son, were spared from causing the deaths (lit: tearing) of Joseph and Tamar (see Gen 38:24–26).

10. [ומלכא משיחא...] The MT עד כי יָבֹא שִׁילֹה is obscure, and שילה has been variously translated as a proper name, a place name, or as the phrase "tribute to him"; see footnote in the *Torah* and the lengthy note in Speiser, *Genesis*, pp. 365–366. The messianic interpretation is common to all the extant tgg including O, and to the midrashim, e.g., *Ber. R.*, p. 1259, עד כי יבוא שילה זה מלך המשיח.

11. [ואסר ... שלטנין = PTs; but with tenuous connection to MT אֹסְרִי לַגֶּפֶן עִירֹה ... "he tethers his ass to a vine," or to the midrashim. The only apparent links are the verb אסר, and the Heb metaphor דם ענבים "the blood of grapes," which conjures up an image of war.
    [מסמק ... מדם, ומחוור ... מתרב] = Neof, FTs, with images of both red blood and white fat; but MT mentions only the red in two parallel phrases, יין, דם ענבים. Prh the white is anticipatory of the following v וּלְבֶן שִׁנַּיִם מֵחָלָב, "and teeth whiter than milk." (Note: תרב = חָלָב, and not חָלָב).

12. [דמלכא משיחא] On the preponderance of messianic interpretation, see the general note to v 1, above; also cf v 10, above.

15. [ולמלעי [באורייתא] = FTs, PsJ; ~ Neof לאולפן אורייתא; MT לִסְבֹּל; cf *Ber. R.*, p. 1282, on the preceding v, חמור גרם, כשם שהחמור טוען את המשא, כך יששכר טוען את התורה.
    [וכל אחוי] = PTs; this entails a shift in the subject of the vb ויהי, which in MT is

Issachar. The underlying rabbinic concept is that Issachar devotes all his time to studying the Torah, and is supported by his brothers.

וארנונין | < Gk ἀννώνα / Lat annona.

17. **ודמחי |** MT הַנֹּשֵׁך, "who bites."

   שמש[ון] בר [מנוח] | See Jud 13:24–16:31.

Oxford Ms. Heb. c 74
Tosefta Genesis 49:18

18. **סברית |** = O; all the PTs read סכיית, as at the end of the expansive portion of the present tosefta (סכיא), which is of Palestinian origin. See notes to the tosefta to Gen 4:8, above.

   [א]מרן אבו[נ]א | ... The midrashic expansion begins here.

   גדעון בר יואש | See Jud 6:11–8:35.

   שמשון [בר מ[נ]וח | See Jud 13:2–16:31.

C.U.L. MS T-S NS 182.69
Toseftot Genesis 49:18; 50:1,16

49:18.   See notes to the preceding passage for the tosefta to Gen 49:18.

50:1.   **[כולא]ן מליא |** Meaning unclear; prh related to the Heb phrase אַבְנֵי מִלָּאִים "stones for setting."

   [ו]ארגונא | ...ומחזקה Imagery from Esth 1:6, אחוז בחבלי בוץ וארגמן.

   ומרגליין | < Gk μαργέλλιον.

   שפכן...טבין | Under the influence of the following vv, which tell that Jacob's body was embalmed.

   ישמעאל | ...[תמן קימין] | See v. 11, on the "inhabitants of the land of Canaan" who witnessed the mourning ceremonies – though Esau and Ishmael can hardly be considered under that rubric.

   גור אריה יהודה | Cf Gen 49:9, ארי[ה יהודה].

   ארזא | ...שמיא Cf Dan 4:8, רבה אילנא ותקף ורומה ימטא לשמיא.

   כהניא | ...במחלקתהון Cf II Ch 35:10, ויעמדו הכהנים על עמדם והלוים על מחלקותם, tg וקמו כהניא על דוכנהון וליואי על פלוגוותהון, where Aram פלוגוות = Heb מחלקות. Also cf tg I Ch 28:21 and tg II Ch 31:2.

   ואתרכן | = Neof; ~ FTs; MT וַיִּפֹּל; see note to Gen 46:29, above.

16.   **דיוסף | ...[ו]פ[ק]ידו שבטיא |** = Neof gl, FTs; ~ Neof, PsJ; MT ויצוו אל יוסף; the tgg provide the subject and object of the unspecified vb וַיְצַוּוּ.

   קדם לא | Expect the targumic doublet קדם עד לא, as in Neof and FTs.

C.U.L. MS T-S AS 63.72,85,95
Exodus 4:7

   For a description of this MS, see M. L. Klein, *HUCA* 50 (1979), 149–153.

7.   **ועובה |** Neof, FTs חובה; on ח/ע, see Kutscher, *SGA*, pp. 70–72.

8.   **נסא |** = Neof; MT הָאֹת "sign"; contrast Deut 34:11, below, לכל אתייה.

10. וגבר מרי ממלל = Neof; MT איש דברים; see note to Gen 46:32, above.
ולא = Neof; MT גם; but with the sense of a repeated negative.

C.U.L. MS T-S NS 182.69
Tosefta Exodus 4:25,26

25. וקריבת ... דמחבלה] = PTs; MT וַתַּגַּע לְרַגְלָיו, without specifying whose feet, and alternately interpreted as Moses' or the boy's; see B. S. Childs, *Exodus*, pp. 95–101.
ויפסח יי ... ולא יתן דמחבלה] Cf Exod 12:23, below, ופסח יהוה ... ולא יתן המשחית, tg ולא יתן למחבלנא. The מחבלה is a destroying angel or surrogate of the Lord, who is not explicitly mentioned in the present Heb text – only ויפגשהו יהוה, in v 24.
וחתנה ... יתיה] = PTs; > MT; this is to remove the blame of neglect from Moses.

26. ושבחת, ואמרת] Doublet; = PTs; MT אמרה; see note to Gen 4:7, above.

C.U.L. MS T-S B 8.12
Exodus 5:20.

20. נפקו [כד] Probably נפקו; MT בְּצֵאתָם; the infinitive construct is translated by the conjugated vb.

21. ויתגלי] = Neof; MT יֵרֶא; see note to Gen 48:3.
ואפקתון ... ביש] ~ Neof אסבתון ית שמן ביש; MT הבאשתם את ריחנו "you made us objectionable" (lit: "smell bad"); these are euphemistic translations. Cf Gen 34:30, למיסבא שמי ביש, Neof להבאישני.
ודשלטונוי] ~ Neof שליטוי; MT עבדיו; see note to Gen 39:1, above.

22. ובבעו ... אדני] ~ Neof; MT אדני; prh under the influence of Exod 4:10, בִּי אדני.
1° וכען] = Neof; > MT; but see end of v, למה כען = למה זה.

23. ובשם מימרך] = Neof; MT בִּשְׁמֶךָ; it is difficult to attribute this use of *memra* to an anti-anthropomorphic motive, since the original Heb is innocuous; see Klein, *Anthropomorphisms*, pp 133–134.

6:1. *Note:* The column and both flanking margins contain lectionary notation, as follows: a) פרש ק[כ]ד א, indicates the end of the first *parashah* in the annual cycle. The cipher קכד = 124, (MS קנד! scribal error) represents the number of verses in the *parashah*. b) ס and [ו] in the right margin denote the beginning of the fourth *sidra* in the triennial cycle (MS ר! scribal error). This is followed by the beginning of the *haftara* for this *sidra,* the thematic connection being the identification of the tetragrammaton יהוה as God's name. c) The notes פס and לו in the left margin, might represent the word פסוקין and the cipher 36, indicating the number of verses in the *sidra* from Exod 6:2 through 7:7. This mixture of Palestinian and Babylonian rites is due to the Palestinian text having been copied in a period of transition (ca. 1000 CE). See M. L. Klein, *J.J.S.* 32 (1981), 68–70, for an example of a "mixed" lectionary MS.

3. ואתגלית] = Neof; ~ FT(V), PsJ; see note to Gen 48:3, above.
ובאלוה שמיא] = Neof, FT(V); MT באל שדי; see note to Gen 35:11, above.
קדישא] > MT; Neof תקיפא; Neof gl, FTs מימרא; cf Exod 20:21/24, below.
ואיתודע] MT נודעתי passive, but with syntactical problems; the present literal translation may be contrasted with the *'af'el* אודעית introduced in Neof and FT(V).

6. ‏[ופרי]קין‏ = Neof; > MT; the vb ‏יצא‏ in the *qal* when referring to the Exodus or deliverance is translated ‏נפק פריקין‏; and the *hif'il* ‏הוצא‏ is also translated by the somewhat redundant doublet plus adverb ‏פרק ואפק פריקין‏; cf the following v; Exod 19:1; 20:2; Lev 22:33, 23:43; Deut 5:6, below; and cf R. Le Déaut, *La Nuit Pascale*, Analecta Biblica 22 (Rome, 1963), p. 278.

‏[נ]יר שי[עבוד]הון‏ = Neof; MT ‏סִבְלֹת‏; cf following v; also see Neof, FTs Gen 27:40, for the phrase ‏ניר שעבודא‏.

‏[ובסדרי דינין‏ = Neof; PsJ, O ‏ובדינין‏; MT ‏וּבִשְׁפָטִים‏ "punishments" or "chastisements" *(Torah)*. On the various uses of the phrase ‏סדר דין‏, see the note to Gen 38:26(MS D), above; but contrast with Exod 12:12, below ‏דינין שנין‏.

7. ‏[ואפרש... לשמי‏ = Neof; MT ‏ולקחתי‏; cf Exod 25:2 ‏ויקחו לי תרומה‏ Neof ‏ויפרשון לשמי‏; ‏אפרש‏; Num 8:16 ‏לקחתי אתם לי‏, Neof ‏אפרשת יתהון לשמי‏. On the use of ‏לשמי‏ for the Heb ‏לי‏, see note to Gen 28:22, above.

‏[ק]דיש‏ > MT; Neof ‏קדישין‏; Neof gl ‏לאומה קדישא‏; cf Exod 19:6 ‏וְגוֹי קָדוֹשׁ‏.

‏[וויה]וי ממרי‏ = Neof; MT ‏והייתי‏; the introduction of ‏מימרא‏ in this context seems unnecessary, since all that the verse says is: "I shall be your God"; see the note to Gen 28:21, above.

‏[פרו]ק‏ = Neof; > MT; cf Gen 28:21 and Deut 26:17.

‏אפקית‏ [MT ‏המוציא‏, participle.

8. ‏[בשבועה‏ = Neof; > MT; this explanatory word is quite common in the PTs; cf Deut 32:40, below; Neof Gen 14:22; and Neof, FT(V) Num 14:30. Other expressions understood by the targumist as oaths are translated in a similar fashion, e.g., ‏לכן‏; see note to Gen 4:15, above.

‏אמר‏ [= Neof gls; MT ‏אני‏; cf Exod 12:12; Lev 23:22,43, for additional examples of this common translation.

9. ‏ולמלוי דמשה‏ [= Neof; MT ‏אל משה‏.

‏ומפולחנא נוכראה קשיא‏, and PsJ ‏ומפולחנא דהוה קשי עליהון‏, cf O ‏[דהוה על]יהון‏ > MT; ‏דביבידיהון‏.

C.U.L. MS T–S B8.5, folio 1
Exodus 7:10

10. ‏[שלטנוי‏ ~ Neof gl; MT ‏עֲבָדָיו‏; see note to Gen 39:1, above, on the use of ‏שליטא‏ in the PTs to denote a "royal servant."

15. ‏[ולמ]תקרא על נהרא‏ ~ Neof, FTs; MT ‏הַמַּיְמָה‏ (‏יצא‏), without any description of purpose.

16. ‏[ויפלחון קדמי‏ = Neof, PsJ, O; MT ‏וְיַעַבְדֻנִי‏; see the note to Gen 29:15, above; also cf M. L. Klein, *J.Th.S.* 30 (1979), 502–507.

17. ‏[בהדא] זמנא‏ = Neof gl; MT ‏בזאת‏; "by this" *(Torah)*; not generally understood in a temporal sense; see note to Gen 32:20, above.

18. ‏(אשר)‏ [Dittograph in MS, not vocalized by the scribe.

‏[ונוניא ... ימותון‏ Pl = Neof; MT ‏והדגה ... תמות‏, sg collective; the verb is altered accordingly; cf Exod 9:31, below, ‏לקון‏; also see note to Gen 7:21, above.

‏מצריאיי‏ ~ Neof; MT ‏מצרים‏; see note to Gen 9:18, above. This strange orthography is probably a scribal error, the first *yod* reflecting the Heb ‏מצרים‏.

19. ‏[מבועיהון‎] = Neof; MT ‏יְאֹרֵיהֶם‎; elsewhere throughout Exodus, ‏יְאֹר‎ is translated ‏נהרא‎. However in the present case ‏יאר‎ is in parallel with ‏נהר‎ in the Heb text, and ‏נהרא‎ cannot be duplicated in the targum.

‏[ובית וכ]נישת‎ ~ Neof; MT ‏מקוה‎; cf Gen 1:10 ‏ולמקוה המים‎, Neof ‏ולבית כנישות מיא‎; on the use of ‏בית‎ for "place of," see note to Gen 30:40, above.

folio 2

Exodus 9:21

21. ‏[ובאפי בארא‎] ~ Neof; MT ‏בשדה‎; see note to Gen 2:19, above.

23. ‏{על}‎] Error corrected by scribe.

‏[ומתכלא‎ MT ‏וַתִּהֲלַךְ‎; Neof ‏והלכת‎; O ‏ומהלכא‎; the Aram ‏תכל‎ usually translates the Heb ‏שָׁכֵל‎. A play on the word ‏מתכלא/מתהלכא‎, might underly the present translation. Also, cf PsJ ‏ומצלהבא אישתא‎ "and the fire glowed," which describes the intensity of the fire, rather than its streaming down upon the earth. Alternatively, the present reading might just be a scribal error.

24. ‏[מן יומא‎ MT ‏מאז‎; Neof ‏מן זמנא‎; Neof gl ‏[מן] שעתא‎; PsJ ‏מן עידן‎.

25. ‏[ושיציא, שיצי‎] = Neof; MT ‏וַיַּךְ, הִכָּה‎ "struck down."

28. ‏[וקלין מן וקדם י' ס‎] = Neof; MT ‏קלת אלהים‎, "God's thunder" *(Torah)*; cf Gen 1:2, ‏ורוח‎; ‏ורוח דרחמין מן קדם י"י אלהים‎, Neof.

29. ‏[וכפי־ידיי‎] ~ Neof; MT ‏כַּפַּי‎; see note to Gen 31:42, above.

‏[וכל‎] = Neof gl; > MT; prh under the influence of such verses as Exod 19:5, ‏כי לי כל הארץ‎.

30. ‏[ופרעה‎] After Neof gl; > MT; see note to Gen 4:11, above, on the added proper name.

‏[וקדם עד לא‎] Common doublet for MT ‏טרם‎; see note to Gen 37:18, above.

‏[ואלהן‎] = Neof; MT ‏אלהים‎, without possessive suffix; cf Exod 12:37, below, ‏לשהון‎.

31. ‏[ולקון‎] ~ Neof; MT ‏נָכָתָה‎ sg; see note to Exod 7:18, above. In the present case, Heb ‏שְׂעֹרָה‎ is sg collective, as opposed to the Aram ‏סעריא‎, pl.

‏[ובכירן‎] = Neof; MT ‏אביב‎, "in the ear" *(Torah, RSV)*.

32. ‏[וכופפייתא‎] Prh a scribal error, unattested in the other tgg; Heb ‏כֻּסֶּמֶת‎ is usually translated ‏כונתיא‎, e.g., Isa 28:25; Ezek 4:9, and Neof, PsJ, O to the present v.

33. ‏[וברגז‎] > MT; for similar adverbial embellishments, cf Exod 14:24, ‏וישקף יהוה‎, Neof ‏ואדכר... ברחמוי טבייה‎, PT; Gen 8:1, 30:22 ‏ויזכר אלהים‎, PT ‏ואדיק י"י ברוגז‎ (Neof gl ‏ברגוז‎); Exod 19:8,9, PT ‏וחזר/ותני משה ... בצלו‎, ‏וישב/ויגד משה‎.

Poems to Exodus 12

Note: As explained in the Introduction (p. xxxviii), the present edition and translation of the targumic poems is only tentative and preliminary. As a distinct and very different genre from the running targums, it requires separate treatment in another forum. We have partially compensated for the absence of comments by expanding the footnotes to the English translation. An edition of Aramaic poems is in preparation by Michael Sokoloff and Joseph Yahalom.

C.U.L. T–S H 11.51, folio 7v
Exodus 12:1

2. ניסן] = MS AA, Neof; > MT; cf following v, and Lev 23:6. Also cf the added identifying word פסחה, in v 8.

   ויתמנה] ~ FT(P); > MT.

   ולמניין] = PsJ; > MT.

   וראשי ירחי] = MS AA, Neof, FT(P), O_{var}; MT לְחָדְשֵׁי, "months" rather than "new moons."

3. ולבת] = לות; on ו/ב, see note to Gen 9:21, above; MT + כל.

   ועם... ישראל] MT עדת ישראל; cf marginal gloss to v 6, in MS AA. This phrase reflects the fullest Heb compound קהל עדת בני ישראל (Num 14:5). See Orlinsky, *Notes*, pp. 163, 164 (vv 3,6) on the various combinations of these phrases.

   וישראל] MT + לאמר.

   ובעשרה יומין] = Neof, MS AA; MT בֶּעָשׂר; cf v 18, below בירחה קדמיה, MT בָּרִאשׁן.

   ולכל ביותה] = MS AA, Neof; MT לַבָּיִת, distributive *lamed*.

C.U.L. MS Or. 1080 B 18.1
Exodus 12:1

   For vv 1–3, see notes to the preceding MS HH.

4. וזעירין ... דביתה] ~ Neof; MT יִמְעַט הבית; see note to Gen 39:4, above.

   ואמה] = עמה; on ע/א, see note to Gen 37:25 (MS E), above.

   וכמסד] = כמסת, interchange of the dentals ת/ד; cf Exodus 19:9 (MS F) ולחות.

   וכמסד... פסחה] ~ Neof; MT מִהְיֹת מִשֶּׂה, explanatory expansion of a terse and syntactically problematic Heb phrase. The second *mem* is translated עם; cf end of the verse, where על is rendered עם, in order to produce the same phrase עם אמרי פסחא. ואמרי] Expect sg; MT מִשֶּׂה sg; Neof אימר. (2x)

5. ושלם מן מום] = Neof; MT תמים; cf Lev 23:12,18, and Num 28:19, below, for the same standard translation. Prh this is under the influence of Num 19:2, תמימה אשר אין בה מום.

   וגדיה בני עזיה] = Neof; MT הָעִזִּים; the words גדיה בני are added to identify them as yearling kids.

6. וניסן] MT הזה; cf vv 2,3, above.

   וגבר ... בית] The scribe mistakenly copied this from v 3, prh due to visual similarity of the words ויכסון and ויסבון.

   ועם ... ישראל] MT קהל עדת ישראל; see note to v 3 (MS HH). This correction is written vertically in the right margin, in a slightly different scribal hand.

8. ובסרא] Prob erroneous vocalization; MT הַבָּשָׂר; Neof בשרא.

   ופסחה] ~ Neof; MT הזה; cf vv 3,6, above, where the Heb demonstrative is defined as ניסן.

   ובנורה] ~ Neof; MT אש, without prepositional *bet*; cf following v.

   ויאכלון] MT יאכְלֻהוּ, with accusative suffix; expect + יתה, as in Neof.

9. ומהבהב ... במיה] MT נָא וּבָשֵׁל מְבֻשָּׁל בַּמַּיִם, "raw or cooked in any way with water," the infinitive absolute giving the force of "any." The repeated negative particle and the

waw לא שליק ולא מבשל, would seem to imply two distinct forms of cooking that are prohibited; contrast Neof לא שליק מבשל במיא; but cf *Mekhilta* (ed. Lauterbach, Vol. 1, p. 49) where the double verb בשל מבשל is interpreted to exclude cooking in water or in any other liquid.

11. וכהדן סדרה | ~ Neof; MT וְכָכָה; cf Num 28:24(2 MSS) כהדין סדרא for MT כָּאֵלֶּה, also in a sacrificial context.

וחטריכון בידיכון | = Neof; MT ומקלכם בידכם sg, but following a series of plurals.

ולשמה די'י | MT ליהוה; see note to Gen 28:22, above.

12. ויעבר ממרי | Neof ואעבר בממרי; Neof gl ואיתגלי בממרין]; MT ועברתי; on this vb of motion in the divine context, see Klein, *Anthropomorphisms*, pp. 84–85.

פסחה | MT הַזֶּה; see note to v 8, above; Neof + הדין.

ויקטל | Continuation of 3 pers (ממרי); MT וְהִכֵּיתִי; contrast *Mekhilta* (Vol. 1, p. 53) והכתי שומע אני על ידי מלאך ... תלמוד לומר ויי הכה.

טעותהון | ~ Neof; a common derogatory reference to foreign gods, from טעו, "error;" MT אֱלֹהֵי; see note to Gen 31:19, above.

(א)עבד | Perhaps the final *'aleph* of the preceding word belongs here, and that word should be reconstructed מצרי(ה).

ודינין שנין | = Neof; MT שפטים; contrast with Exod 6:6, above ובסדרי דינין; but cf *Mekhilta* (Vol. 1, p. 55) שפטים משונים זה מזה.

ואמר י'י | = Neof; MT אני יהוה; see note to Exod 6:8, above.

13. וייגן ויפסח | ~ Neof, ואפסח ואגן; MT ופסחתי. On this targumic doublet, see S. P. Brock, "An Early Interpretation of *pāsaḥ:'aggēn* in the Palestinian Targum," in J. A. Emerton and S. C. Reif (eds.) *Interpreting the Hebrew Bible:* essays in honour of E. I. J. Rosenthal (Cambridge, 1982), pp. 27–34. Also see R. Weiss, *Leshonenu* 27–28 (1964), 127–130.

14. טב | = Neof; > MT; cf Exod 17:14, below דוכרן טב (MT זִכָּרוֹן); also cf Deut 26:19, below (MSS AA, D) לשם טב (MT לְשֵׁם).

16. יום ... קדיש (2x) | = Neof; MT מִקְרָא־קֹדֶשׁ; this is a common doublet in the PTs, e.g., Lev 23:7,8,21,24; Num 28:18,25, below.

בירוע (2x) | ואירוע = ירוע, < ארע; on ב/ו, see note to Gen 37:25, above. Note the assimilation of the *'aleph*.

לא תעבדון | MT לֹא יֵעָשֶׂה, passive; and contrast יתעבד, at the end of the v.

17. ושמרתם את המצות, רבי | ~ Neof gl; MT הַמַּצּוֹת; cf *Mekhilta* (Vol. 1, p. 74) יאשיה אומר אל תקרא כן אלא ושמרתם את המצוות; the present tg reflects this play on words, plus a literal translation of the Heb מַצּוֹת. The modern translations interpret מצות as an abbreviation of חג המצות "the Feast of Unleavened Bread" (*Torah*, RSV); see the lengthy note in Orlinsky, *Notes*, pp. 165–166.

18. בירחה קדמיה | ~ Neof; MT בראשון; cf v 3, above בעשרה יומין, for MT בֶּעָשֹׂר.

ביני שימשתא (2x) | MT בערב; Neof ברמשא; this is a halakhic harmonization with v 6, above, MT בֵּין הָעַרְבָּיִם; cf *Mekhilta* to v 6, (Vol. 1, pp. 42–43).

19. יתחמי | ~ Neof gl; MT יִמָּצֵא; Neof ישתכח; influence of Exod 13:7, ולא יראה לך חמץ ולא אין לי אלא בל ימצא בל יראה (see also Deut 16:4); cf *Mekhilta* (Vol. 1, p. 76) יֵרָאֶה לְךָ שְׂאֹר, מנין תלמוד לומר לא יראה לך שאור.

מן עם כנישתא | MT מֵעֲדַת; see note to v 3, above (MS HH).

[58]

20. ‏ואתר בית מדוריכ[ו]ן‎ = Neof; MT ‏מושבתיכם‎; see note to Gen 30:40, above; there is a redundancy in ‏אתר בית‎, both meaning "place of." The MS reads ‏מדוריהון‎, 3 pl suffix; but the left stroke of the *hé* has a strange shape!

Note: The present MS (AA) contains a repetition of vv 21–34 (CUL T-S B 13.4), with only minor textual variants.

‏וזרזו‎] MT ‏מִשְׁכוּ‎, "pick out" (*Torah*), "select" (RSV); "draw out" (JPS, 1917).
‏זְבַח פסח‎ below v 27, ‏ונכיסת‎] > MT; cf Neof v 11, ‏מאכס פסחא‎; MT ‏הפסח‎; prh influence of v 27, below ‏זְבַח פסח‎.

22. ‏ותדון‎] = PsJ, O; MT ‏וְהִגַּעְתָּם‎, "apply" (*Torah*), "touch" (RSV); this is the equivalent of the Heb ‏וְהִזֵּיתָם‎ (‏נזה‎ >), which is commonly used for the *sprinkling* of the sacrificial blood etc.; cf Num 19:4,18,19,20, below.

25. ‏ויהוה‎] Expect ‏ויהוי‎ as in Neof; MT ‏וְהָיָה‎; cf following v, and Deut 27:2,4, below.
‏ולכון ממרה די"י‎] MT reverse order ‏(יתן) יהוה לכם‎.

27. ‏פסח ואגן‎] ~ Neof; MT ‏פֶּסַח‎; on this targumic doublet, see the note to v 13, above.
‏בארעה במצרים‎] MT ‏במצרים‎; cf v 39, below.
‏ואודו ושבחו‎] = Neof; MT ‏וַיִּשְׁתַּחֲווּ‎; this doublet is one of the common translations of ‏השתחוה‎; see note to Gen 43:28(MS D), above. Also cf *Mekhilta* (Vol. 1, p. 95) ‏וישתחו‎
... ‏והודו ושבחו שלא ראו אויבים ושמחו במפלתם‎.
‏ס‎] The *sidra* marker in the margin, indicates that the present festival collection was extracted from a larger MS of running Palestinian Targum. The *sidra* notation is meaningful only in the context of the regular weekly readings in the triennial cycle — and not in the special festival readings. Cf Lev 23:9(MS F), below, for another example of the same phenomenon.

29. ‏וקטל‎] = Neof, Neof gl; MT ‏הִכָּה‎.
‏ו(ד)הוה עתיד למתב‎] ~ Neof; MT ‏הַיֹּשֵׁב‎; the shift to the future comes to answer the question of how the prince could assume the throne in his father's lifetime; cf *Mekhilta* (Vol. 1, pp. 97, 98).
‏וכורסי מלכותה‎] ~ Neof; MT ‏כִּסְאוֹ‎.
‏ודהוה (חב) יתיב‎] MT ‏אֲשֶׁר‎; the scribe began to write ‏חביש‎; cf Gen 40:5, above, ‏דיהון חבישין בבית חבושה‎.

30. ‏ובליליה‎] ~ Neof; MT ‏לילה‎ without prepositional *bet*; cf following v; see note to Gen 40:7, above ‏בביתה‎.
‏ושלטנוי‎] ~ Neof; MT ‏עבדיו‎; see note to Gen 39:1, above.
‏בארעה דמצרים‎] MT ‏במצרים‎; see v 27, above.
‏ותמן‎] 1° = Neof; > MT.
‏ובגוה‎] > MT; Neof gl ‏ביה‎.

31. ‏בליליה‎] See preceding v.
‏וכמליכון‎] MT ‏כְּדַבֶּרְכֶם‎ verb; cf Neof Gen 44:10 ‏כמליכון‎, for MT ‏כְּדִבְרֵיכֶם‎.

32. ‏אנא‎] > MT; added for emphasis of contrast; but grammatically out of place.

34. ‏ונטלו ... לשהון‎] MT ‏וישא ... בְּצֵקוֹ‎ sg; cf Neof ‏וטענו‎, pl.
‏וקדם עד דלא‎] See note to Gen 37:18.
‏ומותרתהון‎] MT ‏מִשְׁאֲרֹתָם‎ "kneading bowls," a play on the word ‏שאר‎; cf Neof gl, ‏שיורי‎ ‏פטיר' ומרורי‎; and *Mekhilta* (Vol. 1, p. 104) ‏משארותם אלו שיירי מצה ומרור‎.

‏ובשושפתהון‎ ~ Neof; MT ‏בְּשִׂמְלֹתָם‎; ‏שושפא‎ is used by all the PTs to translate ‏פתילים‎ in Gen 38:18,25 where it does not necessarily denote a garment. Contrast Neof gl, here ‏בכסותהון‎; and ‏לבושין‎ in the present MS in the following v.

36. ‏ובאפיהון‎ = Neof; MT ‏בעיני‎; see note to Gen 21:11, above.

37. ‏פילוסין‎ < Gk Πηλούσιον.

‏ולמטלין‎ MT ‏סֻכֹּתָה‎, "to Sukkoth," a play on the place name; cf *Mekhilta* (Vol. 1, p. 108), ‏סוכותה, סוכות ממש היו‎; and also *Ibid.*, p. 182.

‏ואלפין‎ MT ‏אֶלֶף‎ sg, see note to Gen 7:6, above. MT + ‏רגלי‎; Neof ‏דגברין רגליין‎.

38. ‏ולחד‎ Expect ‏לחדא/ה‎, with final *'aleph* or *hé*; cf Concordance.

39. ‏ולשהון‎ MT ‏הַבָּצֵק‎, without a possessive suffix; cf Exod 9:30, above ‏אלהן‎.

‏ונפקו טעינין‎ MT ‏הוֹצִיאוּ‎; expect ‏אפיקו‎ *'af'el* as in all the other tgg. The phrase is reminiscent of ‏נפקו פריקין‎; see Exod 6:6,7, above, and v 41, below.

‏מן ארעה דמצרים‎ MT ‏ממצרים‎; cf v 27, above.

‏וטרדו יתהון מצראי‎ = Neof gl; MT ‏גֹרְשׁוּ מִמִּצְרַיִם‎, passive, "were driven out of Egypt."

41. ‏ופריקין‎ = Neof; > MT; see note to Exod 6:6, above.

42. ‏ונטיר ומזמן לפרקן‎ (2x) ~ Neof; MT ‏שִׁמֻּרִים‎; the phrase would seem to be a targumic doublet plus a modifier.

‏ובזמן ... ישראל‎ ~ Neof; MT ‏להוציאם‎, *hif'il* infin + acc suff; the temporal propitiousness of this evening for future deliverance is amplified in the tg; cf *Mekhilta* (Vol. 1, p. 115) ‏בו נגאלו ובו עתידין להגאל‎.

C.U.L. MS T-S B 13.4

Exodus 12:42 (Continuation of preceding fragment)

‏ולשמה דיי‎ = Neof (end of passage); MT ‏ליהוה‎; see note to Gen 28:22, above.

Note: The following passage is the beginning of the Torah reading for the first day of Passover (Exod 12:21–51), which partially overlaps the Torah reading for Shabbat ha-Ḥodesh (12:1–42). As noted in the Introduction, MS AA is a pamphlet containing the readings for special Sabbaths and festivals. Inasmuch as the present fragment breaks off at v 34, it is virtually a repetition of the preceding fragment (Or. 1080). There are however, some significant variants between the two texts, on which comments are provided below.

Heading ‏ואלפסח אוליום‎ This heading is in Judeo-Arabic; cf Exod 17:8, below ‏תרגום אלפורקן‎; and Exod 19:25 (MS BB, Mosseri VI, 59) ‏תרגום אלדבאריה‎. The headings in other MSS are in Hebrew, e.g., MS F Exod 19:1, ‏לשבועת‎.

‏שמר‎ MS unclear, preceding letters totally illegible. [???]

21. ‏וסבו‎ MT ‏וקחו‎, with *waw*; contrast Or. 1080, ‏ונסבו‎.

‏ויכסון‎ MT ‏וְשָׁחֲטוּ‎, 2 pers; Or. 1080, Neof ‏ונכסו‎; there is a smudge over the *kaf* in the MS, prh indicating recognition of the error.

23. ‏ויפסח ויגן ממרה דיי‎ = Neof; Or. 1080 ‏ויפסח יי‎ without the doublet and ‏ממרה‎! Since both variants are from the same MS(AA), and probably from the same targumic source, it is evident that such translational elements were not consistently employed without exception; see Klein, *Anthropomorphisms*, pp. 145–158.

27. ‏ואקדו‎ Reading not certain; expect ‏ועקדו‎, as in Or. 1080.

29. ו(ד)הוה] This deletion is shared by both versions and supports the abovementioned view (v 23) that they both derive from the same source.

30. במצריא] MT במצרים; Or. 1080 בארעה דמצרים, which is a superior reading. The Heb means "in Egypt," not "among the Egyptians."
בכורין מיתין] MT מת; Or. 1080, מית; Neof מיתין pl, but without the explanatory בכורין. Cf PsJ בכור מית, which supports the present reading as a true variant.

32. ותצלון] = Neof, Neof gl; וצלו O; וּבֵרַכְתֶּם MT; Or. 1080, ותברכון; prh under the influence of Exod 8:24 הַעְתִּירוּ בַעֲדִי and 8:4, 9:28 הַעְתִּירוּ אֶל יהוה (tgg צלון).

C.U.L. MS T-S NS 182.69
Tosefta Exodus 12:42

> *Note*: The following midrashic expansion has parallels in many other targumic texts such as Neof, Neof gl, FT(V), FT(P, at Exod 15:18), PsJ, and various maḥzor MSS. For an extensive commentary and analysis of the passage, see R. Le Déaut, *La Nuit Pascale* [Analecta Biblica 22], Rome, 1963, reprinted 1975.
>
> (נ)טיר ומהימן לפרוקון] Prh a copyist's error; contrast with the doublet נטיר ומזומן at the end of the tosefta, and in all the parallel versions; MT שִׁמֻּרִים.
>
> בזמן ... ישראל] MT להוציאם; see note to MS AA (Or. 1080).
>
> פריקין] = MS AA, Neof; > MT; see note to Exod 6:6, above.
>
> וארם] This seems to be a hybrid form of ברם (Neof) and ארום (Neof gl, FT).
>
> כתב זאת זכרון] Cf Mal 3:16, וַיִּכָּתֵב סֵפֶר זִכָּרוֹן לְפָנָיו; and see also Exod 17:14, בספר דוכרניא בַּסֵּפֶר; cf Le Déaut, *La Nuit Pascale*, pp. 66–69.
>
> ותהי ... תהומא] Gen 1:2.
>
> יהוה לנהורין ... למנהרא] Reminiscent of FT(P) Gen 1:15 הוה נהור ומנהר.
>
> ואתגלי ... בתריא] Gen 15:1–17.
>
> בר מאה ... שנין (2°)] Cf Gen 17:17.
>
> בר תלתין ושבע שנין ...] The midrashic calculation is that Sarah was 90 years old when Isaac was born; and she died at the age of 127, as a result of having received the report that Isaac had *almost* been slaughtered on the altar; cf *Ber. R.*, Gen 23:2 (ed. Theodor-Albeck, p. 623) ויבא אברהם ... מאיכן בא מהר המוריה.
>
> כד אתגלי (3°) ... דמצראי] Exod 12:29.
>
> ימינך יהוה תרעץ אויב ... נטית שמאליה ... דמצראי] = FTs(PV), PsJ; contrast Exod 15:6,12 ימינך תבלעמו ארץ. Neof ידיה; Neof gl ימיניה; FT(N) ימינא.
>
> בני בכורי ישראל] Heb quote of Exod 4:22.
>
> (ומלכא ... רומא)] Also deleted in Neof, but preserved in FTs, Maḥzor Vitry, and required by the following דין ... ודין. On the messiah coming from Rome, cf B *Sanhedrin* 98a (MSS) והיכי יתיב אפיתחא דרומי. But see the discussion by Le Déaut, *La Nuit Pascale*, pp. 359–369.
>
> עמא] This is a unique reading; all the other sources read ענא, "flock"; see M. L. Klein *J.Th.S.* 29 (1978), 137–139.
>
> ואנא] Temporary shift to 1 pers.

Oxford Ms. Heb. c 74
Tosefta Exodus 13:17

> *Note*: This tosefta has parallels in FT(P), PsJ and various maḥzor MSS. The literal translations at the beginning and end of the passage are verbatim from Onqelos, viz.

[61]

אֲרִי, בְּמֶחֱזֵיהוֹן, as opposed to אֲרוֹם and וְאִין יֶחְמוֹן/בְּמֶיחְמֵיהוֹן in FT(P) and PsJ. On the associations with the tribe of Ephraim and Nebuchadnezzar, see *Mekhilta* (Vol 1, pp. 172–173), and B *Sanhedrin* 92b.

וּבְתֵרִיסִין] < Gk θύρεος.

וּבְסִיפִין] < Gk ξίφος.

גַרְמַיָּא יְבִישַׁיָּא ...] Cf Ezek 37.

וּבְחַבּוּלַיָּא ... יְחִי] Reference to prohibited sureties, such as millstones or a widow's garment (Deut 24:6,17), and usury (Ezek 18:13), בְּנֶשֶׁךְ נָתַן וְתַרְבִּית לָקַח וְחַי לֹא יִחְיֶה.

יְזוּעוּן] = FT(P), O; MT יִנָּחֵם "change their mind"; Neof יִתְבַּר לִבְּהוֹן.

וַאֲחֵיהוֹן מֵיתַיָּא] MT מִלְחָמָה; this suits the midrashic expansion, but is not the literal translation that usually follows the tosefta and serves as its framework. Cf *Mekhilta* שֶׁלֹּא יִרְאוּ עַצְמוֹת אֲחֵיהֶם מוּשְׁלָכִים בִּפְלֶשֶׁת.

וַיְדַחֲלוּן] > MT; this translates יִנָּחֵם in PsJ.

C.U.L. MS T-S NS 182.69
Tosefta Exodus 14:13,14

> *Note*: The following popular tosefta is found in three Genizah MSS (FF, J and U[at Exod 15:3]) as well as in Neof, FT(P, at Exod 15:3), FT(VN), PsJ, various maḥzor MSS, and almost word for word in Hebrew in the *Mekhilta* (Lauterbach, Vol. 1, p. 214). For a detailed discussion of the structure of this passage, in its various versions, see Klein, *Fragment-Targums,* Vol. 1, pp. 21–22. The tosefta reconstructs four Israelite arguments to account for Moses' four-part response in vv 13,14.
>
> וְכִיף] = גִּיף, interchange of כ/ג; cf v 30, below, גִּיף (MS J).
>
> וּרְכִיתָה, וְדַכִיתָה] Expect prepositional *lamed,* not *dalet.*
>
> לָא תִדְחֲלוּן] Repeated four times introducing each of Moses' arguments; though in the Heb, it appears only once at the beginning of v 13, אַל תִּירָאוּ.
>
> וֵאלָהֲכוֹן] > MT; prh under the influence of the phrase יְשׁוּעַת אֱלֹהֵינוּ (Isa 52:10; Ps 98:3).
>
> וְנִסְדַּר ... קְרָבָא] Standard translation in PTs for נִלְחָם; see note to Gen 15:1 (line 2) above.
>
> קוּמוּ שְׁתוֹקוּ] ~ Neof, FT(V), J,U; MT תַּחֲרִישׁוּן; the word קוּמוּ is simply a "helping" vb; "stand quietly" might be better than "arise."
>
> וִיהֲבוּ ... לֵאלָהֲכוֹן] = parallel versions; > MT; but serves as an introduction to Exod 15, the Song of the Sea; cf *Mekhilta* (Vol. 1, p. 215) קַל וָחֹמֶר ... אִם כְּשֶׁהָיוּ עוֹמְדִים וְשׁוֹתְקִין כְּשֶׁתְּהִיוּ נוֹתְנִין לוֹ שֶׁבַח ... אָמַר לָהֶם אַתֶּם תִּהְיוּ מְרוֹמְמִים וּמְפָאֲרִים וּמְשַׁבְּחִין וְנוֹתְנִין שִׁיר וְשֶׁבַח וּגְדוּלָה וְתִפְאֶרֶת ...

J.T.S. MS 605 (E.N.A. 2587)
Tosefta Exodus 14:1,13,14.

> *Note*: See introductory note to the preceding passage. This MS was first published by A. Díez Macho, in *Studi ... offerti a P. Giovanni Rinaldi* (Genoa, 1967), pp. 178–189; and republished in Klein, *Fragment-Targums,* Vol. 1, p. 237. The fragment begins in the middle of the v, indicating that part of the MS is missing — probably containing other festival readings.

13.   לְמִצְרַיְמָה] Prepositional *lamed* plus alocative *hé*; see note to Gen 37:28(MS D), above. Although the present case is not one of direct translation of a Heb alocative *hé* to

which the Aramaic *lamed* was added, it might be under the influence of Exod 13:17, וְשָׁבוּ מִצְרָיְמָה.

ומערבב] Expect 1 pl ונערבב, as in the parallel versions, as well as in line 16, below.

יומא °1] Parallels + דין; and cf יומא הדן in line 10.

תרדחלו(ן)] For the final *nun* in the imperf 2 m pl, cf lines 7,13 and 16, in the present MS, as well as with other vbs.

14. מבור‌ך ... ואמר אדני] > MT and parallel versions. The words אמר יי are the common translation of the Heb אני יהוה; see note to Exod 6:8, above. The remainder of the phrase is taken from Exod 15:3 (MT יהוה שמו), where the present tosefta was inserted in festival-liturgical collections; cf MS U below; see Klein, *Fragment-Targums* Vol. I, pp. 21–22.

יהווי] A second hand corrected יהווי to יְהֵי. For this liturgical refrain (as in the *Kaddish* prayer), cf FT(V) Gen 49:2.

לאלהכון ... קומו] See note to preceding MS (FF).

(שתיקו)] The original scribal error may have been שביקו.

29. ואתאין רמיין] Unclear; cf FT(P) שורין רמאין; Neof שורין דמין; and the following poem מתפזרין לתרין עשרי שבילין ... ומיא להון שורין (folio 6[3v], lines 5–6).

30. ופרק ושזיב] ~ Neof, PsJ, and the following poem (folio 6[3v], line 17); cf Gen 48:16(MS Z) for the same targumic doublet (MT הגֹּאֵל) for salvation/deliverance.

31. תקיפתא] = Neof, FT(P), PsJ; MT הַגְּדֹלָה; this is the translational equivalent of the more frequent יד חזקה, e.g., Exod 6:1, above.

אתפרע ... מן] ~ FT(P); MT ‌ב ... עשה; cf Exod 19:4, below (MSS F, J, NN).

מן קדם] = Neof, FT(P), PsJ; cf Gen 42:18 את האלהים אני יָרֵא, Neof מן קדם יי אנה דחיל, quoted in the expansions to Gen 44:18, above. See Klein, *Anthropomorphisms*, p. 114, and *J.Th.S.* 30 (1979), 505.

בשם מימריה דיוי] = Neof, FT(P); MT ביהוה; seemingly unnecessary in this context.

ולחוד בנבואתך ...] = Neof, FT(P); > MT; cf Exod 19:9, וגם בך יאמינו, PTs וב[נ]בואת[את]ה יהימנון. This is to differentiate between trust in God and trust in man; Heb ויאמינו ביהוה ובמשה עבדו.

15:1. שירת תושבחת[א] = Neof; ~ Neof gl, FTs, PsJ שבח שירתא; MT הַשִּׁירָה.

נודי ונשבח] = PTs; MT אָשִׁירָה; on this targumic doublet, see the note to Gen 29:35, above.

דהוא רם ... רווחא] MT גָּאֹה גָּאָה; the duplication of infin abs plus conjugated vb elicited similar expansion in the parallel versions and in the *Mekhilta* (Vol. II, p. 13) גאה גאה מתגאה הוא על כל המתגאים .... Aside from being illegible in places, the present text is plagued with obvious scribal errors, repetitions and corrections.

כפירוחהון] Tentatively taken as a run-on of two words.

סוסוואן [ור]כביהון] ~ Neof, FT(V), PsJ; MT סוס וְרֹכְבוֹ sg collective.

על ... ישראל] ~ PTs; > MT.

רמה וטמע] ~ MS FF, Neof gl, FTs, PsJ; Neof רמא וטבע; MT רָמָה.

Poems to Exodus 14:29–31

Note: Expanded footnotes have been provided for the English translation of the targumic poems, instead of notes and comments; see the introductory note to the poems to Exodus 12, above.

J.T.S. MS 605 (E.N.A. 2587)

2.   ‏[עז|ין‎] Since there is no writing on the remainder of this line, it is likely that the *lemma* is a liturgical cue to continue with the Torah reading, and not the continuation of the targumic text.

C.U.L. MS T-S NS 182.69

Toseftot Exodus 15:1,3,12,18

1.   ‏|נודה ונש|בו|חה‎ ~ PTs; MT ‏אָשִׁירָה‎; on this doublet, see the note to Gen 29:35, above. The form ‏נשבחה‎ reflects the Heb cohortative; cf J. W. Wessalius *J.J.S.* 35 (1984), 197–199.

‏|ורם ... [... |מנטליא‎ ... See notes to MS J, above, for the remainder of the v.

3.   ‏|וגו|ברא ... קרביכון‎ ~ FT(P), PsJ; MT ‏איש מלחמה‎; only Neof translates ‏איש‎ with ‏גוברא‎; prh the parallel phrase in Ps 24:8 ‏יהוה גבור מלחמה‎ influenced the present translation; also cf Isa 3:2 ‏גבור ואיש מלחמה‎. In both of these cases as elsewhere, ‏איש מלחמה‎ is translated ‏גבור עבד קרבא‎, with the added vb; and cf *Mekhilta* (Vol. 2, p. 31) ‏כגבור עושה מלחמות‎.

‏|וכשמיה ... עלמין‎ > MT; ~ PTs; see note to Exod 14:14 (MS J), above.

12.   *Note*: For parallels to this tosefta, see MS W, Neof, FTs, PsJ, various maḥzor MSS, and cf *Mekhilta* Vol. 2, pp. 67–68.

‏|תרויהון‎ (2x) Onqelos dialect in the toseftot; Neof ‏תריהון‎; cf Kutscher, *S.G.A.* pp. 26–28.

‏|ואמרין‎ = Neof; the entire phrase ‏תרויהון כחדא ואמרין‎ is missing from all the other versions, and is suspect, since no direct joint statement follows. The sense might be "arguing together." Contrast v 18, below; but cf Neof, FT(V) Gen 49:2 ‏... כחדא ואמרין‎ ‏וענון כל עמא‎. and PTs Exod 19:8 ‏... כחדא ואמרין ... שמע מנן ישראל‎ ...

‏|ודחילה הות ארעא‎ ... In the *Mekhilta,* the fear is attributed to Gen 4:11, where the earth is associated with Cain's curse, for having absorbed Abel's blood.

‏|פתחת ארעא‎ ... Cf Num 16:32, ‏ותפתח הארץ את פיה‎.

18.   ‏|גבורתך, וגבורתך‎ 2 pers, characteristic of tosefta texts, and reflecting a liturgical *Sitz im Leben*; see note to Gen 22:8, above, ‏רעותך‎.

‏|בעלמא ... דאתי‎ = MS W, below, FTs, PsJ; cf Ps 89:53 ‏ברוך יהוה לעולם‎, tg ‏בעלמא הדין‎ ... ‏ברוך יהוה אלהי ישראל מן העולם‎; and the rabbinic interpretation of Ps 106:48 ‏ולעלמא דאתי‎ ‏ועד העולם‎.

‏|ודידיה ... עלמין‎ This is a second interpretation of the Heb ‏לעלם ועד‎.

J.T.S. MS 608 (E.N.A. 656)

Exodus 15:3

3.   *Note*: See MSS J, FF Exod 14:13,14, above, for parallels and running notes.

‏|ויומא|דין‎ Misplaced; this phrase belongs after the word ‏מצראי‎, in the preceding line; MT ‏אשר ראיתם את מצרים היום‎.

‏|קומו ושתוקו‎ ... This answer is inappropriate. With the transfer of this tosefta from Exod 14, the third and fourth responses of Moses were switched, so that the passage would end with the theme of "war," to suit Exod 15:3, ‏יהוה איש מלחמה‎. The result is that neither response is appropriate to the corresponding argument of the Israelites; see Klein, *Fragment-Targums,* Vol. 1, pp. 21–22.

4. ‏ורמי‎] Strange form; prh influenced by ‏רתיכוי‎; expect ‏רמא‎, as further on in this v, for the Heb ‏רָמָה‎, or perhaps ‏רמו‎. All the parallel versions use another vb here (‏שדי‎ or ‏קשט גירין‎), which makes the present reading more suspect. Prh ‏רמוי‎ is a visual error, elicited by the word (‏רימא‎) ‏מוי‎ in the following v.

   ‏ועולמי גברוהי‎] ~ PTs; MT ‏שָׁלִשָׁיו‎ "officers"; contrast Neof Exod 14:7 ‏ורברבנין‎ (MT ‏וְשָׁלִשִׁם‎).

   ‏רמא וטבע‎] Doublet; Neof, FT(P), PsJ ‏רמא וטמע‎; see note to v. 1 (MS J), above. Note the shift from passive (MT ‏טֻבְּעוּ‎) to active vb plus pronoun.

5. ‏ומוי דימא‎] = FT(P); > MT.

   ‏ודימא רבא‎] = FT(P); PsJ ‏דימא‎; Neof ‏דמיא‎ (!); > MT.

6. ‏ומה אדירא היא‎] ~ PTs; MT declarative ‏נֶאְדָּרִי‎.

   ‏וחילא ... דבבא‎] = FT(P); MT ‏אוֹיֵב‎; the doublet ‏שנאה ובעל דבבא‎ is common in the PTs, e.g. v 9, in the following MS (W).

7. ‏ושורי ... עמך‎] ~ FT(P), PsJ; MT ‏קָמֶיךָ‎ "Your opponents"; all the tgg, including Onq, have translated it as "opponents of Your people."

   ‏ומלאך דרגיז ומלהיט יתהון‎] ~ FT(P); MT ‏חֲרֹנְךָ‎, "Your fury"; prh a double translation of ‏חרון‎ "wrath" and ‏חרה‎ "heat/scorch." On the added accusative pronoun, see note to Gen 2:19, above.

   ‏וכמה ... לקשא‎] = FT(P); ~ other PTs; MT ‏כַּקַּשׁ‎.

8. ‏ובמימר ... יי‎] = MS W, Neof; ~ FT(P), PsJ; MT ‏וּבְרוּחַ אַפֶּיךָ‎, "blast of Your nostrils"; cf v 10, below ‏רוח מן קדמיך‎, (MT ‏בְּרוּחֲךָ‎).

   ‏ואתעבידו‎] Were transformed [into many heaps] ... ; MT ‏נֶעֶרְמוּ מַיִם‎.

Oxford Ms. Heb. f 102
Exodus 15:7

   Note: This fragment was discovered and first published by W. Baars, *V.T.* 11 (1961), 340–342. For notes to vv 7,8, see preceding MS U.

8. ‏ואתעבידו ... עורמן‎] = FT(P); ~ Neof, PsJ; MT ‏נֶעֶרְמוּ מַיִם‎; cf *Mekhilta* (Vol. 2, p. 51) ‏עשאן כמין ערימות‎.

   ‏וצרירין כזיקיא‎] ~ PTs; cf *Mekhilta* (Vol. 2, p. 51) ‏נד צרור‎; these are all based on a play on the word ‏נֵד‎ "wall," and ‏נֹאד/נד‎ "water skin."

   ‏ומיא נזליא‎] = Neof, PsJ; MT ‏נֹזְלִים‎; this explanatory addition destroys the poetic parallelism of the Heb ‏נערמו מים ‖ נצבו נזלים‎.

   ‏וב]פליגוס‎] < Gk πέλαγος; this has been Aramaicized in Neof and FT(P) to ‏פלגות‎ "half," but it is accurately preserved in PsJ, ‏פילגוס‎.

   ‏ודימא רבא‎] = PTs; MT ‏יָם‎; cf v 5, and v 1 (MS FF) ‏בימא דסוף‎.

9. *Note*: This v in MT contains a staccato of 7 vbs, each of which is elaborated upon in the tgg, and provided with subject, object, etc.

   ‏ופרעה...דבבא‎] = PTs; MT ‏אוֹיֵב‎; on the addition of proper names, see Gen 4:11, above; and on the doublet ‏סנאה ובעיל דבביא‎, see note to v 6, above.

   ‏ואישצי ... ימיני‎] = Neof gl, FT(P), PsJ; MT ‏תורישמו ידי‎ 3 f sg, and Neof ‏ותשיצי‎. The addition of ‏ימיני‎ provides a basis for parallelism with v 12.

10. ‏ורוח מן קדמיך‎] ~ PTs; MT ‏בְּרוּחֲךָ‎; see note to v 8 (MS U), ... ‏ובמימר‎.

   ‏וכסית‎] Shift in person again, see note to preceding v, ‏ואישצי‎.

   ‏ואישתקע‎] MT ‏צללו‎, pl; Neof, PsJ ‏ושקעו‎; FT(P) ‏אשתקעו‎.

[65]

11. מרומא] = PTs; > MT.

נסין ופליין] ~ Neof; similar doublets in FT(P) נסין וגבורן, and PsJ ניסין ופרישׁן]; MT פֶּלֶא, sg; for the same doublet, cf FT(V) v 18.

לעמיה בני ישׂ] ~ PTs; > MT.

12. *Note*: See the comments to the parallel version in tosefta MS FF, above.

ידך] Expect ימינך, as in MT, Neof; or יד ימינך as in FT(P), PsJ.

פתחת ... פומה] On the forms פים/פום, see Kutscher, *SGA*, pp. 20–22.

13. האליין] ~ PTs, demonstrative; MT זוּ relative prn; see Gesenius, *Grammar* §138g.

למדור ... קודשׁך] = Neof, FT(P), PsJ; MT אֶל נְוֵה קָדְשֶׁךָ; on the addition of בית "place of," see note to Gen 30:40, above. The present phrase is used to describe the Holy Temple/Sanctuary; cf v 17, and Deut 26:15, below.

14. ויתהון לכל, דארעא] ~ PTs; > MT; explanatory.

15. וליבהון בגיוהון] ~ Neof, PsJ; > MT; for the phrase — נמס לב, see Deut 1:28; 20:8; but especially Josh 2:11; 5:1; 7:5, regarding the Canaanite peoples.

(דארעא)] Prob misplaced, belongs after דיירה; cf preceding v.

16. ותפיל] = MS G, FT(P N), PsJ; MT תִּפֹּל, *qal*.

אימתך ודחלתך י״י] Cf Neof אימתך ופחדך; MT אֵימָתָה וָפַחַד, without suffixes and proper name.

אדרע גבורתך] = Neof, FT(V); MT זְרוֹעֲךָ; cf Neof Exod 8:15 (מן קדם י״י) אצבע דגבורה.

ית נחלוי דארנונא] ~ Neof; > MT; cf Deut 2:24; all of the PTs provide identifications of the crossings referred to in this v.

אליין] ~ PTs; MT זוּ; see note to v 13, above.

דזי פרקת] = MS G, Neof, FT(P); MT קָנִיתָ, "purchased" (RSV), "ransomed" (*Torah*); see Orlinsky, *Notes*, p. 171; contrast Neof gl, FT(V), PsJ (לשׁמך) קנית. This seems to be an associative translation under the influence of v 13, עם זו גאלת.

ית מגזתה דיורדנה] See note ית נחלוי דארנונא in the present v. This phrase translates the Heb מעברות הירדן (e.g., Jud 3:28; 12:5,6).

17. ותחסן] = FT(P), ~ Neof; MT וְתִטָּעֵמוֹ "plant them" (*Torah*); cf PsJ ותנצוב; prh under the influence of the following words בהר נחלתך, which would normally be translated אחסנתך.

מדור ... שׁכינת(ך)] MT מָכוֹן לְשִׁבְתְּךָ בהר נחלתך; see note to v 13, above.

בית מקדשׁה] ~ PTs; MT מִקְדָּשׁ.

תרתין ידך] ~ PTs; MT יָדֶיךָ; cf *Mekhilta* (Vol. 2, pp. 79–80) כביכול בשׁתי ידיו; cf Exod 17:12(MS FF), below, in a non-divine context. Note the amplification of the anthropomorphism.

18. See notes to MS FF, above. The present version is much shorter than the tosefta text.

21. נודי ונשׁבח] MT שִׁירוּ; see note to MS FF v 1, above.

Oxford Ms. Heb. f 33

Acrostic Poem, Exodus 15:6

This MS was recently discovered by Dr. Richard White and will be published by him in the near future. As stated in the note at the beginning of Exod 12, we have only provided expanded footnotes to the English translation, but not a running commentary. The present poem follows the running targum quite closely, while it embroiders elaborately around individual phrases.

Leningrad MS Antonin Ebr. III B 67
Exodus 15:10
This fragment is a direct continuation of the preceding piece.

C.U.L. MS Or. 1080, B 18.1
Exodus 17:8

[אלפורזים] Judeo-Arabic; see note to the heading before Exod 12:21, in this same MS (AA, C.U.L. T-S B 13.4), above, תרגום אלפסח.

8. [ודלבית] ~ Neof gl; > MT; cf Neof רברבני עמלק, which also implies that only *some* of Amalek attacked Israel. This is not to be confused with לדבית (Heb לבית) in Exod 19:3 (MS J), below.

[וסדרו סדרי קרבא] Common PT translation for the Heb נלחם; see note to Gen 15:1, above.

9. [וגיברי חיל] ~ Neof gl; Neof, PsJ גיברין; > MT; cf *Mekhilta*, (Vol. 2, p. 141), בחר לנו גבורים; and for an associative source, see Neof Exod 18:21, גברין גברי חיל (MT אנשי חיל).

[הא ... מעתד] = Neof; MT אנכי נצב; the tgg reflect Gen 24:13, הנה אנכי נצב, Neof הא אנא קיים מעתד, with the same doublet.

[ודי אתעבד ... יי] = Neof; ~ PsJ; MT (ומטה) אלהים; cf Neof Exod 4:20, for the same translation — all based upon Exod 4:17; also cf *Mekhilta* (Vol. 2, p. 142) במטה הזה עשית להם נסים וגבורות.

11. [ורהוה, הון] ~ Neof; > MT.

[ותקף] MT יָרִים; PTs זקף; this is probably a scribal error. Also see v 12, below, הון זקיפן.

[ידוי] (2x) = FTs; MT יָדוֹ, sg.

[ובצלו קודם יי] > MT; Neof, PsJ בצלו; cf *Mekhilta* (Vol. 2, p. 145) for another interpretation with the same purpose, viz., it was not the physical raising of Moses' hands that brought victory to Israel, but rather the devotion.

[וכל בית ישראל] MT ישראל; Neof דבית ישראל.

[ומתגברין ונצחין] = FTs; ~ Neof; MT וגבר; another targumic doublet.

[ומנע ... לם צליה] ~ Neof; MT יָנִיחַ יָדוֹ. Note the strange orthography of the word למצליה, written on two lines with a final *mem* in a medial position.

[ומתברין ונפלין בחרבה] ~ Neof, FTs; MT וְגָבַר עמלק, in perfect parallel with the preceding וגבר ישראל. This avoidance of attributing victory to Amalek over Israel, is achieved by the deletion of the letter *gimmel* from ומתגברין → ומתברין ("were victorious" → "were broken"), and the addition of ונפלין בחרבה, as described in v 13. See note to Gen 49:7, above; also see M. L. Klein, *Biblica* 57 (1976), 515–537, on similar "converse translations."

12. [זקיפן] = Neof, FTs; MT כְּבֵדִים; cf MS FF פריסין. This vb appears 3 times in the present MS for this v, and twice in Neof and FT(P); and in none of them is it the literal translation of the MT.

וְהוֹן זקיפין] MT תְּמְכוּ, "supported"; expect אחידין as in Neof and FT(P), or prh סמיכין.
סיטרה] = Neof, FT(P); > MT; Aramaic idiom; cf Neof gl, FTs, Num 22:24 (2x)
(גְּדֵר מִזֶּה וגדר מזה MT) סייגא מן דין סיטרא ....

ורמשה...בצלו] = Neof; > MT; some of these added elements also appear in FT(P) and PsJ, in a different order.

ומדכרין ... אבהתה] ~ Neof, FT(P); MT אמונה "steady" (RSV, *Torah*); the targumic interpretation is based upon the common meaning of אמונה, "faith, faithful."

13. וּשצי] ~ Neof; MT וַיַּחֲלֹשׁ, lit: "weakened," although *Torah*: "overwhelmed," probably because of the modifier לְפִי חרב; cf Isa 14:12 חוֹלֵשׁ עַל גּוֹיִם, "vanquisher of nations" NJPS *Prophets* (1978), p. 381.

14. ודוכרן טב] = Neof; MT זכרון; see note to Exod 12:14, above.
ובמשמעה] = Neof; MT בְּאָזְנֵי; see note to Gen 44:18 (MS D), above.
ומשׁיצֵי (אשׁיצי)] After Neof; MT מָחֹה אֶמְחֶה.

15. ופלח ... נסין] = MS FF; ~ Neof (to which Neof gl adds the missing word ופלח); MT וַיִּקְרָא שְׁמוֹ יְהוָה נִסִּי, "the Lord is my banner." The phrase פלח וצלי בשם מימרא די"י is the common PT equivalent of MT קרא בשם יהוה, cf e.g., Neof Gen 12:8; 13:4 (see Neof gl for the doublet); 21:33; 26:25 (+ Neof gl).

16. *Note*: This expansion is shared by all the PTs and toseftot (except PsJ), with only minor variations. Also cf *Mekhilta* (Vol. 2, p. 160), on the oath, נשבע הקב"ה בכסא הכבוד שלו.
ושבועה ... עלמיה י"י] MT כִּי יָד עַל כֵּס יָהּ, which is obscure; cf Childs, *Exodus*, pp 311–312. The tgg interpret כֵּס as throne, and the hand on the throne as the posture for taking an oath.
ומלכא ... שלטונין] See I Sam 15:2–21.
ומא...ואסתר] See Book of Esther and identification of Haman as "the Agagite" (3:1), which is traditionally understood as a descendant of Agag, the Amalekite king of I Sam 15:8,9; see footnote to NJPS *Kethubim* (1982), p. 409.
מלחמה ... בעמלק] MT here מחה אמחה את זכר עמלק; Cf v 14, ולשיציא ... דעמלק.
ולדרי דרין] MT מִדֹּר דֹּר, change of preposition.

C.U.L. T-S NS 182.69
Tosefta Exodus 17:12,16
Note: For this fragment, see notes to the preceding MS.

12. ופריסֿין בצלו] MT כְּבֵדִים; see note to preceding MS. Whereas פריסין and זקיפין are semantically related (cf Exod 9:29,33), the reading produced by the superlinear *qof* פריקין does not at all fit the present context.
ובתרתין] ~ Neof gl; > MT; cf Exod 15:17, above.

J.T.S. MS 605 (E.N.A. 2587), folio 7r
Tosefta Exodus 17:15,16
See bibliographical note at beginning of this MS, before Exod 14:1, above. For running comments, see MS AA (C.U.L. Or. 1080).

16. ‏[מן שבטא ‬‏[ו]רב[ו]גוי דבנימין‬ This MS, as well as Neof, mention the tribal affiliation of King Saul (I Sam 9:21, ‏בן ימיני‬), which is identified with that of Mordecai and Esther (Esth 2:5, ‏איש ימיני‬).

folio 7v

Exodus 19:1

Note: This passage is the Torah reading for the Shavu'oth festival, the traditional date of the Sinai revelation. This accounts for its having survived in no fewer than 9 copies among the Genizah MSS. Inasmuch as MS F is the only complete text, containing Exod 19:1–20:23/26, it will receive the full commentary, and only unique readings in the other MSS will be commented on. This passage is also preserved in full in Neof, FTs, PsJ and many maḥzor MSS.

1. ‏[ופריקין‬ > MT; see note to Exod 6:6, above.

    ‏[היך ... הדין‬ = PTs; MT ‏בַּיּוֹם הַזֶּה‬; this is the common translation of ‏בעצם היום הזה‬; cf Exod 12:17,41, above.

2. ‏[וכוינו‬ = MS Y, Neof, FT(P); MT ‏וַיִּחַן‬ sg; prh the vb is altered in order to vary it from the earlier ‏ושרון/וישרון‬, as well as to reflect the midrashic interpretation of the sg ‏ויחן‬ ‏כלם לב אחד‬ (*Mekhilta*, Vol. 2, p. 200). Cf the rabbinic phrase ‏כיוון את לבו‬.

    ‏[ודיבירי דאדני‬ Note the scribal deletion of two words ‏מן טורא‬ (MT ‏מִן הָהָר‬).

    ‏[ולשבטייה‬ = MS Y, FT(P); ~ Neof; > MT.

5. ‏[ודאדני היא‬ = FT(P); MS F, Neof gl, FT(V) ‏לשמיה די'י‬; MT ‏לִי‬; cf Ps 24:1, ‏ליהוה הארץ‬.

7. ‏[וסדר‬ = PTs; MT ‏וַיָּשֶׂם‬; cf PsJ, O Exod 21:1, ‏תסדר‬ (MT ‏תָּשִׂים‬).

8. ‏[דיוי‬ Note the shift in the writing of the divine name from ‏אדני‬ (vv 3,5,7) to ‏יוי‬ (v 8, 2x).

C.U.L. MS T-S A-S 71.59

Exodus 19:1

See notes to MS F, below.

J.T.S. MS 608 (E.N.A. 656)

Exodus 19:7

See introductory note to the preceding MS.

7. ‏[ושבח דבריא‬ MT ‏הדברים‬; cf Exod 20:1, below; and cf Neof gl, FT(P), PsJ Exod 15:1, ‏שבח שירתא‬ (MT ‏הַשִּׁירָה‬).

13. ‏[ודקטולין‬ ~ FT(P); Neof, FT(V) ‏דאנש‬; MS F ‏ברנש‬; > MT; cf Gen 37:22 ‏ויד אל תשלחו‬ ‏בו‬, PTs ‏ויד דקטולין לא תפשטון ביה‬.

    ‏[גירין ... ביה‬ ~ PTs; MT ‏יָרֹה יִיָּרֶה‬, "be pierced/shot," without any explanation as to how this was to be done.

    ‏[מזדרקין‬ Participle; expect ‏יזדרקון‬, as in FT(P); MT ‏יִיָּרֶה‬ imperf.

    ‏[משה ואהרן‬ = Neof, FT(P); MS F ‏ומשה ואהרן(!)‬; > MT, ‏הֵמָּה‬ "they," without proper names; but cf v 24, below ‏ועלית אתה ואהרן עמך‬. Also, see note to Gen 4:11, above.

[69]

Oxford Ms. Heb. e 43
Exodus 19:1

ולשבועות] See introductory note to MS J.

1. וביִרחא] = PTs; MT בַּחֹדֶשׁ, which is traditionally understood as "new moon," e.g., *Mekhilta* (Vol. 2, p. 195) ראש חדש היה לכך נאמר בחדש השלישי; and also RSV and *Torah*, "new moon"; but see discussion in Childs, *Exodus*, p. 342. Also, cf Exod 12:2, above ירחא הדין ניסן (MT הַחֹדֶשׁ הַזֶּה).

ולזמן] = Reconstructed after Neof and FT(P); cf Exod 12:42 (MS AA) בזמן אפקותהון (MT לְהוֹצִיאָם).

ופריקין] = PTs; > MT; see note to Exod 6:6, above.

והדין ... היך] Reconstructed after the parallel PTs; see note to MS J.

2. ושרון] Pl; MT וַיִּחַן sg, which is the basis of midrashic interpretation, e.g., *Mekhilta* (Vol. 2, p. 200), השוו כלם לב אחד; and PsJ ושרא תמן ישראל בלב מייחד. However, the other PTs have וכוונו pl.

וכלה לקבל] This is probably a scribal misinterpretation of the common Aram preposition כל קבל / כלוקבל, "opposite."

3. ולמתבוע ... י"י] MT (עלה) אל אלהים; for this phrase, cf Neof Exod 18:15 אתון לוותי עמא י"י (MT לִדְרֹשׁ, and 18:19 (MT הֱיֵה אַתָּה לָעָם מוּל הָאֱלֹהִים), למתבע אולפן מן קדם י"י; also cf the similar phrase in Neof Gen 25:22 למתבע רחמין מן קדם י"י (MT וַתֵּלֶךְ לִדְרֹשׁ אֶת יְהוָה) and in the paraphrase of Gen 30:2, above.

וית קל דבירוי] ~ PTs; MT יהוה; cf v 20, below (=FTs), and prh Deut 5:21/24, שמענן, (MT וְאֶת קֹלוֹ שָׁמַעְנוּ). The appellation דיבירא/דבירא, which is semantically related to מימרא, is attested less than ten times in each of the various PTs of the Pentateuch (as opposed to hundreds of occurrences of *memra*). These are mostly in expansive midrashic passages in the context of divine revelation — but not exclusively, e.g., Gen 3:10 (Neof gl, FT[P]); Gen 28:10 (Neof, FTs, PsJ); Exod 14:1 (FT[P]); Exod 19:3 (Genizah MSS F,J,Y, Neof, FTs); Exod 19:20 (Genizah MS F, FTs); Exod 33:11 (PsJ); Lev 1:1 (Neof, Neof gl, FT[V], PsJ); Num 7:89 (Neof [2x], Neof gl, PsJ). The examples in Deut 4:12 and 5:21/24, are not included, as they translate the Heb קוֹל דְּבָרִים. Cf D. Muñoz León, *Dios-Palabra* (Granada, 1974), pp. 668–679, "Dibberah y Memra," for further discussion. Note, however, that Muñoz León's argument for the lateness of *dibberah* relative to *memra* is not convincing.

ולאנשי ביתיה] = MS Y, Neof gl, FTs; MT לְבֵית; cf Gen 7:1; 30:30, above.

ואולפן בכנישתהון] = FT(V); > MT; there are other additions in the parallel MSS (שבטיא).

4. ואתפרעת מן] = MSS J, NN, Neof gl, FTs; MT עָשִׂיתִי לְ___; cf Exod 14:31 (MS J), above.

וענניו ... נשריו] ~ PTs; MT כַּנְפֵי נְשָׁרִים.

ולאולפן אורייתי] = PTs; MT אֵלָי; cf the preceding v, ... למתבוע אולפן for (עלה) אל האלהים; also cf Onq לְפוּלְחָנִי; and *Mekhilta* (Vol. 2, p. 202) for two interpretations לפני הר סיני, אלי, and לבית הבחירה אלי; these are all concretizations of the abstract "unto Me."

5. ובקל מימרי] = PTs; MT בְּקֹלִי; cf Deut 5:22/25, below ... קל מימריה דאדני (MT ... קול יהוה).

ולשמי, לשמיה חי"י] MT לִי (2x); cf following v; and see note to Gen 28:22, above.

ולעם חביבין היך = PTs; > MT; cf *Mekhilta* (Vol. 2, p. 204), מה סגולתו של אדם חביבה עליו
כך תהיו חביבין עלי.

6. ומלכין וכהנין = PTs; MT מַמְלֶכֶת כֹּהֲנִים, construct; cf *Mekhilta* (Vol. 2, p. 205), which also interprets each word separately.

ומשה > MT; cf v 13, below; on the addition of proper names, see the note to Gen 4:11, above.

7. ולחכימי = PTs; MT לְזִקְנֵי; cf *Sifra* to Lev 19:32 (p. 91a) אין זקן אלא חכם and אין זקן אלא
זה שקנה חכמה.

8. ובלבה שלמא = Neof, FT(V); > MT.

ובצלו = PTs: > MT; cf following v, and Exod 20:15/18, וקמו להון מצליין (= MT ויקומו); also, cf Exod 17:11,12, above.

9. וממרי מיתגלי עליך = PTs; MT אנכי בא אליך; cf Exod 20:17/20, 21/24; and also v 11, below, יתגלי מימ' די"י, for MT יֵרֵד יהוה; this is a common translation of verbs of motion in the divine context; see Klein, *Anthropomorphisms,* pp. 77–84. The use of *memra* in this verse is mechanical; if the *memra* is speaking, how can it say, "My *memra* will . . . ."

ובעייה / בתוקפה These are two attested translations: בעייה ~ MS Y, FT(V,N), PsJ, O; and בתקפה ~ MS U, Neof, FT(P); MT בְּעַב הֶעָנָן; for a similar alignment of MSS, see v 12(MS F), below בסייפוי / בשפולוי; v 13, יודרקן ויתקשטן; and v 18, תנן ועטר.

וישמעון = FT(V), without the relative די or __ד, found in all the other sources; but cf Lev 23:43(MS F) מן בגלל ידעון, and MS S Exod 20:12, below, מן בגלל יסגון. Note that FT(V) was also in agreement with the basic text of this MS in the preceding reading בעייה.

ולחות Expect ולחוד; on ד/ת, see notes to Gen 44:18(MS FF) כדפה, and to Exod 12:4 כמסד.

ובנבואתך משה עבדי = PTs; MT בָּךְ; see note to Exod 14:31, above.

ובצלו = PTs; > MT; see preceding v.

11. ולתלתה יומין MT לַיּוֹם הַשְּׁלִישִׁי; expect the ordinal ליומה תליתייה as in the other PTs.
ותליתייתא Expect תליתייה masc.

ויתגלי מימ' די"י = MS U, FTs; ~ Neof; MT יֵרֵד יהוה; see note to v 9, above.

ולקבל = MS U, FT(P); MT לְעֵינֵי.

12. וחזור חזור = PTs; MT סָבִיב; see note to Gen 41:48, above.

ודלא...ולא = PTs; > MT, but implicit in הִשָּׁמְרוּ, "beware [lest]"; cf Gen 21:12, above,
לא על טליא ולא על אמתך.

ולטורא = Neof; MT בָּהָר; interchange of prepositions ב/ל.

ובסייפוי בשפולוי Although the first word is dotted for deletion by the original scribe, these are actually two attested translations: בסייפוי ~ Neof gl, FT(V), PsJ, O; and בשפולוי ~ MS U, Neof, FT(P); see note to v 9, above, בעייה/בתוקפה; also cf following v.

13. וברנש ~ Neof, FT(V) דאנש; see note to MS U (דקטולין); > MT.
וגידין דאשא ~ PTs; > MT; explanatory.

ויודרקן ויתקשטן What appears to be a translational doublet, is but another example of a conflate of two versions: יודרקון ~ MS U, Neof, FT(P), PsJ(?); and יתקשטן ~ Neof gl, FT(V); see notes to preceding v and v 9, above.

[71]

ובמתקעה דשיפורא = PTs; MT בִּמְשֹׁךְ הַיֹּבֵל; cf Josh 6:5, for the parallelism of these two phrases במשך בקרן היובל בשמעכם את קול השופר.

ומשה ואהרן] = MS U, Neof, FT(P); > MT; see note to MS U. The *waw* ומשה is a scribal error!

ויהון רשאין] = MS U, Neof, FT(P); MT יַעֲלוּ, not necessarily in a permissive mode.

15. ולתשמיש דערס] = PTs; MT אֶל אִשָּׁה; this is a common euphemistic expression for sexual relations; see note to Gen 30:15, above.

16. בעידוני] = PTs; MT בִּהְיֹת, "as morning dawned" (*Torah*), "when morning came" (Childs, *Exodus*), both giving הֱיֹת the meaning "to become," rather than "to be."

17. ויקר שכינתיה די"י] = Neof, FT(V); MT הָאֱלֹהִים; on this appellation of God, see note to Gen 35:13, above.

משֹׁריתה[ן] There are several illegible letters above this word, probably an interlinear gloss.

18. ותנן ועטר] MT עָשָׁן; these are two distinct translations: the gloss תנן ~ Neof, FT(P); and the basic text עטר = FT(V). This is the same alignment as in v 9, above /בעייה בתוקפה. Note that the *waw* in ועטר protrudes into the margin and is probably by the *secunda manus*.

מן קודם] = FTs; Neof מן בגלל; MT מִפְּנֵי (אֲשֶׁר); this causal meaning follows the Heb literally, but is rare in the tg; see note to Gen 7:7, above.

ואתגליית] ~ PTs; MT יָרַד; see note to v 9, above.

וירא מלאך] = Neof gl, FTs; MT בָּאֵשׁ; possibly the influence of Exod 3:2 ובשלהבית דאשה; ואתגלי מלאכא די"י עלוי בשלהובי אשא, Neof יהוה אליו בשלהבת אֵשׁ.

וכקיטור תנן] Doublet; ~ Neof gl, FT(P); MT כְּעֶשָׁן.

19. והוה ממלל] = PTs; MT יְדַבֵּר "was speaking" (Childs); on the use of הוה for the durative/repetitive, see note to Gen 29:2, above.

מן קדם י"י יתענה ית שלמא ומן ... מתעני] = PTs; MT וְהָאֱלֹהִים יַעֲנֶנּוּ; cf Neof Gen 41:16 דפרעה (= MT ... יַעֲנֶה אֱלֹהִים).

ובסם ונעים] > MT; again, the original reading נעים = Neof (misplaced) and FT(V); and the doublet produced by the gloss = FT(P); see note to v 9, above. Also, cf Childs, *Exodus*, p. 343, on the difficulty in interpreting the nondescript בְקוֹל of MT. The tgg understand it to be a speaking voice.

20. ואתגליית ... די"י] = Neof; MT וַיֵּרֶד יהוה; see note to v 9, and to Gen 35:13, above.

ודביריה די"י] = FTs; MT יהוה; see note to v 3, above.

ועל] MT אֶל "called Moses *to* the top of the mountain," (*Torah*, Childs); cf Neof, FTs מן, "called [to] Moses *from* the top ...," and the literal translation in PsJ לריש טוורא. Also cf *Mekhilta*, (Vol. 2, p. 224) הריני קורא לך מראש ההר ואתה עולה. These all presume that Moses is at the foot of the mountain. The present translation על is inappropriate.

21. ואוכלסין סגין] = PTs; MT רַב; see note to Gen 4:10, above.

22. ודקיימין ומשמשין קודם] = PTs; MT הַנִּגָּשִׁים אֶל; this targumic doublet is common for describing the cultic service of the priests; cf Exod 20:23/26, below, and Neof, FTs Exod 21:14. Also, cf Dan 7:10 אלף אלפין יְשַׁמְּשׁוּנַהּ ורבו רבבן קדמוהי יקומון for all of the elements of this phrase.

יתקוף ... י"י] = Neof gl, FTs and v 24, below; MT יִפְרֹץ בָּהֶם יהוה; the phrase יתקוף רגז is the common translation of the Heb חָרָה אַף.

24. ואחוז] = Syriac; > MT; but prh only an associative translation under the influence of Exod 4:14; 7:1,2; *et passim*.

25. מן טורא] = PTs; > MT; prh under the influence of v 14, above.

וקרימו...דבירייה] = PTs; > MT. The Heb ויאמר אֲלֵהֶם is translated "*spoke* to them." The tgg are prompted by the use of ויאמר, as opposed to וידבר, to provide the missing speech; cf note to Gen 4:8, above, where the PTs provide the missing words of Cain; and cf *Mekhilta* (Vol. 2, p. 227), for two alternatives of what Moses said to the people.

20:1. ושבח דבירייה] = PTs; MT הדברים; cf Neof gl, FTs, PsJ Exod 15:1 שבח שירתא, (MT הַשִּׁירָה).

2. *Note*: The introductory midrashic passage to this verse is shared by MS S, Neof, FT(P), PsJ, MV (pp. 337–343, indicated for all of the ten commandments), and various other maḥzor MSS. The expansion was originally intended only for the first two commandments, which according to rabbinic tradition were spoken by God Himself, viz. their being written in the 1st person. This is also implied in the *Mekhilta* (Vol. 2, p. 228), and is explicit in B. *Makkot* 24a, אנכי ולא יהיה לך מפי הגבורה שְׁמָעֲנוּם. Also cf *Mekhilta* to Exodus 20:14/17 (Vol. 2, p. 266), for a Hebrew parallel to the entire description, ראו דבר של אש יוצא מפי הגבורה ונחצב על הלוחות.

פרח וטאיס] Targumic doublet.

באויר] < Gk ἀήρ.

וכל...מנה] Cf v 15/18 וכל העם ראים.

ומתחקק...קיימה] Cf Neof Exod 32:16, חקוק על לוחיה....

עמי בני ישראל] = Neof, PsJ; ~ FT(P); cf Exod 22:17,18,27; Lev 23:21; Deut 24:6, below. On the importance of this direct address and the translation of the sg by the pl, for establishing the synagogal *Sitz im Leben* of the PTs, see A. Shinan, *Form and Content of the Agaddah in the "Palestinian" Targumim*... (Hebrew University, PhD Diss: Jerusalem, 1977); and published as: *The Aggadah in the Aramaic Targums to the Pentateuch,* (Jerusalem: Makor, 1979), pp. 192–196. According to Shinan, the purpose of this hortatory phrase is to alert the congregation to especially important laws.

פרקית...פריקין] = MSS S, G, Neof, PsJ; MT הוֹצֵאתִיךָ; see note to Exod 6:6, above, on this doublet + modifier.

מן בית שעבוד עבדייה] = MSS S, G, PsJ; ~ FT(P); MT מִבֵּית עֲבָדִים; cf the phrase ניר שעבודהון דמצראי in Exod 6:6,7, above.

3. ודבירא...משבח] This is written vertically in the right margin of the MS; see introductory note to the preceding v.

בר מני] = MS S, Neof, FT(P); MT עַל פָּנַי, meaning "before/ besides Me."

4. וצלם וצורה] Doublet; = MS S, and probably erased by a censor in Neof; MT פֶּסֶל.

5. ולטעוותהון] = MS S; MT (תעבד)ם, only pronominal suffix; this is a pejorative term for objects of idolatry; see note to Gen 31:19, above.

וקנאה...בקנאה] = MS S; ~ Neof, FT(P); MT קַנָּא; cf Nahum 1:2 אֵל קַנּוֹא וְנֹקֵם יהוה נֹקֵם יהוה..., as a possible source of this compounded doublet; also cf *Mekhilta* (Vol 2, p 244) בקנאה אני נפרע מהם.

ורשיעין, מרודין] = MS S, FT(P), PsJ; > MT. The word מרודין is of special theological significance, and comes to resolve the contradiction between the present v, "God

visits the guilt of fathers upon the children," and other vv, such as Deut 24:16, "Parents shall not be put to death for children, nor children be put to death for parents; a person shall be put to death only for his own crime"; cf B. *Sanhedrin* 27b (= B. *Berakhot* 7a), כשאוחזין מעשה אבותיהן בידיהן. Also, cf the end of the present v in Neof and FT(P), כד יהון בנייא משלמין בחטאה בתר אבהתהן.
דר[(2x) = PTs; > MT, but implied in the Heb שִׁלֵּשִׁים and רִבֵּעִים.

6. וחסד וטבו] Doublet; = MS S, Neof; MT חסד; for a possible source of this doublet cf Neof Gen 24:49; 47:29 (חסד וטבו = MT חסד ואמת).
צדיקייא, דאורייתי] = MS S, Neof gl, and similar phrases in Neof and FT(P); > MT; this is a form of targumic embroidery around the Heb text. For the phrase נטרי מצותא דאורייתי, cf Lev 22:31, below.

7. וישתבע ... דשקר] = MS S; ~ Neof gl; MT תִשָּׂא אֶת שֵׁם יהוה אלהיך לַשָּׁוְא. Note the shift to 3rd person, the addition of *memra*, and the use of דשקר "false" to translate the Heb שָׁוְא, usually "in vain." On the problems inherent in this last point, see the extensive note in Orlinsky, *Notes,* pp. 175–176.
ית חייביה ... רבה] = MS S; ~ Neof, Neof gl; > MT; for another reference to the Day of Judgement, see the PTs to Gen 4:7.

8. וזהירין] = MS S, and Neof gl Deut 5:12; MT זכור; expect דכירין, as in Neof, FT(P), PsJ and O (דכיר). The reading זהירין is the influence of Deut 5:12 שמור את יום השבת; and may also reflect the midrash זכור ושמור שניהם בדבור אחד נאמרו (*Mekhilta* Vol. 2, p. 252).

10. ושובה ונייח] Doublet; = MS S, Neof, PsJ; MT שַׁבָּת.
וגיוריכון] = PTs; MT וְגֵרְךָ "stranger" (*Torah,* Childs). The term גיורא in the tgg often means proselyte, as is the common meaning of גֵּר in Mishnaic Heb. Also, cf *Mekhilta* (Vol. 2, p. 255), וגרך זה גר צדק.
ובקורייכון] = PTs; MT בשעריך, lit: "in your gates"; but cf Orlinsky, *Notes,* p. 176; and *Torah* "within your settlements."

11. וברא י"י ושכלל] = MS S, Neof gl; Neof ברא; MT עשה; this targumic doublet often translates the Heb vbs עשה/ברא, in the context of divine creation, e.g., Neof Gen 1:1; Neof gl Exod 31:17.
ימייה] Pl; = Neof; MT הַיָּם, sg; this change is possibly under the influence of the following pronoun בָּם, whose referents are "heaven, earth and sea."

12. והוון ... מנכון] ~ MS S, Neof, and less closely to FT(P); > MT; cf v 14/17, below חד מנכון; prh for additional emphasis.
ובאיקרת] Expect באיקריה, as in the parallel sources.
ודאבוי ודאמה] = PTs; MT אָבִיךָ, אִמֶּךָ, 2 pers.

13–14/17 The PTs all share the same expansive midrashic formula for the last five commandments, which adds a communal dimension to the very brief Heb prohibitions, ולא יתחמי בכנישתהון דישראל, a consequential element, namely the corruption of future generations, דלא יקומון בניכון, and the threat of a specific punishment that supposedly suits the crime, e.g., the sword for murder, or famine for theft. Note that the assignment of punishments varies among the sources, and that the present list is in agreement with Neof gl and PsJ, but not in full agreement with MS CC, Neof, FT(P), and MV. Also, cf *Mekhilta* to Exod 22:23 (Vol. 3, p. 144), for 3 of these punishments עצירת גשמים, גלות, חרב.

[74]

14/17 ‏ולביתא, לאיתתא‎ ...] Note the added prepositional *lamed* for the accusative; cf FT(P) ‏לעבדיה, לאמתיה‎. Following the *itpa'el* ‏מתחמד‎, it is syntactically awkward, and prh ought to be translated "be covetous of ..."

‏ולא‎ ... ‏לא‎ ...] = Neof, FT(P); > MT; cf Gen 21:12; 43:14; Exod 19:12, above, for additional examples of the repeated negative particle.

15/18 ‏ואודזאעו‎] =Neof; MT ‏וַיָּנֻעוּ‎, "fell back" (*Torah*, Childs); cf *Mekhilta* (Vol. 2, p. 269) ‏אין נוע בכל מקום אלא זיע‎. The superlinear *'ayyin*, provides the letter required by the quadriliteral root ‏זעזע‎, namely ‏ואזדעזעו‎, with the deletion of the second *'aleph*. Cf Exod 19:18 (MS F), above.

‏להון‎] = Neof, FTs; > MT; cf Exod 15:8 ‏קמון להון‎, MT ‏נִצְּבוּ‎; see note to Gen 2:20, above.

‏ומצליין‎] = FT(P); > MT; cf Exod 19:8,9, ‏בצלו‎.

17/20 ‏ואתגליית‎ ... ‏די"י‎] = Neof, FT(V); MT ‏בָּא הָאֱלֹהִים‎; see notes to Exod 19:9, ‏ממרי מתגלי עליך‎, and to Gen 35:13, on the appellation ‏יקר שכינתה‎.

‏ואורייתא‎ ... ‏בפמיכון‎] MT (‏לְמַעַן תִּהְיֶה‎) ‏יִרְאָתוֹ עַל פְּנֵיכֶם‎; this is an (intentional?) associative translation, ex homoio-archon, based upon Exod 13:9, ‏למען תהיה תורת יהוה בפיך‎; cf Neof, *ad loc*. Also cf FT(V) ‏דתיהוי דחלתא די"י בפומ[כו]ן‎ — an illogical mixed image.

18/21 ‏שרייה‎ ... ‏די"י‎] = Neof, FT(V); MT ‏אֲשֶׁר שָׁם הָאֱלֹהִים‎.

20/23 ‏ולמכעסה קדמי‎] MT ‏אִתִּי‎; Neof, FT(V) ‏קדמיי‎; prh the influence of Deut 4:25; 9:18, ‏להכעיסו‎, Neof ‏למכעסה קדמוי‎ in the same context of idolatry.

‏וטעוון‎] = PTs; MT ‏אֱלֹהֵי‎; see note to Gen 31:19, above.

21/24 ‏קביע בארעא‎] ~ PTs; MT ‏מִזְבַּח אֲדָמָה‎; cf *Mekhilta* (Vol. 2, p. 284) ‏מזבח מחובר באדמה‎.

‏ולשמי‎] = PTs; MT ‏לִי‎; see note to Gen 28:22.

‏ו[נ]כיסת קודשיכון‎] = PTs; MT ‏שְׁלָמֶיךָ‎; this is the standard targumic rendering of Heb ‏שלמים‎, whose meaning is uncertain, see Orlinsky, *Notes*, p. 177.

‏ותדכרו[ן]‎ 2 pers; = PTs, Syr; MT ‏אַזְכִּיר‎ 1 pers. The *Mekhilta* (Vol. 2, p. 287) interprets the second half of the v as a reference to prayer in synagogues, without explicitly changing the subject of the vb; and cf Neof gl, ‏[כל] אתר דאת קאים לצלוי'‎.

‏וקדישה‎] = Neof gl, FT(V); > MT; cf Exod 6:3, above.

‏וממרי מתגלי עליכון‎] = PTs; MT ‏אָבוֹא אֵלֶיךָ‎; see note to Exod 19:9, above.

22/25 1° ‏ותבנון‎] = Neof; MT ‏תַּעֲשֶׂה‎; prh the influence of the following vb.

‏ויתהון‎] = PTs; MT ‏אֶתְהֶן‎ fem; expect ‏יתהן‎.

‏עליהון‎ ... 1° ‏פרזלא‎] ~ Neof; = FTs; MT ‏כִּי חַרְבְּךָ הֵנַפְתָּ עָלֶיהָ‎; this explanatory expansion, with the repeated word ‏פרזלא‎, reflects the parallel v in Deut 27:5, ‏לֹא תָנִיף עֲלֵיהֶם בַּרְזֶל‎.

23/26 1° ‏ואתון‎ ... ‏מדבחי‎] = PTs; > MT; this introduction sets the present verse apart from the rest of the chapter that was addressed to all of Israel. Only the priests were allowed to ascend the altar.

‏ורקיימין ומשמשין‎] On this targumic doublet, see the note to Exod 19:22, above.

‏ואשר‎ ... ‏עליו‎] = Neof gl; Heb not translated; but it is translated in MS FF, Neof, FT(V), PsJ, O. This is *not* one of the passages listed in the last mishnah of *Megillah* as being "read but not translated." Nevertheless, some meturgemanim apparently felt it unseemly to translate into the vernacular, "the priests exposing their nakedness upon the altar."

[75]

C.U.L. MS T-S AS 70.206
Exodus 19:1

> See introductory note to MS J, above. Only readings that differ significantly from MS F will be commented on.

2. וכוינו] See note to MS J.

7. ודישראל] MT העם; expect דעמא.

B.N.U. Strasbourg Ms 4017
Exodus 19:25

> See introductory note to MS J.

20:2 ולמפדין] < Gk λαμπάς.

> ולמפד דאשא] For the parallelism, we expect the additional words מן שמאליה, as in MS F.

12. ויסגון] Expect the relative _ד or די, but see note to MS F Exod 19:9, above מן בגלל ישמעון.

MS Mosseri VI, 59
Exodus 19:25

> ותרגום אלדבאריה ...] This heading is in Judeo-Arabic; see the note on the heading to Exod 12:21(MS AA, T-S B 13.4). For this small fragment, see the notes to the parallel vv in MS F.

Oxford Ms. Heb. d73
Exodus 20:13

> See introductory note to MS F vv 13–14/17, above.

13/15 וגו] This might imply that the entire formula כד הווה נפק מן פם קודשא ... (see MS F, v 2) was intended, as also indicated in MV, for all ten commandments.

J.T.S. MS 605 (E.N.A. 2587), fol. 30
Exodus 20:2

> *Note*: This is a very expansive embroidery, in prose, around an *incomplete* literal translation that resembles Onqelos. There is no literal translation preserved for v. 2, and only a *lemma* without any translation for v. 3. Verses 4–6 are missing entirely. The words לא תימי at the beginning and the end of v. 7, are the same as Onqelos, (but also FT[P]), and serve as a frame into which the expansion was inserted.

2. ומחת ... מצראי] Cf O Exod 3:20, ואשלח ית מחת גבורתי ואמחי ית מצראי.

7. ולא תימי: לא תשתבע] These are two distinct translations; see introductory note to this MS.

> ולמגנא ... לשקרא] This combines two interpretations of the Heb לשוא; see Orlinsky, *Notes,* pp. 175–176.

> ולא הוא] Expect ולית הוא or וליתוהי.

וכטעות] See note to Gen 31:19, above.

ורמן ... נפיק] = O Deut 32:4.

8. ויום אפקותך] Cf Deut 5:15, which ties in the Sabbath of the fourth Commandment with the Exodus from Egypt.

Leningrad MS Antonin Ebr. III B 67, fol. 2

and

Oxford Ms. Heb. f33, fol. 26

Acrostic Poems to Exodus 20

> See the introductory note to the poems to Exodus 12, and the expanded footnotes to the English translation.

C.U.L. MSS T-S 20.155; T-S AS 63.51

Exodus 20:21/24

> Part of this MS was first published by P. Kahle in *Masoreten des Westens* II, pp. 1–5. For a recent description, and nine additional fragments see M. L. Klein, *HUCA* 50 (1979), 149-164. The present edition contains two new fragments (AS 69.241 and NS 286.1), discovered after 1979.

21:1. ה] This marks the beginning of the 15th triennial *sidra* in the Book of Exodus. This and the number 16 at Exod 22:24, correspond to the short cycle of 141 *sidrot* attested only in the Bible Codex 1260; see I. Joel, *Kiryath Sepher* 38 (1962), 122–132; and M. L. Klein, *J.J.S.* 32 (1981), 66–67. The use of the ciphers יה and יו for 15 and 16 are indications of the early date of the present MS. Later pietists (precise date unknown) substituted טו and טז for these ciphers in order to avoid the profane use of God's name יה (cf e.g., Exod 15:2; 17:6). See note to Exod 22:19, below on the tetragrammaton in MS A.

2. ומן] לוותך > MT; an associative translation, under the influence of Deut 15:12–13, תשלחנו חפשי מעמך.

6. ולתרע בית דינא] = Neof gl; MT הדלת; this corresponds to the common targumic and midrashic interpretation of the preceding word אלהים as דייניה "judges"; cf Exod 22:7, below.

13. וקורייא] שיזבא] ~ Neof; > MT; cf Num 35:10–15, 22–28.

14. ואפילו] ... ועל גבי מדבחא] > MT; reconstructed on the basis of full parallels in Neof, FTs and a fairly close parallel in PsJ. This is in agreement with R. Ishmael, *Mekhilta* (Vol. 3, pp. 37–38), ללמד על הרציחה שתרדחה את and מגיד שמבטלין עבודה מידו ויוצא ליהרג העבודה. This is in contradiction with R. Akiba, B. *Yoma* 85a מעם מזבחי ולא מעל מזבחי; see Introduction, p. xxxiii, for a further discussion of Halakha and the Palestinian tgg.

16. ובין ידוי] = Neof gl; MT בְּיָדוֹ; see note to Gen 39:4, above.

17. ודימבזי] MT מקלל; reconstructed after FT(V); PsJ, O ודילוט "he who curses" (= RSV; but *Torah*, "repudiates").

18. ולאבן] Expect באבן, as in MT, Neof and the parallel במרתוק.

ולבוש] MT למשכב; PsJ has the semantic equivalent למרע; Neof and FTs preserve the literal translation in לערס מרע.

19. ויתלך] = ויתהלך; on the disappearance of the *hê,* see Kutscher, *SGA,* pp. 82–83. (Kahle's reading ויהלך is incorrect).
ואגור] ... יתה] Explanatory; ~ Neof; MT שִׁבְתּוֹ יִתֵּן וְרַפֹּא יְרַפֵּא.

20. ומתקנסה יתקנס] = FT(P); ~ Neof gl; FT(N) מתקנמא יתקנם; מתקנמא יתקנם FT(V) מתקנמא יתנקם; the latter two, FT(VN), are clearly scribal errors; MT נָקֹם יִנָּקֵם. The confusion is due to the similarity of קנס, קנם and נקם. If קנס is taken here in its most frequent meaning of "monetary fine," then the targum disagrees with R. Nathan and R. Akiba (*Mekhilta,* Vol. 3, pp. 60–61; and B *Sanhedrin* 52b), who interpret נקם as "death by the sword." The verb קנס is rarely attested in the context of a "death penalty," e.g., B *Baba Bathra* 75b, וקנסתי מיתה על אדם הראשון, and B *Abodah Zara* 8a, ... אדם הראשון קנסא דשבתא ... אמר זו היא מיתה שנקנסה עלי מן השמים. Other examples are PsJ Num 15:32 אנא ואתקנס דין קטול 35:25; אתקנס ליממת בשתא ההיא; Deut 32:50 לא אשתמודע להן עֲנֹשׁ יֵעָנֵשׁ מתקנס למנת. It is, however, unlikely that this is intended here, since in v 22 is translated ומתקנסה יתקנס (= Neof, FT(P), PsJ), and there it can only mean "monetary fine." Also the noun כֹּפֶר, in v 30, is translated קנס ורמ]מון (= Neof, PsJ).

21. וזבינות] Explanatory; = Neof; ~ PsJ; > MT.

22. ועל פם דיניא] = Neof; ~ PsJ, O; cf *Mekhilta* (Vol. 3, p. 66) ואין פלילים אלא דיינין; MT בפלילים, the meaning of which is not clear, cf Orlinsky, *Notes,* p. 179.

23. ויתן] = Neof; MT וְנָתַתָּה, 2 pers.
ותשלומי] = Neof; MT תַּחַת; the use of תשלומי in vv 23–25, rather than תחות or חולף as in vv 26,27,36,37, may reflect the rabbinic interpretation of monetary compensation, rather than death or physical mutilation; cf *Mekhilta* (Vol. 3, p. 67) נזקי אדם בתשלומין and רבי אומר ונתתה נפש תחת נפש ממון.

30. וקנס ורמ]מון] = Neof, PsJ; MT כֹּפֶר "ransom." See note to v 20, above.
וישוי] MT יוּשַׁת, passive; Neof ישתוי (2x).

31. ובר דכר, ברא נקבה] = Neof; MT בֵּן, בַּת; see note to Gen 30:21, above.
וכסדר דינא] =Neof; MT כמשפט; see note to Gen 38:26(MS D), above, on the various meanings of this phrase.

34. ותהווי] MT יהיה, masc.

37. ואו יכוס] MT וטבחו, *waw;* Neof ויכס.

22:1. ולית לה תבוע אדם] MT אין לו דמים, "he does not have any bloodguilt," the referent being the killer, i.e., the homeowner. Cf Neof, PsJ לית ליה חובת שפיכות אדם זכיי. The present interpretation takes the Heb לו to refer to the housebreaker. The Aram תבוע אדם is the equivalent of the Heb גואל הדם; cf Neof Num 35:19,21,24.

3. ומשכח]ה] תשכח] MT הִמָּצֵא תִמָּצֵא, passive; expect משתכחה תשתכח, as in Neof.
ובחיין] = Neof; MT חיים, without preposition.
ובדיפלה] < Gk διπλός.

4. ויבקר] MT יַבְעֶר, which is interpreted by most of the versions (LXX, Syr, Sam tg, Onq, PsJ) as "cause [the flock] to graze/devour." This is also the rabbinic interpretation (M *Baba Qama* 1:1 and B. *Baba Qama* 2b, ובער זו השן); most modern translations

endorse this view (*Torah,* RSV, KJV). Not so Neof, which translates the Heb בער with יקד, in all three instances in the present v, ארום יוקד גבר חקל או כרם וישלח יקידתא ויוקד בחקלא דחורן. The present MS employs יקד in the latter two instances, which argues for the first יבכר meaning "clear the field [with fire]"; cf G. Schelbert, *V.T.* 8(1958), 256–259; and J. Heinemann, *J.J.S.* 25(1974), 117–119. Note that Neof gl and PsJ read יפקר, which is probably related to "letting loose for grazing," cf FT(V) Gen 13:7 רעיי דלוט לא הוון זמנין בעירהון אלא מפקרין ואזלין. But this does not affect the meaning of Neof or the present MS, which conclude with וישלח ית יקידתה ויוקד ... .
ויוקד] With Schelbert; Kahle's reading ויוכל is erroneous (*MdW* II, p. 3).
בית שפר] (2x) = Neof; MT מיטב; see note to Gen 30:40, above, on the use of בית in the PTs for "place of." Also, cf Neof Gen 23:6 בבית שפר קברינן (MT במבחר קברינו).

5.   ותיכול] ~ Neof; MT וְנֶאֱכַל, passive; cf following v.

6.   ויגנבון] = Neof; MT וְגֻנַּב, passive; contrast Neof gl, O ויתגנבון, and PsJ ומתגנבין.

7.   דיינייא] = Neof, PsJ, O, here, in v 27, below, and in Exod 21:6, above; cf *Mekhilta* (Vol. 3, p. 14) אל האלהים אצל הדיינין.
בקמתה] Expect במקמתא, with a preformative *mem,* as in Neof here and in v 10. Also see Jastrow, *Dictionary,* p. 831b, s.v. מקמא.

8.   אוסטלי] < Gk στολή; contrast this form with אסטליתה, in v 26.

9.   ולית דחמי] = Neof; MT אין רֹאֶה, without *waw* and relative pronoun.

10.   חברה] MT בעליו; probably under the influence of the preceding רֵעֵהוּ; expect מריה/מרוי as in Neof and in the following v of the present MS.

12.   וייתא אב[ר]וי] ~ Neof gl, FTs; MT יְבִאֵהוּ "he shall bring it"; since it was torn by beasts only some of its limbs can be brought; cf *Mekhilta* (Vol. 3, p. 125) — only there, the midrashim are based upon various interpretations of the word עֵד. Also, cf B. *Baba Qama* 10b, 11a.

14.   מרה] There is some illegible writing above the line; and the superlinear *lamed* may actually be a *waw*. Perhaps the intended correction was מרוי, as in v 11, above.
[אגריה] באפסדה] This reconstruction and its translation follow the more explicit versions in Neof gl and the FTs ייזיל אגריה בפסדה; MT בָּא בִּשְׂכָרוֹ, the meaning of which is unclear, cf Childs, *Exodus,* pp. 444, 449; and Orlinsky, *Notes,* p. 181.

15.   וישמש] MT וישכב; see note to Gen 30:15, below.
מפרנה יפרן] < Gk φερνή.

16.   דלא] = Neof gl; redundant negative; > MT; see note to Exod 19:12.

17.   עמי [בית ישר]אל] ~ Neof; > MT; see note to Exod 20:2, above, עמי בני ישראל; the present reconstruction is based upon the following v.
חרש וחרשה] = Neof; MT מְכַשֵּׁפָה fem only; cf *Mekhilta* (Vol. 3, p. 133) מכשפה לא תחיה אחד איש ואחד אשה.

19.   [קודם] ...קדם] = Neof; MT לאלהים... ליהוה. Note the parallel use of קדם for idolatry and worship of the Lord; see M. L. Klein, *J.Th.S.* 30 (1979), 502–507.
טעוון אח[ר]ניין] = Neof, PsJ, O טעוות עממיא; MT אלהים; these are all pejorative; see note to Gen 31:19.
ואלאל] This rare form is attested in Gen 24:4, above; the more common form is אלאהן.

ויהוה] The present MS uses the tetragrammaton in the Hebrew *lemmata* (Exod 4:11; 22:10) as well as in the Aramaic translation (vv 22,26, below). See the note on the cipher יה, at Exod 21:1, above. All the other MSS in the present collection, which are later than MS A, and not in the form of a Torah scroll, use substitutes or abbreviations such as אדני, יי, י״, °י; cf M. Bregman, *Tarbiẓ* 52/2 (Jan–Mar, 1983), 205–206.

20. ותדחקון] MT תלחצנו; expect accusative pronoun יתיה/יתהון, as in Neof.

22. ויהוה... דיהוה] MT כי אם צָעֹק יצעק אלי שָׁמֹעַ אשמע צעקתו; this is a compound associative translation under the influence of v 26, והיה כי יצעק אלי ושמעתי כי חנון אני; Deut 15:9 וקרא עליך אל יהוה; and Deut 24:15 ולא יקרא עליך אל יהוה; for a detailed analysis, see M. L. Klein, *Eretz-Israel* 16 (1982), 137*.

אמר ממרה דיהוה] > MT here, and in all of the associated verses cited in the preceding note. The phrase אמר יי is the common translation in the PTs of the Heb אני יהוה, e.g., Neof Lev 18:5,21; 19:12,14,16,18.

23. ודלא יתקוף] = Neof; MT וְחָרָה; the addition of the negative particle is to divert the harsh punishment from Israel; see notes to Gen 49:7 and Exod 17:11, above.

24. יי] See the note at the beginning of Exod 21:1, above.

דבעמכון] = Neof gl, FT(V); MT עִמָּךְ/עַמָּך "among you"; a play on the word עַמָּך/עִמָּך, under the influence of the word עַמִּי in the preceding phrase. Cf note to Gen 22:5, above.

שערין ורביין] Doublet = Neof; ~ Neof gl, FT(V), PsJ; MT נשך. The source of this targumic doublet is the Heb נשך ותרבית/מרבית in Lev 25:36,37; (Neof שערין ורביין; ~ FTs).

25. וגבר] > MT.

26. למשך בשרהון] ~ Neof; MT לְעֹרֹו; cf Neof (~ FT[P]) Gen 3:21, ועל משך בשרה.

וארום אין יצווח] MT והיה כי יצעק; but v 22, above, כי אם.

בקל צלותה] = Neof, Neof gl; > MT; cf v 22 צעקתו.

חנן ורחמן] Doublet = Neof; MT חנון; based upon the common Heb doublet חנון ורחום, e.g., Ps 111:4; 112:4; 145:8.

אמר ממרה דיהוה] > MT; see note to v 22.

27. עמי בני ישראל] > MT; see note to Exod 20:2, above.

דייניכון] = Neof, PsJ; ~ O; MT אלהים; see note to v 7, above; and cf *Mekhilta* (Vol. 3, p. 152), אלהים ... אין לי אלא דיין.

ותבזון] After Neof; MT תקלל; see note to Exod 21:17, above.

ורב]ה] = Neof; MT נשיא; this is a common translation in the PTs (רבה/רב).

23:2. Reconstruction after Neof, FTs, PsJ; the converse כרם אילהין למייטבא is not in MT; but cf *Mekhilta* (Vol. 3, p. 161) ממשמע שאין אתה הוה עמהם לרעה אבל אתה הוה עמהם לטובה.

8. שמר//] Prh a more suitable reading for these letters is שחד//.

11. ובשתה שביעיתה] = Neof; ~ Neof gl; MT וְהַשְּׁבִיעִית; cf Neof Exod 21:2 ובשתא שביעיתא (MT וּבַשְּׁבִעִית); also cf Lev 25:4 and Deut 15:12 for the full Heb phrase וּבַשָּׁנָה הַשְּׁבִיעִת.

תשמטון, תבקרון] Reconstructed after Neof and FT(P). The single word תשבקון in the lower margin of this column is probably a gloss with an alternate reading; cf MS E, above, and Neof to Gen 31:28 ולא שבקת יתי (= MT וְלֹא נְטַשְׁתַּנִי).

12. |ותנחון[, דתניח, ויתניח[After Neof; but MT תִּשְׁבֹּת, יָנוּחַ, וְיִנָּפֵשׁ, three distinct Heb roots.

13. |דטעוון ~ Neof; MT אלהים; see Exod 22:19; and the note to Gen 31:19, above.

C.U.L. MS T-S B 6.6
Exodus 39:23

23. |[ס[ורא = Neof, here and in Exod 28:32; MT תַחְרָא is of uncertain meaning; cf PsJ, O שיריו/שיריא "armor"; and see note in Childs, *Exodus,* p. 527.

24. |[ו[צבע זיהורי טבא Whereas צבע זיהורי is the standard targumic equivalent of the Heb תּוֹלַעַת שָׁנִי, the adj טבא is additional; cf v 29, and Num 19:6, below; also see note to Gen 30:11, above.
    |בוץ = Neof, Syr; > MT; probably under the influence of the very common Heb phrase שֵׁשׁ מָשְׁזָר, e.g. vv 2,5,8,28,29, of the present chapter.

25. Reconstruction based primarily on the following v and Neof.

26. |מן חזור חזור[= Neof; MT סביב; see note to Gen 41:48, above.

27. |גרדיי < Gk γέρδιος.

29. |המינא < Persian *hamyān* (cf F. Rosenthal, *A Grammar of Biblical Aramaic* (Wiesbaden, 1968), par. 189, p. 58).
    |טבא > MT; see note to v 24, above.

30. |ולשמא דאדני = Neof; MT ליהוה; see note to Gen 28:22, above.

33. |פרפוי < Gk πόρπη.

34. |דסעסגונין MT הַתְּחָשִׁים, the meaning of which is uncertain; *Torah*: "dolphins"; see Childs, *Exodus,* p. 523. The common spelling in the PTs is ססגונין, without the *'ayyin*.

36. |לחם סדרן[אפיא ~ Neof gl (here, and at Exod 25:30); the word order is reversed in Neof סדור לחם אפיה; MT לֶחֶם הַפָּנִים; cf Exod 40:23, and Lev 24:5-9, for the repeated use of עָרַךְ "to arrange," and מַעֲרֶכֶת "order/arrangement" of the bread (tgg סדר); also see note to Gen 15:1 (line 2), above, למסדרא סדרי קרבא; cf סדרי קרבנין in Lev 22:27, and סדרי מועדוי in Lev 23:2,4, below.

37. |ואנהרותה > MT; in Neof it is misplaced and describes the lamps בוציניה דאנהרותא, translating the word המערכה! The source of this associative translation is the Heb phrase מְנֹרַת הַמָּאוֹר (Exod 35:14; Num 4:9), perhaps under the influence of the end of the present v, שמן המאור.

C.U.L. MS T-S NS 10.17,18
Exodus 40:9

10. |ותרבי = Tgg; MT וּמָשַׁחְתָּ; see note to Gen 31:13, above.

13. |וישמש קדמי = Neof (with addition), PsJ, O; this is the common targumic equivalent of the Heb vb כָּהַן, under the influence of the semantically related vb שָׁרַת, in the same priestly context, e.g. Exod 29:30; 39:26; Deut 10:8.

19. ‏ופרסא‎] = Neof, PsJ, O; MT ‏הָאֹהֶל‎, which is usually translated ‏משכנא‎ (e.g., Gen 31:25; Exod 39:33, above, and further on in the present v). The tgg use a different word here, in order to avoid the illogical statement that the ‏משכנא‎ was spread over itself.

21. ‏על 1°‎] Scribal error; MT ‏אל‎; Neof ‏לגו‎; Neof gl, PsJ, O ‏למשכנתא‎.

25. ‏ו(ו)אדליק‎] = PsJ, O; MT ‏וַיַּעַל‎; *Torah* "lit," but in Exod 25:37 and Num 8:2 "*mount* the lamps," changed in 2nd ed. to "kindle." Contrast Neof ‏ואעל‎(!); Neof gl ‏וסדר‎.

C.U.L. MS T-S NS 182.69

Tosefta Leviticus 1:1

> This tosefta has parallels in Neof, FTs and PsJ.

Tosefta Leviticus 10:19,20

> This tosefta has parallels in Neof gl, FTs, and in abbreviated form in PsJ.

20. ‏מן‎] Expect ‏ושמע‎, as in the parallel sources; reading uncertain.

‏ו(אגר) סגין‎] The reconstruction ‏אגר‎ is based upon Neof gl and FTs, but it does not fit the plural form ‏סגין‎; Neof gl, FT(V) ‏סגי‎.

Oxford Ms. Heb. e 43

Leviticus 22:26

Colophon ‏הדפתר‎] < Gk διφθέρα; although it may have come to the present MS via the Arabic.

‏ותרגום ... לחנוכה‎] Contrary to this claim of the colophon, the MS does not contain the readings for Sukkot, the High Holidays and the minor festivals Purim and Hanukah. See the discussion in the Introduction, p. xxiii, above.

27. This midrashic expansion has close parallels in all of the PTs, (Neof, Neof gl, FTs, PsJ). It comes at the beginning of a festival reading, which, like the opening verses of the triennial *sidrot*, attracted expansive introductions. See the note to Gen 15:1, above.

line 2. ‏ו(דת(ת)דכר לזן: זמן)‎] There seem to be several scribal errors in this opening phrase. The scribe may have intended an *itpe'el*, which is unnecessary, cf, e.g., Lev 26:45 ‏וְזָכַרְתִּי לְהֶם‎, Neof ‏ואדכר להון‎. The colon and the word ‏זמן‎ also seem to be mistaken, and are missing from the versions in Neof and the FTs; but cf the similar compound ‏זמן סדרי מועדוי‎, in Lev 23:2, below.

‏סדרי קרבנין‎] See note to Exod 39:36, above.

line 4. ‏ודי גרמו ... עינין‎] = Neof gl, FTs; our interpretation and English translation are supported by the traditional festival and high-holiday *musaf* prayer ‏ומפני חטאינו גלינו מארצנו ... ואין אנחנו יכולים לעלות ... ולעשות חובותינו ... מפני היד שנשתלחה במקדשך‎. Cf Klein, *Fragment-Targums*, Vol. 1, pp. 24,25.

line 5. ‏פטיר בולי‎] < Gk πατρόβουλη; this might reflect Gen 23:6, ‏נְשִׂיא אלהים אתה בתוכנו‎.

5,6. ‏ורהט ... יתיה‎] This is almost a literal translation of Gen 18:7; cf Neof there.

line 7. ‏פטירין‎] = Neof Gen 18:6; this is the common targumic equivalent of ‏מַצּוֹת‎. Cf *Ber. R.* (*ad loc*, p. 490), ‏פרס פסח היה‎, therefore the unleavened breads; also, cf Gen 19:3, ‏וּמַצּוֹת אָפָה וַיֹּאכֵלוּ‎.

‏(זכא ... ליצחק)‎] Gen 18:10.

line 8. וֹרישירא] = PsJ; cf B. *Abodah Zara* 25a, זה אברהם יצחק ויעקב שנקראו ישרים. The other PTs have variant readings, e.g., Neof דגברא יחידה, which reflects Gen 22:2, יְחִידְךָ.

line 10. וֹוחמא] ... מרוממייה] Cf *Ber. R.,* Gen 27:1 (p. 719) ותכהין עיניו מראות ... שבשעה שעקד אברהם אבינו את יצחק תלה עיניו למרום והביט בשכינה.

line 11. אזדמן] ... לעלתה] Gen 22:13.

line 12. ודתמימה] Cf Gen 25:27, ויעקב איש תם.

12,13. ותפשילין, תפשילוי] = תבשילין; ב/פ, cf Kutscher, *SGA,* p. 17. For additional examples of the form תפשילין, see Neof gl Gen 27:4 (= FT[V]), 7,9,14,17.

line 14. סדר ברכתא] See note to Gen 48:20(MS D), above.

line 15. עמי בני ישראל] See note to Exod 20:2, above.

line 16. מתרובי] = Neof; > MT; explanatory.

בתר] = PTs; MT תַּחַת.

line 17. יהוי] ... יתיה] = Neof, FTs; MT יֵרָצֶה.

קורבן קדם י׳י] MT לִיהוה אִשֶּׁה לקרבן; this is a common targumic equivalent; cf e.g., Neof Exod 29:18,25,41; Lev 2:11,16; and Lev 23:13, below.

verse 28. עמי בני יש׳] = Neof; see note to Exod 20:2.

31. מצותה דאורייתי] = Neof; MT מִצְוֹתָי; cf Exod 20:6, above, and Neof gl there.

די ... דאוריתי] = Neof; ~ PsJ; > MT; possibly under the associative influence of Exod 20:6, וּלְשֹׁמְרֵי מִצְוֹתָי, and MT here וּשְׁמַרְתֶּם מִצְוֹתָי.

32. ויתקדש שמי מייקרא] = Neof; MT וְנִקְדַּשְׁתִּי; this reflects the rabbinic concept of קידוש השם; contrast Gen 15:1 (line 10), above, ויתחלל בי שם שמיא; cf *Sifra* (p. 99b), וכשהוא אומר ונקדשתי מסור את עצמך וקדש שמי.

עמי] = Neof; > MT; cf Num 20:12, below.

מימרי] Reconstructed after Neof gl.

33. פרקית ואפקית ... פריקין] = Neof; MT הַמּוֹצִיא; see note to Exod 6:6, above.

ממרי] Neof במימרי; and also at the end of the present v; > MT.

דפורקית ... יתכון] ~ Neof; > MT; for the idea of the deliverance from Egypt serving as a paradigm for future redemption, see Exod 12:42, and the toseftot to that v; see also the Poem to Exod 12:2, (MS JJ, line 25), דביה אתפרקו אבהן ובנין.

23:2. (2x) סדרי] = Neof 2°; ~ Neof gl; > MT; see note to Exod 39:36, above.

תארעון] = Neof, PsJ, and v 4, below; MT תִּקְרְאוּ taken as "hold/celebrate"; contrast *Torah,* "proclaim."

יומין ... קדישין] Doublet ~ Neof; MT מִקְרָאֵי קֹדֶשׁ; in this case the original Heb is a construct of two words, and the Aram doublet is a pair of constructs.

3. תעבדון] ~ Neof; = Neof gl; MT תֵּעָשֶׂה, passive; under the influence of the more common תַּעֲשֶׂה (Exod 23:12), לֹא תַעֲשֶׂה (Exod 20:10; Deut 5:14), תַּעֲבֹד (Exod 20:9).

שבה וניח] Doublet, ~ Neof; MT שַׁבָּת.

אתר מדוריכון] MT מוֹשְׁבֹתֵיכֶם; Neof בית מדוריכון; see note to Gen 30:40 above.

4. (1°) די תארעון יתהון] Anticipatory; under the influence of v 2; > MT in the first half of the v.

5. יומין] = Neof; > MT; cf v 24 בחד יום (MT בְּאֶחָד); v 32 בתשעה יומין (MT בְּתִשְׁעָה); and Exod 12:3; Lev 23:27 בעשרה יומין (MT בֶּעָשׂוֹר).

נכיסת] = Neof; > MT; the original reading is not legible, but faintly resembles מְכַס (= Neof gl); under the influence of Exod 12:27, זבח פסח הוא ליהוה.

6. וְנִיסָן] = Neof gl; MT הזה; cf Exod 12:2,6, above.

9. סֹ] This marks the beginning of a triennial *sidra*, and corresponds to the 20th *sidra* in Leviticus, according to the listing in MS Leningrad B 19ᴬ. See note before Exod 12:29, on the significance of *sidra* markers in the festival collections.

11. יומה ... דפסחה] = Neof, PsJ; O יומא טבא; MT הַשַּׁבָּת; *Sifra* מחרת יום טוב; LXX τῇ ἐπαύριον τῆς πρώτης ("on the morrow of the first day"); contrast Sam tg מבתר שבתה. See the fuller discussion below at v 15.

12. ותקרבון] MT ועשיתם; cf v 19, and Num 28:20, below; Neof ותעבדון ותקרבון, conflation(?).
    ושלים מן מום] ~ Neof; MT תמים; this is a common targumic equivalent; cf v 18; see the note to Exod 12:5, above.
    דכר] = Neof gl; > MT; according to Lev 1:10, the burnt offering must be male.

13. קרבן ... י"י] ~ Neof; MT אשה ליהוה; cf note to Lev 22:27 (line 17), above.

14. חדת] = Neof; PsJ ולחים וקלי ופירוכיין חדתין; *LXX* νέα (after "parched corn"); > MT; this is the rabbinic interpretation, cf M *Ḥallah* 1:1. See note in *Torah*, "I.e., of the new crop."
    וקמח] = Neof; > MT; explanatory.
    ועידן] = Neof gl; Neof עד זמן ד__; MT עד; see note to Gen 8:7, above.
    אתר בית] = Neof; > MT; see note to Gen 30:40, above.

15. יומא ... דפסחא] = Neof, PsJ; O יומא טבא; MT הַשַּׁבָּת; cf v 11, above. See *Sifra* (p. 100b), B. *Menaḥot* 65a,b, for the dispute between the rabbis and the Sadducees and Boethusians as to the meaning of "the morrow of the Sabbath." The sectarian calendar is described in the *Book of Jubilees,* and was employed by the Qumran sect, the Samaritans, and later by the Karaites. It was, therefore, the subject of extensive rabbinic polemics. For a convenient summary see *E.J.,* Vol 5, Cols 50–53 (esp col 52, "Fixing of the Omer").

16. מן דתמנון] = Neof; MT תספרו, without the preposition.
    מן חדתה] = Neof; PsJ דלחים חדת; MT חֲדָשָׁה; cf M *Menaḥot* 8:1 (9:1) חוץ מן העמר ושתי הלחם שאינן באים אלא מן הֶחָדָשׁ.
    חליין] = Neof, Sam tg; *LXX* δύο ἄρτους; ~ Neof gl; PsJ, O גריצן; > MT, haplograph.
    והנון] Added in the margin by a second hand; > MT.

18. ולחמה דביכורייה] MT הלחם; prh under the influence of v 20.
    ובני ... מום] ~ Neof; MT reverse order תמימים בני שנה; this is associative, following the more common בני שנה תמימים, e.g., Lev 9:3; Num 28:3,9,19.

19. ותקרבון] = Neof; MT ועשיתם; see note to v 12, above.
    ולנכיסת קודשיה] = Neof, PsJ, O; MT שְׁלָמִים; common targumic equivalent.

20. קודם ... 2° לכהנא] ~ Neof, Neof gl; MT ליהוה לַכֹּהֵן, both with the same prepositional *lamed*; see note to Gen 4:13, above. See Tosefta *Ḥallah* 2:7, for the concept of מתנות כהונה.

21. וחיין וקיימין כולכון] ~ Neof; > MT; see note to Exod 20:2, above, עמי בני ישראל, for similar exclamations which reflect the synagogal *Sitz-im-Leben* of the targumim.
    והך זמן] ~ Neof, Neof gl; MT בעצם; common targumic equivalent.

יום ... קדיש] = Neof; MT מקרא קדש; see note to v. 2, above.

אתר בית מדוריכון] See note to Gen 30:40.

22. ובחצדיכון] Expect ובחצדיכון with a *yod*, as in Neof; or without any vowel for the *dalet*.

אומנא] < Gk ὄγμος; = Neof, FTs Lev 19:9.

למחצוד] Infinitive = Neof gl; ~ Neof; MT בְּקֻצְרְךָ, with suffix; this is an associative translation based upon Lev 19:9, לִקְצֹר.

וכדין אמר] = Neof; MT אני; see note to Exod 22:22, above.

24. יום] (1°) ~ Neof; = Neof gl; > MT; see note to v 5, above.

שבת שבתן] ~ Neof; MT שבתון; cf v 39(2x), below; perhaps under the influence of v 32, MT שבת שבתון, with reference to the Day of Atonement.

27. צום] ~ Neof gl; > MT; in Neof it replaces the word יום; for the emphasis on fasting on the Day of Atonement, see the following 3 verses, where the Heb עִנָּה ("self-denial/mortification") is translated צום. In M *Yoma* 8:1, the abstention from eating and drinking are listed as the first two mortifications.

ותצימון ביה] = Neof; MT וְעִנִּיתֶם.

28. תע(שֹׁ)בדון] The scribe began writing the Heb תעשו, and corrected the error, by marking the *śin* with dots above and below.

וצום] = Neof; > MT; see preceding v.

29. כמסת ... צימה] ~ Neof, Neof gl, FTs, PsJ; MT תְעֻנֶּה; see note to v 27 (צום). This makes allowance for the sick etc. who are unable to fast; cf M *Yoma* 8:5,6.

מן גוא עמה] = Neof; MT מֵעַמֶּיהָ; influence of the following v, מִקֶּרֶב עַמָּהּ.

ותשתיצי] Neof תשתיצא *itpe'el*, as expected; MT וְנִכְרְתָה "be cut off." This is a common targumic equivalent; cf Num 19:13, below; also, cf *Sifra* (to v 30) כשהוא אומר והאבדתי לימד על הכרת שאין אלא אבדון.

30. ביום ... כפורייה] = Neof gl; MT בעצם היום הזה; expect הך זמן יומא הדן, as in Neof and in the preceding v.

32. ותצימון ביה] = Neof; MT וְעִנִּיתֶם; see note to v 27.

ויומין] = Neof, PsJ; > MT; see note to v 5.

תהוון ... בחדווה] = Neof, FTs; MT תִּשְׁבְּתוּ שַׁבַּתְּכֶם; a type of hortatory summary.

33. This frequently repeated sentence is abbreviated; cf v 26, where two words were abbreviated.

36. כנישת חדווה] ~ Neof; MT עֲצֶרֶת; cf v 32, for the added adverb בחדווה; prh under the influence of v 40 ותחדון, and Deut 16:14,15.

37. סדרי] ~ PsJ; > MT; see note to Gen 48:20, above.

סכום] = Neof; MT דבר; explanatory.

ביומייה] MT בְּיוֹמוֹ; expect ביומיה.

38. קודשוי] = Neof gl; > MT; Neof קרבניה די'י די אתון מקרבין בשובי קדשוי.

שבת שבתן] (2x) ~ Neof gl; MT שַׁבְּתוֹן; see note to v 24, above.

40. תרוגין...והדס] = Neof, FT(V); MT פְּרִי עֵץ הָדָר כַּפֹּת תְּמָרִים וַעֲנַף עֵץ־עָבֹת; for these rabbinic terms for the species, see M *Sukkah* 3:4. Note that תרוגין comes after the literal translation פרי אילן משבח.

41. וכבל שנה [= Neof; MT בַּשָּׁנָה, taken as a distributive *bet*; cf *New English Bible*, "every year," but *Torah* "in the year."

42. ויציבייה [= Neof; MT הָאֶזְרָח sg collective, viz pl vb יֵשְׁבוּ; see note to Gen 7:21, above.

43. ומן בגלל ידעון [For other examples without the relative particle ד/ר__, see Exod 19:19(MS F), מן בגלל ישמעון, and 20:12(MS S) מן בגלל יסגון.
בעננין היך מטלין [= Neof gl; ~ Neof, more elaborate עַנְנֵי אִיקַר שְׁכִינְתִּי; cf *Sifra* (p. 103a) בסוכות ענני כבוד היו (= B. *Sukkah* 11b).
ופריקין [= Neof, Neof gl, PsJ; > MT; see note to Exod 6:6, above.
כדן אמר [= Neof gl; MT אֲנִי; see note to Exod 22:22, above.

44. סדרי [= Neof; ~ Neof gl, PsJ, O; > MT; see note to Exod 39:36, above.
ואלף יתהון [= Neof; ~ PsJ, O; > MT; cf Deut 31:19 וְלַמְּדָהּ אֶת בְּנֵי יִשְׂרָאֵל Neof ואלף יתה ית בני ישראל.

C.U.L. MS Or. 1080 B 18.1
Numbers 19:1

תרגום פרה [This heading marks the Torah reading for Shabbat Parah, usually 1–2 weeks before the new-moon of Nisan. The preparation of the red cow and the water of lustration was necessary at that time, in order to make purification possible prior to the paschal sacrifice.

2. ווייתון [= Neof; > MT; explanatory.
שעבוד דניר [= Neof; MT עַל; for the reverse phrase ניר שעבוד, see Exod 6:6,7, above (MT סִבְלוֹת); probably a targumic doublet.

3. ורבה [= Neof gl; > MT; see *Sifré* (p. 153), for a debate whether the *high* priest was required to personally prepare the red cow; and also for the observation that Eleazar was not appointed high priest in his father Aaron's lifetime (see v. 1).
כהן ... חמי [~ Neof gl; MT והוציא אותה ... ושחט אתה לפניו, with ambiguous referents; the prepositions לעיניו, לפניו (v 5) argue for another priest in Eleazar's presence, cf *Sifré* (p. 153) שיהיה אחר שוחט ואלעזר רואה.

5. ו(ודי) ויוקד [Scribal error, prh on the basis of v 8, below.
קודמוי [= Neof; MT לְעֵינָיו; see M. L. Klein, *J.Th.S.* 30 (1979), 503–507, on the use of קדם in non-divine contexts.

6. ולשן דזיחורי טבה [MT שני תולעת; the common translation of this phrase is צבע זיהורי טבה; cf Exod 39:24,29, above. Cf M *Baba Meṣi'a* 2:1 ולשונות שלארגמן, for the use of לשון in the context of yarn. On the spellings זיחורי/זיהורי, see Kutscher, *SGA*, pp. 78–79.

7. ית [= Sam tg; > MT; cf following v.
מרחק מן קודשיה [~ Neof; > MT; for the same description of the ritually impure (MT הַטָּמֵא), cf Neof, FTs Deut 12:15,22; 15:22.

8. ית [= Sam tg; > MT; cf preceding v.

9. ויצנע יתה [= MT וְהִנִּיחַ; the English translation "conceal" may not be necessary; "deposit" or "place" may suffice; cf Deut 26:10, below. On the added pronoun, see note to Gen 2:19.

ולעם כנישתא = Neof gl; MT לעדת, under the influence of the very common compound phrase קהל עדת, see the note to Exod 12:3(MS HH), above.

ולמי הדיא = Neof gl; ~ Neof, O; MT למי נדה, *Torah* "water of lustration, lit: water for impurity" (= RSV); *New English Bible*: "water of ritual purification," see Orlinsky, *Notes*, pp. 234–235.

10. וקטמה] Expect *nota accusativi* ית, as in Neof; MT את אפר, and as in the preceding v.

11. ובטמא נפש] ~ Neof, Neof gl; cf v 13; and Deut 26:14, below; MT לְכָל נֶפֶשׁ; prh נפש ought to be translated "person" (= "body") in this context, rather than "soul," which presumably departed from the body, and can no longer be touched.

12. (ואין) (ולא] After Neof, PsJ; MT וְאִם לֹא; scribal error.

13. ותשתצא] = Neof; MT ונכרתה; see note to Lev 23:29, above.
     ודרק] = Neof gl; Neof אזרק; MT זֹרַק, passive; cf PsJ אזדריקו.
     ותוב] = PsJ; MT עוֹד "still" rather than "again"; for a similar mechanical translation, cf Gen 46:29, above, וַיֵּבְךְ עַל צַוָּארָיו עוֹד (MT ובכה על צואריה תוב "a good while").

14. וגזירת אוריתא] = Neof; MT הַתּוֹרָה; under the influence of v 2, חֻקַּת.

15. (וגופה דשיע) Reconstruction after Neof; cf O מגופת שיע.
     וחזר ומקף] A common targumic doublet for the Heb סביב, e.g., Neof Exod 25:11,24,25; 30:3; 37:26.

17. ועפר] = Neof gl, PsJ, O; following the Heb עפר literally; Neof קטמה, and the modern translations "ashes," with a footnote in *Torah* "Lit. 'earth' or 'dust'," cf *Sifré* (p. 165) ... וכי עפר הוא והלא אפר הוא.
     2° מן] > MT; prh a scribal error.
     ורחסף] = Neof; ~ PsJ דפחר; > MT; contrast *Sifré* (p. 165) מגיד שעשה בה כל הכלים ככלי חרש.

18. ומנוי] MT הַכֵּלִים, without possesive suffix.

20. הדיא] See note to v 9.
     וזרק] MT זֹרַק, passive; see note to v 13.

22. וכל] The *lemma* and the first word of targum are identical, therefore one was deleted by the scribe.

20:1. ועם כנישתא] = Neof; MT הָעֵדָה; see note to Num 19:9, above.
       וברקם] MT בְּקָדֵשׁ; this is the common targumic equivalent of קדש and קדש ברנע, e.g., Deut 1:2,19.

2. ותמן] = FT(P); > MT; associative translation, cf Num 33:14, ולא היה שָׁם מים לעם.
    ועמה] > MT; prh influence of the preceding and following vv.

3. וכמותנא...בה] = Neof gl; MT בִּגְוֹעַ, which is generally taken in a temporal sense, "*when* our brothers perished"; for a similar phrase, see Deut 33:6, below במיתותה דמייתון בה רשיעייה.

4. וכען] > MT, here and in the following v; see note to Gen 4:6, above.

5. ואעלתון] MT הֶעֱלִיתֻנוּ; expect אסקתון as in Neof and PsJ; probably a scribal error under the influence of the preceding v, and the similarity with the Heb root עלה.

[87]

וארעה] > MT.

ומזדרע] ~ Neof gl; > MT; in the Heb זֶרַע is a substantive, meaning "grain," in parallel with תאנה גפן רימון.

ולא °2, לא] (2x) = Neof; ~ Neof gl; MT conjunctive *waw*s, without negative particle; see note to Gen 21:12, above.

ואוף...לן] = Neof; MT וּמַיִם אַיִן; on the added pronoun, see the note to Gen 2:19, above.

6. ואתגלית...עליהון] = Neof; ~ PsJ, O; MT וַיֵּרָא...אֲלֵיהֶם; cf Gen 18:1, as quoted at Gen 35:9, above, ואתגלי עלוי ממרה די"י; also see note to Gen 48:3, above.

ויקר שכינתה די"י] ~ Neof, PsJ; MT כְּבוֹד יהוה; see note to Gen 35:13, above.

וקדמהון] ~ Neof; MT לִפְנֵיהֶם; see note to Num 19:5, above.

10. ועמה...מהימנין] ~ Neof, FT(P); MT הַמֹּרִים "rebels," from the Heb root מרה. The targumic interpretation takes ירה "teach/instruct" as the root — prh in order to minimize the disgrace of Israel; cf S. D. Luzzatto, *Ohev Ger,* §13, p. 9.

11. ואינון] > MT; influence of v 4, אנחנו ובעירנו.

12. ובגו] = Neof gl; MT לְעֵינֵי; cf Lev 22:32 ונקדשתי בתוך בני ישראל.

ועמי] = Neof gl; > MT; cf Lev 22:32, above.

ובשבועה] = Neof; MT לָכֵן; see note to Gen 4:15, above.

ועמה MT הקהל]; expect עם כנישתה as in vv 8,10,11.

13. ותתקף רוגזה MT וַיִּקְדֵּשׁ בָּם] "was sanctified"; this is the common equivalent of the Heb חָרָה אַף, which is not attested in any of the versions.

Oxford Ms. Heb. e 43
Numbers 28:16

מוסף פסח] This heading marks the additional reading for the First Day of Passover, describing the sacrificial offerings for that day. For similar headings, see Exod 12:21(MS T-S B13.4); 17:8; 19:1(MS F), above.

16. ונכסת פיסחה] = Neof, PsJ; MT פֶּסַח; cf Lev 23:5, above; this is a literal translation of Exod 12:27, זבח פסח הוא ליהוה.

17. ובחמש דעשר] Unusual construction, expect ובחמשת עשר.

18. יום...קדיש] Doublet, = Neof; MT מִקְרָא קֹדֶשׁ; see note to Lev 23:2, above.

19. וקרבנין] = Neof; MT אִשֶּׁה sg; see note to Lev 22:27 (line 17), on this translation.

וו[ו]שבעה] Deleted by the scribe, and added in the margin.

ושתהון] = Neof; MT שָׁנָה without suffix; cf v 27.

ושלמין מן מום] = Neof; MT תְּמִימִם; see note to Exod 12:5, above.

20. חתא...תקרבון] MT לַפָּר °1, distributive *lamed*; cf v 28, below.

וחתא] = חדא; also in the following v, and in vv 28,29, below. On ת/ד, see notes to Exod 12:4 (כמסד); and Exod 19:9, (ולחות), above.

ותקרבון] = Neof; MT תַּעֲשׂוּ; cf Lev 23:12,19, for the same translation.

21. ומכלתא] = Neof, Neof gl; > MT; explanatory.

כהדן...למניין] = Neof; > MT; prh under the influence of v 24.

22. ולחטאתה] = Neof; MT חַטָּאת, without preposition; the construct generally takes a *dalet* prefix.

24. כהדן סדרא] = Neof; MT כָּאֵלֶּה; see note to Gen 48:20, on the use of סדר in various targumic contexts.

מתקבל] = Neof, PsJ; > MT.

C.U.L. MS T-S AS 70.206

Numbers 28:22

24. ולשמיה די'י] MT ליהוה; see note to Gen 28:22, above.

Oxford Ms. Heb. e 43

Numbers 28:26

מוסף עצרת] This marks the additional reading for the Shavu'oth Festival (Weeks); see note before v 16, above.

26. מן חדתה] = Neof; ~ PsJ; MT חדשה (מנחה); see notes to Lev 23:14,16, above.

בזמני חגי] ~ Neof; MT, בְּשָׁבֻעֹתֵיכֶם, but taken to mean *"Feast of* Weeks."

27. קֹ] Scribal error marked in the MS by dots; anticipatory of the word קודם.

שתהון] = Neof; MT שנה sg, without the suffix; cf v 19, above.

28. ותקרבון ... חתא] ~ Neof; MT לַפָּר, distributive; see note to v 20.

וחתה/חתא] Inconsistent orthography in the same v.

ותקרבון] 2° = Neof; > MT.

29. See notes to v 21.

ועמי] See note to Exod 20:2(MS F), on the hortatory direct address עמי בני ישראל.

British Library MS Or. 10794

Deuteronomy 1:1

This fragment was described most recently by M. L. Klein, *Textus* 10 (1982) 26–36. It was first discovered and published by M. Gaster in *Gedenkbuch zur Erinnerung an David Kaufmann* (Breslau, 1900), pp. 222–224.

1:1 The targumic expansion to this v, has very close parallels in Neof, FTs, PsJ, and to a lesser degree in O. Its purpose is to explain the various toponyms in terms of historical events during the 40 years of wandering in the wilderness.

ואוכח יתהון] > MT; cf *Sifré* (p. 1) מלמד שהיו דברי תוכחות.

במדברא ... אורייתא] See Exod 19:1-20:18.

ובמשריא ... לכון] = Deut 1:5; cf B. *Ḥagigah* 6b; *Soṭah* 37b; and *Zebaḥim* 115b נאמרו בסיני ונשנו באהל מועד ונשתלשו בערבות מואב. The tg interprets the Heb בָּעֲרָבָה as a reference to the "plains/steppes" of Moab.

כד ... קודמיכון] Exod 14:21-22.

והוות ... שביט] Cf Acrostic Poem to Exod 14:29-31, above, (MS J.N.U.L. folio 5(3r) lines 6-10), on the division of the sea into 12 paths.

איסטרטין] < Gk στρᾶτα.

ארגיזתון ... דסוף] Cf Ps 106:7 וַיַּמְרוּ עַל יָם בְּיַם סוּף; and cf B *Erkhin* 15a עשר נסיונות ניסו אבותינו להקב"ה שנים בים ... אחת בירידה ואחת בעלייה.

ויליא ... דפארן] Num 13-14.

דיאמרתון ... קליל] Num 21:5. A play on the toponym Tophel, interpreted as תָּפֵל

[89]

"tasteless." Laban is also taken as a reference to the *white* manna, cf Exod 16:31.

בישׂרא ... ובחצורות] Num 11:13–23, 31–35.

חוביכון ... ועגלה]] Exod 32:1–14. The tg interprets the toponym Di-zahab as "abundance of gold," an allusion to the golden calf.

2.   Cf *Sifré* p. 8, אלו זכו ישראל לאחד עשר יום היו נכנסים לארץ אלא מתוך שקלקלו מעשיהם גלגל במספר הימים אשר. The *Sifré* also cites Num 14:34, המקום עליהם ארבעים יום ארבעים שנה תרתם ... יום לשנה ....

41.   ואחיןתן]] Reconstructed after Neof; but the meaning of the Heb וַתֵּהִינוּ is uncertain, and Neof gl, PsJ and O have other translations.

44.   עורייתא] ~ PsJ; MT הַדְּבֹרִים; prh under the influence of Exod 23:28 and Deut 7:20 הַצִּרְעָה. Onqelos is literal דְּבָרִיתָא, and Neof combines the two אוןרעייתא דדבריתה.

2:8   וכרד תורנגלה]] = Neof, FT(V), PsJ; unattested elsewhere — probably just a translation of the Heb גֶּבֶר "cock"; cf McNamara, *Targum and Testament,* p. 194, s.v. "Fort Tarnegolah."

13.   טרדא] Meaning unclear.

20.   וזמתניא]] After Neof and PsJ; prh a gentilic name.

23.   קפודקיא] < Gk Καππαδοκία.

30.   וי"י] MT + אלהיך.

3:4   וטרכונה] < Gk Τραχών; region in Syria SE of Damascus.

9.   וטברא] = טורא; on ו/ב, see the note to Gen 9:21, above.

ורסגי] Prh a scribal emendation; the reading דמסרי is shared by Neof, FT(N) and PsJ, and can at least be related by assonance to the Heb שְׂרִיֹן.

3:2(?)   וקודשא] This reading is not certain; contrast *Textus* 10 (1982), 31–32. The previously proposed connection with קודשא בריך הוא of Neof gl and FT(V) is doubtful, and would have required a much longer passage.

11.   ורמןלכא] = Neof; MT אִישׁ; on this translation, see the note to Gen 49:6, above.

14.   וקורייא] ~ FT(V); MT הגשורי, but not identified.

ואפיקרוס]] ~ FT(V); < Gk Ἐπίκαιρος; town E of the Jordan R (Dalman, Jastrow).

29.   1° פעור ... ונשב] This *lemma* consists of the entire verse!

פעור...בכיין] = Neof, FTs; ~ PsJ; cf Num 25:1–6, and especially PsJ v 5, ואדבקו (MT הנצמדים), and Neof v 6 בכיין.

4:20   שעבוןדהון דמצריא] MT מִמִּצְרָיִם; ומן] שעבוודהון דמצראי (MT ניר סבלת מצרים).

30.   ובסוף עקיב] Doublet = Neof; MT באחרית.

48.   ומלחיית] = Neof, FT(V); MT מֵעֲרֹעֵר; common targumic equivalent of Heb עָר and עֲרֹעֵר; cf McNamara, *Targum and Testament,* p. 196.

5:6   ופריקין] = Neof; > MT; see note to Exod 6:6, above.

7.   ועלמי בני ישׂ] See note to Exod 20:2, above.

ובר מני] Reconstructed after Neof, PsJ, O; MT עַל פָּנָי; cf Exod 20:3, above.

8. צלים וצורה] Doublet; MT פֶּסֶל; = Exod 20:4(MSS F, S), above.

9. קניי]פורען] Reconstructed after Exod 20:5(MSS F, S), above; cf Neof, PsJ at the present v.

C.U.L. MS T-S B8.1
Deuteronomy 5:19/22

19/22. דביריה] = Neof; MT הַדְּבָרִים; this term is used for the Ten Commandments, cf Exod 19:25, 20:1,2, above; contrast with the common translation פתגם, in other contexts.
ולהבי אשתה] = Neof; MT הָאֵשׁ; cf vv 21/24 and 23/26, below; cf Exod 3:2, for revelation out of a *flame* of fire.
וקימה] MT אֲבָנִים; the influence of Deut 9:9,11, לוּחֹת הָאֲבָנִים לוּחֹת הַבְּרִית in apposition.
ואמר משה] = Neof; > MT; cf v 25/28, below.

20/23. והוה] > MT; added auxiliary vb; see note to Gen 29:2.
וחכימיכון] = Neof; MT וְזִקְנֵיכֶם; see note to Exod 19:7(MS F), above.

21/24. ותוקפיה] = Neof; MT גָּדְלוֹ "greatness."
וקל דבידוי] MT קֹלוֹ; Neof, PsJ, O קל מימריה; prh under the influence of Deut 4:12, קוֹל דְּבָרִים אַתֶּם שֹׁמְעִים.
ולהבי אישתה] = Neof; MT הָאֵשׁ; see note to v 19/22.

22/25. ותוב] = Neof, PsJ; MT עוֹד; see note to Num 19:13, above.

23/26. והלא הידה] For this interrogative expression in the Pal Tg, cf Neof Deut 4:8.
ואומה]רבה] ~ Neof gl אומה ומלכו; MT (כי מי) כל בשר; associative translation under the influence of Deut 4:7,8 כי מי גוי גדול.
ואיתקיימנן] MT וַיֶּחִי, 3 pers, with "what flesh/people" as the antecedent; under the influence of the preceding word כותן.

24/27. ומשה] > MT; see note to Gen 4:11, on the addition of proper names.
ועמן] MT אֵלֶיךָ; expect עמך 2 pers, as in Neof.

25/28. ואמר משה] = Neof; > MT; see note to v 19/22, above.
ושמיע קדמי] = PsJ, O; MT שָׁמַעְתִּי, active; see Klein, *Anthropomorphisms*, pp. 97–98.
ושפר ותקין] Doublet, = Neof; cf Neof Gen 1:10,12,18,21 *et passim*.

26/29. ולוי מן יתן] Doublet; = Neof; ~ FT(V), Neof gl; MT מִי יִתֵּן; the Aram לְוַי is the common targumic translation of the Heb לוּ.
ושלמה] = Neof; ~ PsJ; FT(V) טבא; > MT; cf Exod 19:8(MS F), above בלבה שלמא.
ולמדחול מן קדמי] = Neof, PsJ; ~ Neof gl, O; MT לְיִרְאָה אֹתִי; see M. L. Klein, *J.Th.S.* 30 (1979), 502–507 (especially p. 505 n. 1).

C.U.L. MS T-S AS 72.75,76,77
Deuteronomy 23:15

This MS was discovered by Julia A. Foster, and was described by her at the Annual Meeting of the Society of Biblical Literature, New York, December, 1982. It has not yet been published.

15. ומבינכון] MT מֵאַחֲרֶיךָ; cf PsJ דלא יסליק שכינתיה מביניכון.

18. ואתה נפקת בר] See note to Gen 38:21, above.

[91]

ולמדבחה MT בית יהוה אלהיך; expect (בית) מוקדשא ... as in Neof, FT(V), PsJ. Prh this reflects the interpretation of the *Sifré* (p. 284n, and Venice, 1546 ed) לכל נדר לרבות את הבמה, which includes the altars of *highplaces* under the prohibition.

20. ותוזף, וזפו The general meaning of יזף is "to lend"; however, in the present context it must be understood in the sense of "discounting interest on a loan." The substantive וזפו, is also attested in Neof gl, but is missing from the lexicons (Jastrow, Dalman). ולחברך = PsJ; MT לְאָחִיךָ, but with the meaning of "fellow countryman," and in contrast with לנכרי in the following v.

22. וכי תדר Lemma without targum.

25. בשעה שאתה נותן ולמלעי כפעל > MT; Neof כאריס; PsJ למיסב אגרא כפעל; cf *Sifré* (p. 286), לתוך כליו של בעל הבית.

24:5 וזקוק Expect זקיק, as in FT(P).

6. ותמשכנן = Neof, Neof gl, FTs; MT יַחֲבֹל 3 pers sg.
וצורכי נפשן ~ Neof gl, FTs; MT נפש; explanatory.
ולא ...ודאתי ~ Neof, Neof gl, FTs; > MT; this interpretation is based upon: a) the juxtaposition with the preceding v, כי יקח איש אשה חדשה; b) the translation of יַחֲבֹל as "binding" with cord — or with a magical spell; c) the millstones as a symbol of sexual partners, cf Job 31:10; d) the translation of כי נפש הוא חֹבֵל "destroying life," by denying the couple connubial relations. See the traditional commentaries on PsJ (e.g., קטרת הסמים or פירוש יונתן) in the various Biblia Rabbinica (מקראות גדולות).

7. ויתגר = Neof (after emendation), O (= Deut 21:14); semantically equivalent to PsJ ויעביד ביה פרקמטיא (= Neof gl Deut 21:14); MT ויתעמר "enslave."

14. ואגר ~ Neof, FT(V); > MT; associative of Deut 15:18, שְׂכַר שָׂכִיר; Lev 19:13, לא תלין; and prh Mal 3:5, וּבְעֹשְׁקֵי שְׂכַר שָׂכִיר (Neof אגרה דאגירה); פְּעֻלַת שָׂכִיר, with the same vb.

15. ומן בגין אגריה = Neof gl, FT(V); ~ Neof; MT ואליו; explanatory.
ומסר לך ~ Neof; MT נשָׂא.

16. ובחובי (2x) = Neof; MT עַל, but followed by אִישׁ בְּחֶטְאוֹ יוּמָתוּ. The rabbinic interpretation as reflected in the *Sifré* (p. 297) is quite different על ידי בנים ... שלא יומתו אבות בעדות בנים; cf O על פום; PsJ לא בסהדות ולא בחובי, a conflate of both interpretations.

19. וכי תקצר Lemma without targum.

20. ותשמטון = Neof; MT תַּחְבֹּט "beat" (the olive tree in order to cause the fruit to fall); Neof gl, FT(V) תתרון, which also relates to the result rather than to the act.
ותבקרון ~ Neof gl, FT(V) תוקרון, FT(N) תתבקרון; MT תְפַאֵר (*Torah*: "go over them again"; RSV: "go over the boughs again"; *New English Bible*: "strip them." This may prh be related to יבקר in Exod 22:4, above, (MT יִבְעָר), which we understood as "clearing (a field)." It could also mean "inspect" in order to glean.

25:2 ואתחייבת Expect אתחייב masc; prh the result of the following error חיובה for חייבה "the guilty one."

26:14 ותכריכין = Neof gl, PsJ; Neof ארון ותכריכין "casket or shrouds," (= *Sifré* p. 322), which explains how one can give to the dead.
ולטומא נפש דמית See note to Num 19:11, above, on this phrase.

[92]

19. MT לְתִהְלָה וּלְשֵׁם וּלְתִפְאָרֶת ... ולרבו | ולתושבחה; all of the tgg use combinations of three words of glory — all different from one another; e.g., MS AA below טב לשם לתשבחה; PsJ לרבו ולשום דיקר; Neof ליקר ולשם ולתושבחה; Neof gl ליקרה ולתושבחה ולרוממ[ו]; ולרוממו ולשיבהורא; none of which is to be taken as an accurate literal translation. Also, cf the triplet איקר תושבחה ורוממו at the end of the toseftot to Exod 14:14, above.

27:8 לשנין ... וכתב | ~ MS AA, FT(P), PsJ, and less so to Neof, FT(V); MT בַּאֵר הֵיטֵב "very distinctly." Cf B. *Soṭah* 32a וכתבו עליו את כל דברי התורה בשבעים לשון.

15. This lengthy expansion is common to all the PTs. As the *lemma* ארור האיש indicates, the present MS follows the complete tgg (Neof, PsJ), which assign the passage to v 15. This is in contrast to the later European MSS of Fragment-Targum (P,V,N), which add the *lemma* ואלה יעמדו from v 12. The idea of the 6 tribes placed on each mountain is indeed based upon vv 12,13; and Josh 8:33. The concept of every curse being preceded by a parallel blessing derives from Deut 28:1–14, as followed by vv 15–25.
צלם...דמו (2x) | = FT(V), PsJ; MT פסל ומסכה; this is associative from Exod 20:4; Deut 5:8, (פסל וכל תמונה MT).
דסני ומרחק | Doublet, = Neof, FTs; MT תוֹעֲבַת.
ואלין ואלין | ~ Neof gl, FTs; Neof כחדה; > MT.

18. [ואכסניה] | < Gk ξένος; reconstructed after Neof gl, FTs, PsJ; MT עִוֵּר "blind person"; cf Neof gl, FT(P) Lev 19:14 ...י פקח אכסנין; and Tg Ps 146:8 ולקדם אכסנייה דדמי לסמיא; (יהוה פֹּקֵחַ עוְרִים MT) דמתילין לסמיין.

24. [בל]ישנה תליתיה | = Neof gl, PsJ; MT בַּסֵּתֶר; to slander someone behind his back, is compared to striking in secret. On the phrase לשן תליתאה, for "slander," cf Neof, Neof gl, FTs, PsJ Gen 49:23; Lev 19:16. This reflects the rabbinic interpretation regarding the three persons involved, namely the speaker, the listener, and the absent subject. S. Lieberman has shown that the origin of this phrase is the image of the split, "triple tongue" of the snake (*Hellenism in Jewish Palestine* [New York, 1962], pp. 191–192).

28:5 ברכות | MT ברוך; expect vb בריכין תהוון, as in other tgg.
בסלי [בכוריכון] | After Neof, here and Deut 28:17 (= MS D, below); MT טַנְאֲךָ; under the influence of MT Deut 26:2,4 טֶנֶא, as here.

6. ולבתי מדרשיכון | = Neof gl, FTs, PsJ; > MT.

C.U.L. MS T-S B 13.4
Deuteronomy 26:2

26:2 ויקר שׁ(כי)נתה | ~ Neof; PsJ, O, שכינתיה; MT שְׁמוֹ; see note to Gen 35:13, above.

3. וממני [כהן ר]ב | = Neof, Neof gl, FT(V), PsJ; > MT; prh this is derived from the definite sg הַכֹּהֵן.

9. ודעבדה... כדבש | ~ Neof, and less so to PsJ; this is the common PT translation of MT זָבַת חָלָב וּדְבָשׁ; cf v 15; and 27:3 (missing one word), below.

10. ושירוי בוכרת | = Neof; ~ PsJ; MT רֵאשִׁית; associative translation, based upon the phrase רֵאשִׁית בִּכּוּרֵי אַדְמָתְךָ Exod 23:19; 34:26.
ויהב | MT נָתַתָּה; expect יהבת as in Neof and PsJ; but there is not enough space in the MS.

[93]

ואצנעינן] = Neof gl; MT וְהִנַּחְתּוֹ 2 sg m; expect ותצנעון as in Neof; the remainder of the verse has been changed to 1 pers pl ואודינן ושבחנן, אלהן.

ואודינן ושבחנן] Doublet; MT וְהִשְׁתַּחֲוִיתָ; see note to Gen 29:35.

11. עמי] > MT; see note to Exod 20:2, עמי בני ישראל.

13. חדא מן] = Neof gl, PsJ, Neof (in the following phrase); equivalent to the partitive prepositional *mem* מִמִּצְוֹתֶיךָ.

C.U.L. MS Or. 1080 B 18.1

Deuteronomy 26:15 (Continuation of the preceding fragment)

15. ממעון] = MT; this seems to be a scribal error, of the inclusion of a word from the Heb text.

בית שכינת קודשך] = Neof gl, FT(V), PsJ; MT (מ)מעון קדשך; see note to Exod 15:13, above.

ודעבדה ... כדבשה] See note to v 9, above.

16. סדרי דיניה] = Neof; MT המשפטים; see note to Gen 38:26(MS D).

17. ואמלכתון] = Neof, FT(V); MT הֶאֱמַרְתָּ, the exact meaning of which is uncertain, "affirmed/declared/recognized."

פרוק] = Neof, FT(V); > MT; cf Gen 28:21, Exod 6:7, above.

באורחן ... קודמוי] = Neof; MT בדרכיו; cf Neof Deut 19:9; 30:16 for the same translation.

18. ואמלך] See preceding v. The literal translation "enthroned" is not appropriate, in spite of the use of the same verb in both vv.

ולשמה] = FT(V); ~ Neof (ולשמא); MT לוֹ; see note to Gen 28:22, above.

וחביבין הך] = Neof; > MT; see note to Exod 19:5(MS F), above.

ומכל אומיה] = MS D, below; > MT; associative from Exod 19:5; Deut 7:6 סְגֻלָּה מִכֹּל הָעַמִּים.

19. ורמין ומנטלין עלין] = MS D, below; MT עֶלְיוֹן; Neof (here and Deut 28:1), רמין ומנטלין, which is a common targumic doublet based upon the Heb רָם וְנִשָּׂא (cf Tg Isa 6:1; 57:15). A variant doublet is רמין וגיותנין (PsJ), cf Exod 15:2, above (MT גָּאֹה גָּאָה). The doublet has been expanded in the present text and in Neof gl(2x) by an additional adverb עלין.

ולתשבחה ... ולרוממו] See extensive note to MS DD (Fragment-Targum), above.

וטב] > MT; see note to Gen 30:11, above.

ולשמה] = Neof; > MT; see note to Gen 48:5, above.

27:2 והוה] MT וְהָיָה, conversive *waw*; expect ויהוי, as in Neof; see note to Exod 12:25 (MS AA, same as present MS).

3. ועליהון] Expect עליהן, fem; cf רברבן (v 2), יתהן (v 4).

ודעבדה ... כדבשה] See note to Deut 26:9, above; the word כחלבה (נקין) was deleted.

5. ולשמה די'י] MT ליהוה; see note to Gen 28:22, above.

וניר דפרזל] MT בַּרְזֶל; MS D, below; מין; Neof, Neof gl (מן (דברזל) "implement/tool"; also cf Exod 20:25 חַרְבְּךָ "sword"; the word ניר in the present context seems inappropriate, and is prh the influence of Deut 28:48, עֹל בַּרְזֶל, Neof נירה דפרזלה.

6. ‏וטבן‎] = Neof gl; ~ Neof; > MT; see note to Gen 30:11, above.

7. ‏ונכיסת שלמין‎ MT ‏שְׁלָמִים‎; expect ‏נכיסת קודשין‎, as in MS D, Neof, Neof gl, PsJ, O; cf note to Exod 20:21/24, above.

8. 2° ‏כתב ... לשן‎] See note to MS DD (Frag-Tg), above. The only difference is the word ‏יאות‎, which translates the Heb ‏היטב‎.

C.U.L. MS T-S B8.8
Deuteronomy 26:18

    Note: See preceding MSS (AA, DD), for notes to 26:18–27:8.

19. ‏ולרומאמך‎] MT ‏ולתפארת‎, without accusative suffix. This is probably an error, since we expect a substantive rather than a verb; and in the PTs the suffixes are separated.

27:1 ‏וחכימיה‎] = Neof; MT ‏וזקני‎; see note to Exod 19:7(MS F).

5. ‏ומן‎] ~ Neof, Neof gl; > MT; explanatory.
‏ועמי‎] > MT; see note to Exod 20:2.

9. ‏ו[א]תחשבתון‎] ~ Neof ‏איתמניתון‎, PsJ ‏אתבחרתון‎; all replace the less specific Heb ‏נִהְיֵיתָ‎.

C.U.L. MSS T-S B8.8; T-S NS 161.262
Deuteronomy 28:15

16. ‏ובקריכון, בחקליכון‎] MT ‏בשדה בעיר‎, without suffixes.

17. ‏וסלי בכוריכון‎] See note to Deut 28:5 (MS DD), above. This and the immediately following words interpret the "basket" and "kneading bowl" in terms of the priestly offerings of first-fruits and first baked breads (see following note).
‏ושאר אצבתכון‎] MT ‏וּמִשְׁאַרְתֶּךָ‎ "your kneading bowl"; cf PsJ ‏וחלת שירוי עצוותכון‎, which reflects Num 15:21, ‏ראשית עריסותיהם‎, Neof (~ PsJ) ‏שרוי אצוותכון חלה‎. Prh ‏שאר‎ is a corruption of ‏שרוי‎ due to the similar Heb root ‏שאר‎ "remain"; cf Exod 12:34(MS AA), above, where ‏מִשְׁאֲרֹתָם‎ is translated ‏מותרתהון‎ (see note).

18. ‏ופירי ולד מעויכון‎] ~ Neof; MT ‏פרי בטנך‎; cf Gen 30:2, above.

22. There seems to be space in the Heb text that does not correspond to any words in the MT.

23. ‏ו[שמ]יא‎] = Neof; MT ‏שָׁמֶיךָ‎, with suffix.
‏ובריריך ... וצמחו[ן]‎] ~ Neof, Neof gl; the tg explains the terse Heb metaphors; see note to Gen 31:15, above, ‏כנכריין‎.
‏ולית ול[ה]ון אסו‎] MT ‏לא תוכל להרפא‎; shift of subject.

C.U.L. MS T-S 72.75,76,77
Deuteronomy 32:34

    See note at Deut 23:15, above, regarding this MS. As to the expansive nature of the targum to Deut 32–33 (the Song of Moses and the Blessings of Moses), see the note to Gen 49:1(MS Z), above. Most of the interpretations are shared by the other PTs.

[95]

35. ‏וְדִידְיה‏] MT ‏לִי‏ 1 pers; probably an error for ‏דידי‏, as in Neof, FTs.

37. This entire meaning of the verse is altered. The sense of the Heb text is: The Lord will ask: Where are the false gods upon whom Israel relied?

39. ‏לית אחרן בר...ולית...מני‏] MT ‏וְאֵין אֱלֹהִים עִמָּדִי‏; cf Exod 20:3, above; and Neof Deut 4:35, ‏מינה‏.

40. ‏וּזְקפית...יָדִי...בִּשְׁבוּעָה‏] MT ‏אֶשָּׂא...יָדִי‏; see note to Exod 6:8, above.

41. ‏לבעלדרבבי...וּשְׂנְאַי‏] ~ Neof, FT(V); MT ‏לְצָרָי וְלִמְשַׂנְאַי‏, 1 pers, with God as the referent.

33:6 ‏בזכותיה...יוסף‏] Reference to Gen 37:21.
‏ועסק בלהה‏] Reference to Gen 35:22.
‏בִּמִיתותא...דאתי‏] See M. McNamara, *New Testament and the Palestinian Targum*, pp. 118–125, on the second death in the world to come.

7. ‏נבייא דיי‏] Cf Deut 34:5, below; and Neof Deut 33:1.
‏וּ(שׁ)עַמֵיה‏] Scribal error ‏שמיה‏ corrected to ‏עמיה‏.

8. ‏במי...דרקם‏] See Num 27:14 and Deut 32:51, for the full name ‏מֵי מְרִיבַת קָדֵשׁ‏.
‏מִצְוותה‏] Expect ‏מצותה‏, with a single vocalic *waw*, as in FT(V) and PsJ.
‏ואשתכח מהיימן‏] Contrast Num 20:24, where Aaron is condemned to die in the wilderness for rebelling against God's word at the waters of Meribah.

9. ‏וַ(יהוה)...לוי‏] Reference to Exod 32:26–28.

Oxford Ms. Heb. e 43
Deuteronomy 34:5

5. ‏ואתכנש‏] ~ PsJ; MT ‏וַיָמֹת‏; on this euphemism for death which is based upon the Heb phrase ‏נאסף אל עמו‏ (e.g., Num 20:24), see the note to Gen 47:30(MS D), above.
‏וּנבייה‏] MT ‏עֶבֶד‏; cf FT(N) to the preceding verse ‏לי אמר משה נבייא‏; and Deut 33:7, above.
‏פם...דיי‏] = Neof, FT(V); MT ‏(עַל) פִּי יהוה‏.

6. ‏טעוותה‏] = Neof, FT(V); MT ‏בֵית‏; see note to Gen 31:19, above, on this pejorative term for idolatry.

7. ‏בזמנה די אתכנש‏] = Neof, FT(V); MT ‏בְּמֹתוֹ‏; see note to v 5; on this translation of the prepositional *bet* in the temporal sense, see note to Gen 32:20, above.
‏ואשתנין...דאפוי‏] ~ Neof, FT(V); MT ‏(וְלֹא) נָס לֵחֹה‏ "nor had his vigor abated." Perhaps this is a reference to the radiance that he had been endowed with, cf Exod 34:29–35. The common meaning of this phrase is quite different, as in Gen 4:5, above (see note).

9. ‏יהוה שלם‏] > MT.

10. ‏ממלל לקבל ממלל‏] ~ Neof, FT(N); MT ‏פנים אל פנים‏; under the influence of Num 12:8, ‏פֶּה אֶל פֶּה (אֲדַבֶּר בּוֹ)‏.

11. ‏ונסי פרישתה‏] = Neof; FT(N) ‏אתיא ומופתיא ונסיא פרישתא‏; MT ‏והמופתים‏ (‏הָאֹתֹת‏); cf Neof Exod 11:9 for the same translation (also Neof gl Exod 7:3, where the text is slightly corrupted).

[96]

ושולטנוי | MT עבדיו; see note to Gen 39:1, on this term for "royal servant" or "official."

וארעא | MT אַרְצוֹ with suffix; expect ארע(י)ה as in Neof, FT(N).

12. וגבורת | = PsJ; > MT; cf Exod 15:16, above אדרע גבורתך (MT זְרוֹעֲךָ).

וחזוייה | = Neof; ~ FT(N), O; MT מוֹרָא "awe"; a play on ראה/ירא.

Oxford Ms. Heb. e 25, folio 64r

Poem to Deuteronomy 34

See note before the poems to Exodus 12.

Glossary

Introductory Notes to the Glossary

The following glossary is primarily intended to serve as a reader's aid to the present collection, and not as a general dictionary of targumic Aramaic or any of its dialects.[1] As such, it reflects the vocabularies, morphologies and orthographies of the various manuscripts in the collection, rather than those of a consistent or normative dialect. Nevertheless, words which appear only in the *toseftot* as a result of their having undergone transformation to the dialect of Onqelos are often marked as such (e.g., ארי, בדיל) — or at least the MSS to which they are confined are indicated (e.g., חזי, 'סבר). Also, a number of Hebrew words that appear in the texts are listed.

The glossary encompasses the entire collection *except* the poems in MSS HH and PP, which were omitted due to a technical difficulty.

The definitions listed are only those reflected in the texts. They do not necessarily cover the full semantic range of the entries, as known from other contexts.

Citations are provided for all infrequent words, with 6 or less appearances. The format of citation is 1–6:19; 5–1:3 (= Gen. 6:19; Deut. 1:3).

Greek and Latin origins are given for loanwords from these languages. Persian loanwords are also noted.

Words that appear in both plene and defective spellings have been entered under the latter, usually with a reference to the alternate form.

Roots with similar verbal and nominal forms are usually entered under the verb with a sub-entry for the noun, even if the verb is denominative. On the other hand, cross-references or even independent entries have been provided for non-similar forms, e.g., חמד and תוחמדה, or even: "אוכח s.v. "יכח. Also, words that may be etymologically related are sometimes listed separately for their different meanings, e.g., ¹⁻³שרי. Finally, alternate forms as כיף/גיף, בשר/בסר, פרזל/ברזל, היך/איך, have been cross-referenced, regardless of their origin.

---

1.   A dictionary of Jewish Palestinian Aramaic is in its final stage of preparation by Michael Sokoloff, and the long-term international project of the Comprehensive Aramaic Lexicon, edited by J. A. Fitzmyer, D. R. Hillers and S. A. Kaufman, has recently been launched.

אב n. father
also איבא 1-37:30(D), 1-38:26(D)

אבל 1-37:34
אתאבל 1-37:34
אבילו 5-34:8, אבלה 2-12:2(GG); 5-26:14 n. "mourning"
אביל 1-35:9 n. "mourner"

אבן n. stone

אבק n. dust
5-28:24

אבר¹ n. limb
אבורוי 2-22:12

אבר² n. lead (metal)
איברא 2-15:10

אבתו n. lodging
אבתותא 1-43:21

אגוסטוס <Lat. Augustus n. august one (=God)
2-12:2(KK)

אגם n. body of water
אגמיהון 2-7:19

אגר to hire
מיגור אגרת (inf abs) 1-30:16
אגיר n. "hired worker" 2-22:14
אגר n. "wages", "payment", "reward"

אדומיי n. Edomite
1-36:9

אדיר glorious
2-15:6(G,U)
cf הדיר 2-15:11(G,W)

אדם¹ n. blood
מלם(?) 1-49:11

אדם² pr. n. Adam

אודן, אדן n. ear
2-20:3(G); 21:6

אדרע n. arm
2-6:6; 15:16

או (conj.) or

אודי s.v. ידי "to give thanks"

אוחי s.v. יחי "to hurry"

אויר <Gk ἀήρ n. air, space
2-20:2

אוכח s.v. יכח "to admonish"

אבלסין, אובלסין <Gk ὄχλος n. mass of people
1-4:10; 31:29; 35:11; 48:4; 2-12:2(KK); 19:21

אולם n. hall
2-12:2(GG)

אומה n. nation
אמייא 2-19:5(J)

אומן¹ n. artisan
5-27:15(DD)

אומן² <Gk ὄγμος n. furrow
3-23:22

אף, אוף also, even

אוצר n. storehouse
אוצרייה pl. 1-41:47,56

אורייתא n. Torah, (divine) teaching

איזוב, אזוב n. hyssop
2-12:22; 4-19:6,18

אזל to go

אח n. brother
1-29:15; 31:25,32 "kinsman"

אחד to grasp, seize
2-15:14,15; 5-32:41
מאחדין 2-13:17 "armed" (lit: "holding")

אחסן to keep as inheritance, to make inherit
2-15:17

אתחסנו 1-34:10 "take possession"
אחסנה, אחסנו 1-44:18(X, FF) n. "inheritance"

אוחרן, אוחרי, אחרן (adj) other
אחרייא 2-4:8 "latter"; 3-23:22 "last"

אחת (det.) n. sister

אי if
1-44:18(D)
cf אן, אין

איגיפטוס <Gk Αἴγυπτος n. Egypt
2-12:2(KK)

איד s.v. יד "hand"

אידא that which (rel. prn.)
1-31:39
cf הידה "which"

אידרון n. room, chamber
1-4:23(X)

איך, איד־מא as, just like; how (interrog.)
cf היך־מה, היך, הך
איכדין 1-17:11(EE) "how"

איל n. god, mighty
אילי 2-15:11(W) pl. "gods", "mighty ones"

אילא but, rather
1-17:11

אילן¹ which (interrog.)
באילן 1-2:19

אילן² n. tree

אימה n. fear

אימם n. daytime
1-31:39,40
cf יום

איסטרט <Gk στρᾶτα n. street, road
5-1:1

איקונין <Gk εἰκόνιον n. figure, image, form
2-12:2(KK)

איקר s.v. יקר n. "glory"

אירח s.v. ירח n. "month"
אית there is (particle of existence)

אכל to eat, devour

אלא but
1-44:18(Z); 49:18 (X,FF)

אילאהן, אלאהין, אלאהן except, only
cf אילא, אלאל

אלאל except, only
1-24:4(KK); 2-22:19(A)

אלה n. God, Lord, god
אילה 5-5:9 (Br)
also written as אלדד (=
אלהה); see note to 1-24:3

אילולי,אלולי if it were not
that
1-31:42; 43:10; 5-1:1

אליה n. crying, wailing
אליתה 5-34(T)

אילין ,אליין ,אילין these (prn)
cf האליין ,האלין

אליסון <Gk ἐλέησον have
mercy! save!
2-12:2(JJ)

אלל to spy
2-12:2(GG)
cf יליל n. "spy"

אלע n. rib
1-2:21,22

אלף¹ thousand (num.)

אלף² to teach, learn
אולפן n. teaching, in-
struction
cf ילף

אל-סביטין <Gk ’αλφαβέτος
n. alphabet[ic acrostic
poem]
2-12:2(KK)

אים ,אם n. mother
אימיה 3-22:27(F) "its
mother"

אמה¹ n. cubit
אמין 1-7:20

אמה² n. maidservant

אמה³ 1-21:13(LL); 2-12:4
(AA) s.v. עמה "people"

אמצע n. middle
1-3:3; 2-39:23

אמר¹ to say
אמר במימריה 1-29:31;
30:22, "decided"
אמר בלביה 1-4:8(X);
38:26(E) "thought"
למימר ,למאמר ,ממר
"saying", "as follows"

ממרה ,מימרה ,מאמרה [די'י']
"word of God" "memra"
מימר "word", "speech"
1-41:40; 2-15:8. Also cf
דיברה ,דבר².

אימר ,אמר² n. sheep

אן¹ ,אין if
אם 2-19:5(F) = Heb.

אן² where (interrog.)
ואן 1-22:7(K)
cf הן

אנא ,אנה I (prn)

אינון ,אנון they (prn. m.)
cf הינון ,הנון

אינין ,אנין they (prn. f.)
1-31:2; 41:26; 49:12
cf הינין

אנינקי <Gk ἀνάγκη
distress
1-38:25(E, and probably
MS X נקיא + דאנא)

אנן we (prn)

אנפי ,אנפו waving (of sacri-
fice, offering)
s.v. נוף

אנש n. man, person
בני אנשא "human
beings"

אנתה n. woman
cf אתה ,איתה
נשין pl.

אוסטלי ,אסטלי <Gk στολή
n. garment
1-9:23; 2-22:8,26

אסי to cure
1-35:9; 2-21:19;
5-32:39
אסי 2-21:19 n. doctor
אסו 5-28:27 n.
"remedy", "cure"

אסנא n. (burning) bush
2-12:1(GG)

אסר to bind
5-24:6 "binding by a
magical spell"(?)

אע n. wood, logs
1-22:6,7(K)

אפיטרפוס ,אסטרפוס <Gk
ἐπίτροπος n. manager
1-39:4,5; 44:1,4

אפי to bake
2-12:39; 3-22:27; 23:17

אפין n. (pl) face, surface
אפי ארעה "face of the
earth"
אפי ברה "open field"
זיו/סבר אפי "facial expres-
sion" "countenance"

אפס s.v. פסס "to desecrate"

אפסד n. loss 2-22:14

אפ-על-גב even though
1-15:1(2x); 38:25(D)

אפקו n. Exodus
s.v. נפק

אפשר possible
1-4:14

אצבו (= אצו) n. kneading
bowl
5-28:17(D)

אצבע n. finger 4-19:4

אקיף (< נקף) to surround
1-49:1(FF); 2-15:9(G)

ארבע four (num.)
ארבעת עשר "fourteen"
ארבעין "forty"

ארגוון ,ארגון n. purple
(yarn)
1-50:1(FF); 2-39:24,29

ארום if, because, that,
when, then, but;
almost the same seman-
tic range as Heb, כִּי;
ארי in MSS under influ-
ence of Onqelos

ארון n. ark [of the cove-
nant]
2-12:2(GG); 40:20,21;
5-1:1; 27:15

ארז n. cedar
1-50:1(FF); 4-19:6

אורח ,ארח n. way, road,
distance
אורחיה דעלמה 1-35:9,
"way of the world" =
"death"

אֲרִי because (in tosefta MSS and some poems) cf ארום

אַרְיֵה n. lion 1-44:18(X,Z,FF); 49:9; 50:1(FF)

אֲרִיחַ n. pole, bar 2-40:20

אֲרַךְ to lengthen אוֹריכוּ 1-22:5 "wait" אורכך 2-14:30(T) prh error for אורחך.

אֲרַמַּיי n. Aramean 1-31:20,24

אַרְמְלָה n. widow 2-22:21,23; 5-24:17; 26:12 ארמלו 1-38:19(D,E) "widowhood"

אַרְנוֹן <Gk ἀννώνα/Lat annona n. tax (on agricultural produce) ארנונין 1-49:15

אֲרַס to betrothe מארסה 2-22:15 (passive)

אֲרַע¹ to occur, meet, befall, celebrate, overtake also ערע 2-15:9(W) אירוע, ארוע n. "occasion", "gathering" בירוע (= ואירוע) 2-12:16 (AA)

אֲרַע² n. earth, land, ground also ארקע 2-20:2(G)

אַרְקַע s.v. ארע² "earth"

אַרְתָּךְ n. chariot 1-46:29 רתיכוי 2-15:4,19 "his chariots"

אִישָׁה, אֶשָּׁה n. fire

אִישׁוּן n. time, season 1-21:7; 29:7; 38:28; 43:16,25(D); 48:7

אָשֵׁף n. sorcerer 2-15:1-(G)

אִישַׁת, אֶשֶׁת six (num.) cf שת

ידע s.v. אישתמודע, אשתמודע "to acknowledge"

אַתְּ¹ you (prn sg.)

אָת² n. sign 5-34:11

אֶת³ Heb. *nota accusativi* 1-41:45; 42:36(E) את probably an error for ית.

אִיתָּה, אַתָּה n. woman cf אנתה alternate form pl. נשין

אַתּוּן¹ you (prn. m. pl.)

אַתּוּן² n. oven, furnace 1-38:25(FF); 2-19:18

אֲתֵי to come, arrive איתי, אייתי ('af'el) "to bring"

אֶתְמָל n. yesterday 1-31:2,5; 2-4:10; 21:29,36

אַתֵּן You (prn. f. pl.) 1-31:6

אַתָּנָה n. she-ass איתנן pl 1-32:16

אֲתַר n. place, position, post 1-40:13; 41:13 "position", "post"

בְּ in, through, for, at, with, (prep. + suffix)

בְּאֵיר, בְּאֵר n. well (water)

בְּאַשׁ to be bad, sick אבאש ('af'el) "to harm", "to worsen" cf בוש n. "sickness" בייש n. "sick person"

בְּבַהִילוּ (adv) hastily 2-12:11 cf בהל

בְּבָעוּ please! (exclam.) cf בעי "to want, desire"

בְּגוֹא, בְּגוֹ within, among (prep.) בגוה 2-12:30(AA) "within it"

בְּגַוֵּיהוֹן 2-15:15(W) "within them"

בְּגִין for the sake of בגין שמך 3-22:27

בְּגִין דְּ because of בגין דאת אנתתיה 1-39:9

בְּגִין בְּדֵן/בְּכֵן therefore

בְּגִין לְ in order to בגין למדכרא זכותיה 3-22:27 cf מן־בגין (כן)

בִּגְלַל in order to 2-20:17/20 cf מן־בגלל

בְּדִיל on account of (in toseftot) 1-4:23; 44:18(X,R); 2-12:1(GG)

בְּדִיסְפְּלָה <Gk διπλόϛ double 2-22:3,6,8

בְּדַר to disperse 2-20(G); 5-4:27

בֹּהִי n. void 2-12:42(FF) (= Gen 1:2)

בְּהַל to be frightened, confused אתבהלו 1-4:24; 44:18(X); 2-15:14,15 cf בבהילו "hastily"

בְּהֵת to be ashamed 1-38:26(D,E) בהתה 1-2:25 n. shame

בּוּץ n. linen 1-50:1(FF); 2-39:24,27, 28,29

בּוֹצִין n. lamp 2-39:37; 40:25

בּוֹשׁ n. sickness ויפול לבוש 2-21:18 lit: "fall into state of sickness" cf באש "to be sick"

בּוּת to spend the night אבית ('af'el) 1-32:14,22

בְּזַז to despoil 2-15:9(W) cf ביזה n. "spoil"

בזי to degrade, disgrace
ויתבזי 3:25‑5 "will be degraded"
בזיון n. "disgrace" 38:23‑1(D,E)

בזע to rend, tear, split
בזע לבושוי 37:29‑1 "rent his garment" (sign of mourning)
אתבזע ימא 1:1‑5 "the sea was split"

בחר to choose

בטל to eliminate, remove, cancel 12:2‑2(MM),15

בטלונה n. loss of time, idleness 21:19‑2

בטם n. nut (pistachio?)
משח דבטמין 43:11‑1 "oil of nuts"

בייש n. a sick person 35:9‑1
cf באש "to be sick"
בוש "sickness"

ביזה n. spoil 15:9‑2(G,W)
cf בזז "to despoil"

בין ,בן between, among (prep.)
39:4‑1, spelled בן
בין... ל... "between this and that"
בין... ובין.. "whether this or that"
בין ידוי "in his possession/charge"
ביני שימשתא "at twilight"

בינה n. understanding 34‑5(T)

ביע n. shout of joy 12:2‑2(GG)

ביש n. bad, evil
בישן ,בישה 39:9‑1; 44:4 "evil deed"
בישא 4:8‑1(X) "evil people"

בית ,ביית n. house, household, place of
בית דינה "court of justice"

בית חבושה "prison"
בית קודשה/מקדש "temple", "sanctuary"
בית כנישות מים "body of water"
בית מדורין "dwelling place"
בית שפר חקלה/כרמה "best portion of field/ vineyard"
בית תולדוותה "birthplace"

בבדין thereupon

בבי to cry
בכיתה n. "crying"

בביר n. early ripening
cf בכר "first"

בבר n. the first
בוכרה ,בכרה "first born", "first fruits"
בכור "first born"
ביכורין ,בכורין "first fruits"
בכורותה "first born rights"
cf בכיר "early ripening"

בלוט n. oak (tree) 35:8‑1

בלחוד s.v. לבלחוד "alone"

בלע to swallow

במטו please! (exclam.) 22:7‑1(K)

בני to build
ונתבני 30:3‑1 "I will be established (with offspring)"

בסיס <Gk βάσις n. pedestal, base 40:11‑2

בסים ,בסם pleasant 2:21‑1; 19:19‑2(F)

בסר¹ to announce s.v. בשר¹

בסר² n. meat, flesh s.v. בשר²

בעט to kick 44:18‑1(FF)

בעי to want, desire, seek cf בבעו "please"

בעל ,בעיל n. husband
בעיל‑דבבו "enemy" (lit: master of enmity)

בעיר n. animal, cattle

בער to burn
תבעׁורון 24:21‑5(DD) "to clear", "to pick clean". cf בקר² יבקר/בקר 22:4‑2(A) "to clear a field" (by burning the overgrowth).

בעת to frighten, intimidate 44:18‑1(X,FF)

בצורה n. drought 20:13/16‑2(F), 14/17 (CC)

בקורה n. corral, herd 22:27‑3

בקעה n. valley 38:25‑1(D,E,X,FF)

בקר¹ to visit
מבקרין ית ביישא 35:9‑1 "to visit the sick"

בקר² to clear, pick clean
יבקר 22:4‑2(A) "clear a field" (by burning the overgrowth — and then the fire spreads).
תבקרׁון 24:20‑5(DD) "pick clean" cf v. 21 תבעׁורון.

בר¹ ,ביר n. son, young, years old
pl. בנין
בר תורין/עזין "young ox/ goat"
בר תלתין שנין "thirty years old"
בני אנשה, ברנש "human being(s)"
בני מדנחה "people of the East"
בני גוה "entrails" (of an animal)

בר² n. outside, open field
אפי ברא "open field"
חיות ברא "[wild] beast" (of the field)
בארא 9:21‑2(D)

בר־מן except, besides, outside of (prep.)

ברד n. hail

ברה n. daughter
pl. abs. בנן; pl. det. בנת

ברזל s.v. פרזל "iron"
5-28:23(D)

ברי¹ to create
ברייתה, בריאתא 1-7:4;
2-12:2(MM) "creation",
"people"

ברי² n. healthy, fat
1-41:7,18,20

בריר hard, firm
ברירין 5-28:23

ברך¹ to bless
מברכייה 5-27:15(DD) n.
"ones who recite the
blessings"
ברכה n. "blessing"

ברך² n. knee
1-48:12

ברם however, but, rather

ברנש human being, person
also בר נש separated
2-19:13(U)
pl. בני אנשא
cf בר¹

ברק n. lightning
2-19:16; 20:2(F,G,S);
5-32:41

ברת־קלא n. heavenly voice
1-38:26(FF)
also בת־קלא (X)

בשל to cook, ripen
1-40:10; 2-12:9
cf תפשיל 3-22:27
"cooked dish"

בשם n. perfume, cense
בי[ו]שמנין 1-50:1(FF)

בשר¹ to announce
אתבשר 1-35:9; 3-22:27
"was informed"
מבסרא[ן] 1-21:7; 41:32
"announced" i.e. fina-
lized, decided.

בשר² n. meat, flesh
also בסר

בתולה n. virgin
2-22:15,16

ברת קלא s.v. בת קלא
"heavenly voice"

בתר¹ after, behind (prep.)
both temporal and spa-
tial
בתר כדין "afterwards"
בתרי 1-44:18(X) "last",
"latter"
cf מן־בתר

בתר² n. piece
2-12:42(FF, = Gen
15:10)

גאולה n. redemption, deliv-
erance
2-12:2(GG)

גאי to be proud, elevated,
exalted
1-49:17; 2-15:1
cf גותן "one who is
proud"
גיותנו "pride", "exalta-
tion"

גב with (prep.)
פלח גב "work for"

גבורה n. strength, might
גבורן pl. 5-1:1 "mighty
acts" cf גבר¹

גבלא (Mt.) Gabala (=
Gobolitis)
1-36:9

גבעול n. bud 2-9:31

גבר¹ to be strong
אתגבר 1-7:18,19,20,24;
44:18(X); 2-17:11 "to
become strong"
גיבר 2-17:9 "mighty
(warrior)"; and גְבְרָא
2-15:3,4(U).
cf גבורה

גבר² n. man
det. גברא and גוברא
גבר לחבריה "to one
another"

גד n. luck 1-30:11

גדוד n. troop
2-15:9(G)

גדי n. kid, young goat

גדיש n. stack/heap [of
grain]
2-22:5

גדף to blaspheme
2-15:10(G)
גידוף (Ibid) n. "curse"

גהינם n. hell, gehenna
5-32:35

גו n. inside, entrails
בני גוה 2-12:9 "entrails"
cf בגו "within"
לגו "into"

גוב n. pit, hole in the
ground

גולל to roll
אתגוללן 1-43:30 "[emo-
tions] welled up"

גומי n. reed grass, bullrush
1-41:18

⟨גומה⟩ n. lid, plug
4-19:15 (reconstructed)

גור n. whelp (of a lion)
1-49:9

גותן n. proud, haughty
[person]
2-15:1(J)
cf גאי "to be proud"

גזז to shear wool
למגיז (infin.) 1-31:19

גזירה n. decree
4-19:2,14; 2-12:2(MM);
5-34:5
cf גזר "to cut"

גזר to circumcise, cut
1-17:11; 34:15,17,22,24;
35:9; 2-4:25; 20:2(G)
גזורה 2-4:26 n.
"circumcision"

גחך to play, laugh
1-21:9(LL)

גיור proselyte, stranger,
sojourner
2-12:19; 20:10; 22:20;
23:9,12; 3-23:22;
4-19:10; 5-26:11,13
cf גיר "to proselytise"

[105]

גיותנו n. exaltedness
2-15:7(U) גיוותנותך
"Your superiority"
גיותנא 2-14(MM) n.
"proud one"

גייר n. adulterer
2-20:13/14(F)

גיף¹ n. adulterer
2-20:13/14(CC)

גיף²,גף n. shore
1-41:17; 2-14:30(J)
also כיף 2-14:13(FF)

גיר¹ n. arrow
1-21:16; 2-19:13(F,U);
5-32:42

גיר² n. plaster, lime
5-27:2,4(AA,DD)

גל n. wave
2-14:30(X)

גלגל to roll
1-29:3,8,10

גלמה n. hill
1-49:11

גלי¹ to reveal
אתגלי מימרא די"י common
tr. for divine revelation

גלי² to be exiled
גלו n. "exile"

גמל n. camel

גמר to finish, destroy
אגמר ('af'el) 2-12:1(GG);
20:2(G)
גמר 2-20:2(G) n. "end"

גנב to steal, kidnap
גנב ית דעתיה 1-31:20,26,
27 "to deceive"
מתגנבה אתגנבית 1-40:15
"I was kidnapped"
גנב n. "robber"
גנבה n. "theft"

גנה n. garden
גנתא דעדן 1-4:16 "garden
of Eden", also implied
in 5-34(T) גנתה

גנז <Pers. to conceal, hide
1-49:1(Z,FF)

גנן to protect, shield
2-12:13,23,27
מגן 1-15:1; 5-32:38 n.
"shield" (possibly verbal
form — participle)

גסה (= כסה) n. fodder
1-43:24(E)

געי to roar
2-12:2(KK)

געל to corrupt, pollute
2-15:6(G)

גף n. wing
גפי נשריוֹ] 2-19:4(J)
"eagle's wings"

גפן n. vine
1-40:9,10; 4-20:5

גרדיי <Gk γέρδιος n.
weaver
2-39:27

גרי to incite, harass
מתגרייה 2-20:13/15(CC);
20:14/17(F)

גרם¹ to cause 3-22:27

גרם² n. bone
1-2:23; 2-13:17; 4-19:
16,18

דא s.v. דה "this" (dem.
prn.)

דאר s.v. דר "generation"

דבבו n. hatred
נטיר) דבבו 1-4:8(X) "to
bear a grudge"
ריבו(?) Ibid. prh corrupt-
ed form of דבבו

דבח to sacrifice
2-22:19
cf מדבח "altar"

דבק to cling, adhere
1-2:24; 5-28:21
אדבק ('af'el) 1-4:8(X);
2-15:9(G) "to overtake"

דבר¹ to lead, conduct, take
1-4:8(B); 31:18,26; 42:
36(X); 48:15(Z); 2-15:13

דבר²,דבירה n. word [of
God], Commandment

דביריה די"י 2-14:30(T);
19:3(F,J,Y)20;
5-5:21/24 "the dibbera
of the Lord"
cf מימרה, מאמרה, אמר.

דבש n. honey
1-43:11; 5-26:9,15; 27:3

דא, דה this, this one (dem
prn. f. sg.) cf הדה

דהב n. gold
1-44:8; 49:2; 50:1(FF);
2-12:35; 20:20/23; 40:26

דוונא, דוי n. grief, sorrow
1-42:38
דוונא 2-12:2(GG)

דון to judge, argue
1-30:6; 31:49,53;
5-32:36 "to judge"
1-4:8(B); 2-15:12
(W,FF); 4-20:3,13
('itpa'al) "to argue"
למידן ('itpe'el) 1-38:26
(X,FF) "to be judged"
cf דיין n. "judge",
דין¹ n. "law", "judge-
ment"
דין² n. "strife", "quarrel-
ing"

דוק to look, gaze
אדיק 5-26:15 ('af'el)

דורון <Gk δῶρον n. gift,
present
1-4:4,5; 32:14,19,21,22;
43:25,26

דחל to fear
דחיל 2-15:11 "awesome"
דחלתך (רחלה) 2-15:16 n.
"Your fright"

דחף to push
2-19:21,24; 21:22

דחק to press, oppress
2-12:1; 22:20,24

די that, which, who, whom
(rel. prn.)
על-די "because"
עד-די "until"
אף-על-גב די "even
though"
מדי "when"
היך-מה די "just as"

דיד־ (+ suffix) particle of possession
דידיה "his"; דידן "our"

דיין n. judge
cf דון "to judge"
דין' "law", "judgement"

דייר n. dweller, inhabitant
2-15:14,15
also דייארה 1-41:57(E) "its inhabitants"

דין' n. law, judgement
בית דינה "court of justice"
סדר דינה "legal decision", "manner" (1-40:13)
יום דינה רבה "Great Day of Judgement"

דין² n. "strife", "quarrel-
4-20:13 (= MT "Meribah")

דיפלה s.v. בדיפלה "double"

דיץ n. dance, rejoicing
2-12:2(GG)

דכור n. male
1-34:15,22,24; 44:18 (D,R,X,FF)
cf דכר² n. "male", "ram"

דכי to purify (ritually)
דכי n. "pure", "clean"

דכר' to remember, recall, mention

דכר² n. male, ram
cf דכור "male"

דוכרן, דכרן remembrance, memory
2-12:14,42(FF);
17:14,16 (J,AA)

דלא' without
1-15:2

דלא² lest, so as not to
cf לא negative particle

דלווי (=דולבי) n. plane [tree]
1-30:37

דלי to draw up, pull up
1-37:28(D,E); 38:25(X);
41:14

דליל n. thin, meager
1-41:19

דליקה n. fever
5-28:22

דלמא perhaps
1-15:1(3x); 32:21; 43:12

דלק to light
2-40:25

דמו n. image, likeness, form
1-9:6; 32:25,29; 2-20:4;
5-5:8; 27:15

דמי to resemble, to be similar
1-44:18(Z); 49:11;
5-27:18

דמך to lie down, sleep
1-2:21; 2-22:26

דמעה n. tear
5-34(T)

דין, דן this, this one (prn. m. sg.)
cf כהדין, הדין, הדן

דנא these/this (prn. m.)
1-4:8(X); 31:7,41; 43:10

דנה n. sheath
1-44:18(X) prh corruption of נדנה

[דנח] to shine
2-22:2 (reconstructed)

דעה n. knowledge, mind
1-3:3; 22:8; 31:20,26,27
cf ידע "to know"

דפתר <Gk διφθέρα n. notebook
colophon p. 307

דקדמוי n. day before yesterday
cf קודם, קדם "before"

דקיק n. thin, lean
1-41:7,19,20,23,24

דר n. generation
also דאר 2-17:16(J)

דרג n. step
2-20:26

דרגש <Pers. n. bed, couch
1-47:31(D,Z); 48:2;
49:1(FF)

דרום n. south
2-40:24

דתה n. grass
דתין 5-28:23 pl.

הא' behold, indeed, here (exclamation)
= Heb. הִנֵּה
דהא "that (behold)"

הא² interrogative particle

האלין, האליין these, those (prn.)
cf אילין, אליין, אלין

הבהב rare (roasted)
2-12:9

הוי, הווי (= הוות) s.v. הבת

הדא, הדה this (prn. f. sg.)
cf דה

הדיא n. sprinkling
4-19:9,13,20,21
cf נדי "to sprinkle"

הדיר n. majestic, glorious
2-15:11(W)
cf אדיר 2-15:6(U); also
cf הדר.

הדין, הדן this (prn. m. sg.)
cf דין, דן

הדס n. myrtle (branch)
3-23:40

הדר n. glory
1-35:9

ההוא that one (dem. prn. m.)

ההיא that one (dem. prn. f.)

ההנון those (dem. prn. m.)
5-26:3(?)

הוא he, it (prn.)
אנא הוא "it is I" (emphatic)
לית הוא "there is no one"
1-39:9

[107]

הוֹד n. splendor, grandeur
1–35:9

הוֹדָיָיה n. thanksgiving
3–22:29

הֲוָוי ,הֲוִי to be, happen,
become
also as auxiliary verb +
participle
הֲוָה ל- to have (lit: was
to __)

הוֹפַע (< יפע) to appear
2–12:1(GG)

הִיא she, it (prn. f.)

הַיְדָה ,הַיְדֵין which (interrog.
f. sg.)
2–12:2(KK);
5–5:23/26(D)
cf אִידָא "that which"

הַיְלֵן which (interrog. pl.)
1–37:30(D)

הֵימִן ,הַיְמֵן to believe, trust
1–17:11; 2–4:8,9; 14:31;
19:9(F,U,Y)
הֵימִן ,מְהֵימִן n.
"trustworthy", "honest"
1–40:12; 4:20:10;
5–32:36
הֵימְנוּ n. "faithfulness",
"trust" 2–17:12(AA)

הִין n. hin (fluid measure)
3–23:13

הֵךְ ,הֵיךְ ,הֵיךְ־מַה just, as, like
cf אֵיךְ ,אֵיךְ־מָא

הִינִין they (prn. f.)
1–31:5(E)
cf אִינִין ,אַנִין

הָכָה ,הָכָא here
cf כֹּה "here"

הֵיכַל ,הֵכַל n. palace
1–44:18(FF,RR); 2–12:2
(GG)

הֲלָא, is it not (interrog.)
הֲלָה 5–1:1(Br)

הַלְוַי s.v. לְוַי "if only"

הַלֵּיל n. songs of praise (=
Psalms)
2–15:6(G)

הֲלַךְ to go, walk
cf מַהֲלַךְ n. "distance"

הֶמְיָן <Pers. sash, belt
2–39:29

הִנּוּן ,הִנּוֹן they (prn. m.)
cf אִנּוּן ,אַנּוּן

הֲנִיא ,הֲנָיָיה n. benefit, gain
1–15:2; 37:26(D,E)

הָפַךְ to turn
5–27:15
וַיִּתְהַפֵּךְ 2–7:17; 12:2(GG)
"be transformed"

הִרְהֵר to doubt, hesitate
1–22:8

הַשְׁתָּא
now (in toseftot)
1–17:11(EE)

וַאיי woe! (exclam.)
1–15:1

וְדִי to confess
וּמִתְוַוֹדִין 5–3:29

וַזְפוּ(?) n. loan
5–23:20
cf יָזַף "to lend"

וְלַד ,וָלָד n. child, fetus
1–30:2; 38:28;
44:18(FF); 2–21:22;
5–28:18
cf יְלַד "to give birth"

זְבַד to bestow (a gift), pro-
vide
1–30:20; 44:18(R)
זְבוּדִין "gifts", "pro-
visions"

זְבַן to buy (pe'al), sell
(pa'el)
זְבִינוּ ,זַבַּן 1–44:2(E);
2–21:21 n. "sale",
"purchase"

זְהַר to beware
אַזְהַר 1–31:24,29;
2–19:12(F,U) ('itpe'el)
זָהִיר 2–20:8(S),12(F,S)
"careful"

זִיו ,זִו n. (facial) expression,
feature, countenance
זִיו אַפִּין 1–4:5,6; 5–34:7

זוּג <Gk ζυγόν n. partner,
pair
1–2:18,20; 6:19; 7:2,3,9;
35:9

זוּד to conspire, scheme
2–21:14

זוּז n. zuz (coin)
1–37:28(E)

זוּן to feed, sustain
1–41:40; 2–20:2(G)
cf מָזוֹן "food"

זוּנִי <Gk ζωνή n. belt
1–41:44

זוּע to tremble
2–13:17; 14:30(X,T);
19:16(F)
cf זַעֲזַע "to tremble"

זִיגוֹן n. small bell
2–39:26

זְהוֹרִי ,זִיהוֹרִי n. scarlet,
crimson
1–38:28,30; 2–39:24,29;
4–19:6

זִיהוֹרִי s.v. זְהוֹרִי "scarlet"

זַיֵּין to arm
5–3:18
זֵינָה 1–49:5; 2–13:17
"weapons"

זִיק[1] n. water skin
1–21:14,15; 2–15:8

זִיק[2] n. meteor, comet
2–20:2(F,G,S)

זַיִת ,זֵיתָא n. olive tree/grove
2–23:11; 5–24:20

זְכֵי to merit, acquit
זְכוּ n. "merit"
זַכַּי ,זַכָּי n. "innocent",
"right"

זְמַן[1] to prepare, occur
מְזַמֵּן "prepared" (pa'el)
אִזְדַּמֵּן "occurred"
('itpa'al), "to consort
with"

זְמַן[2] n. time, opportunity

[108]

זמן³ n. assembly משכן זמנה "tent of assembly"

זני to act the prostitute/harlot 1-38:24(D,E) זנו n. "prostitution", "harlotry" 1-38:24(D,E),26(X); 5-23:19

זעזע to tremble אזדעזע 1-44:18(X,FF); 20:15/18(F) cf זוע "to tremble"

זעיר n. small, young, trifle, few, brief זעירו 1-43:33(D,E) n. "youth"

זעם n. wrath 2-12:2(GG)

זעף to be distraught, rage זעיפן 1-40:6,7; 2-12:2 (MM)

זעקה n. cry, shout 2-12:1(KK)

זקף to raise, stretch out, extend, uphold 1-4:8(X); 2-6:8; 12:2 (KK); 17:12; 5-32:40 especially to raise arms to pray or to take an oath

זקק¹ to purify, cleanse 5-24:5 "free (of obligation)"

זקק² to need, require זקיק 1-30:30 "am required"

זרז to hurry 1-43:30; 2-12:21,33 strange use in 1:43:31(E) for Heb. ויתאפק.

זרע¹ to sow מזדרע 4-20:5

זרע² ,זרעי n. seed, offspring 1-7:3; 4-20:5 לזרעיתכון 2-12:21 "according to your families"

זרק to throw, splash, sprinkle, shoot (arrow) 2-12:2(KK) יזדרק 2-19:13 "to be shot" זרק 4-19:13,20 "was splashed"

חבולה n. interest (on loan), pledge 2-13:17

חבוש n. imprisonment בית חבושה "prison" 1-40:5,14,15; 2-12:29 cf חבש "to imprison"

חביב n. beloved 2-4:26; 19:5(F,J); 5-26:18(D,AA)

חבל¹ to destroy, injure 1-9:11,15; 2-12:13 cf מחבלן "destroying angel"

חבל² n. rope, cord 1-50:1(FF)

חבק to embrace וחבוק 1-29:13

חבר n. friend, fellow גבר ית חבריה "one another"

חברי n. wound 2-21:25

חבש to imprison 1-40:5; 42:36(X) cf חבוש n. "imprisonment"

חגג to celebrate (a festival) 2-12:14; 23:14; 3-23:39, 41 חג "holiday", "festival"

חד one (num.) על חד כמה וכמה "how much more so" (D,Z) 1-44:18 (לחדה לחדה =) חדה לחַדה "very much" 1-7:19; 30:43 also חתא ,חתה 4-28:20, 28,29(F) and חדתה f. 4-28:28(Y) חד-עשר 1-32:23; 44:18 (R) "eleven"

חדי to rejoice 1-21:6; 38:26(FF); 3-23:40; 5-26:11; 27:7(D,AA) חדו ,חדווה "joy" 1-22:9; 31:27; 2-12:2(GG); 3-23:32,36

חדת new 3-23:14,16; 4-28:26 (F,Y) "new grain"

חוב to be guilty חובה ,חוב n. "guilt", "sin" cf חייב n. "guilty one"

חוור to wash (clothes) חוור 1-30:35,37 "white"

חוי¹ to tell, show, see 1-37:33; 48:11(D,Z); 5-5:21/24 "to show" = Heb. הֶרְאָה 1-31:20; 37:16; 41:24,25; 43:6 "to tell" = Heb. הגיד חֲוֵי 2-20:2(G) "to see"

חוי² ,חווי ,חיוי n. snake, serpent 1-3:1,2,4; 49:17; 2-7:10, 12

חולף instead of, in place of, because of חלף 1-3:1 unclear; prh error for לחוד as in Neof gl cf חלף "to change"

חולק n. portion

חוס to protect, spare, show regard 1-43:29; 49:6; 2-14(MM, חאיס)

חופאה n. s.v. חיפי "covering"

חוש to feel 2-20:3(G)

חזוה n. appearance also חזיו 1-3:6 1-9:13

חזור-חזור all around cf חזר "to return"

חזי to see 1-4:8(X); 2-13:17(X); 15:7(G)

[109]

חזק to be strong
מחזקה 1–50:1(FF)
"reinforced"

חזר to return, restore, to change, become

חטא n. sin, crime
1–4:7; 5–3:29
חטי 2–22:8

חטאת n. sin offering
4–19:9,17; 28:22
also חטתה 3–23:19

חִטָּה n. wheat
1–30:14; 2–9:32

חטי to sin
1–44:18(Z); 49:4; 2–9:
27; 5–1:2

חוטר, חטר n. rod, staff

חיי, חי to live
אחיי ('af'el) 2–13:17 "to resurrect"
cf חיין n. "life"
חי "by the life of" (expression of oath)

חייב, חַיָּב n. guilty, guilty one
2–9:27; 20:7(F,S); 23:1
also חיובה 5–25:2

חייה¹, חיווה, חיוה, חיה
n. animal

חייה² n. midwife
1–38:8

חייל, חיל n. strength, might, army

חיין, חַיִן n. life
בחיין "alive"

חיפי n. covering
2–39:34
also חופאה 2–40:19

חירו n. freedom
2–21:[26],27

חכם to know, recognize, acknowledge
חכים n. "wise", "wise man", "elder"
חוכמה, חכמה n. "wisdom"
1–41:43; 5–34:9

חל n. sand
1–32:13; 41:49

חלב n. milk
1–4:8(X); 5–26:9,15(AA)

חלה¹ n. valley
5–34:6
חלי[ותא] 5–3:29

חלה² n. loaf
2–12:39; 3–23:17

חלי to be sweet
5–26:9,15; 27:3

חלל to desecrate
1–15:1

חלם to dream
חלם n. "dream"

חלף to change
1–41:4
cf חולף "instead of"

חליץ to rescue, remove
2–15:6(G)

חלש to weaken, subdue
2–15:7(G)

חם n. father-in-law
2–4:25

חמד to desire, covet
1–31:30; 2–20:2(G),14/
17(F)
חמוד n. "covetous person"
2–20:14/17(F,CC)
cf תוחמדה n. "delightful"

חימה, חמה n. anger, wrath
1–49:7; 2–15:15(G)

חמי to see, behold, tell
אתחמי "to appear"
('itpe'el)
also חמי[ן] "suited" 1–49:3

חמיע n. leavened dough
2–12:15,19,20; 3–23:17
(= Heb. חמץ)
confused with חמיר
cf חמע "to leaven"

חמיר n. leavened bread
2–12:15,19 (= Heb.
שְׂאֹר) confused with חמיע

חמם to be hot
1–35:9 (quote from
1–18:1)
מיחם (יומה) "heat (of the day)"

cf יחם "to be in heat"

חמע to leaven
אתחמע 2–12:34,39
('itpe'el)
cf חמיע "leavened dough"

חמור, חמר¹ n. donkey

חמר² n. wine
1–9:21; 50:1(FF); 3–22:
27; 23:13

חמר³ n. socket
וְחָמְרוֹי 2–39:33

חמש five (num.)
חמש־עשר "fifteen"
חמשין "fifty"
חמישיי "fifth" (ord.)

חן n. favor
usually in the doublet חן
וחסד
חנן n. "kind", "grantor of favor"
בחננא 1–44:18(X,FF)
adv. "beseechingly"

חסד n. favor, kindness
also (euphemism for?)
"shame", "disgrace"
1–30:23 (= Heb. חֶרְפָּה);
cf חסד in MT Lev 20:17
"shame", "reproach"

חסיד n. pious (person)
5–33:8

חסים n. impervious, hard
5–28:23

חסל to finish, end, wean
1–21:8,15; 44:12
אתחסיל ('itpe'el) 1–21:8
"to be weaned"

חסף n. clay, ceramic
4–19:17

חסר to diminish
1–8:3,5

חפי to plate, coat, cover
מח[פיה] 1–50:1(FF)
"plated"; 2–15:10(G)

חפר to dig
1–4:8(X); 2–21:33

חצב to hew (stone)
2–20:22/25(A,F)

חצד to harvest
3–23:10,22
חצד n. "harvest"
1–30:14; 3–23:10,22

חקל n. field

חקק to engrave, incise
2–12:2(KK); 20:2(F,S);
5–27:8(D,AA,DD)

חרב¹ to destroy
למחרבה 1–49:6 (pa'el)

חרב² n. sword

חרטם n. magician
2–15:10(G)

חרך n. window
1–7:11; 8:6

חרסן n. a skin disease
ובחרסנה 5–28:27 (=
Heb. ובחרס)

חרץ n. loin
1–35:11; 46:26; 49:11;
2–12:11
נפק חרצי = "progeny"

חרש n. sorcerer
1–41:8,24; 2–7:11,22;
22:17
חרשה 2–22:17 n.
"sorceress"
חרשין 2–7:11,22 n.
"magic", "sorcery"

חשב to think, make an ac-
counting
1–15:1; 2–12:2(KK)
אתחשב 1–31:15; 5–27:9
"to be considered"
חשיב 1–30:1
"considered"
חשבון 2–12:2(KK) n.
"account"

חשך to make dark
מחשך ('af'el) 2–12:2(KK)
חשוך 5–5:20/23 n.
"darkness"

חתה (= חדה) s.v. חד "one"

חתורה n. tunnel
2–22:1

חתן n. bridegroom, son-in-
law
1–35:9; 2–4:25; 5–24:6

טב n. good
טב __ מ __ "rather,
better__ than__"
יום טב "holiday",
"festival"
טבה ,טיבו ,טבו "willing-
ness", "goodness"
1–44:4; 2–14:30(T);
20:6(F,S); 5–26:11
יטב "to do good",
"improve"

טבח to slaughter
2–12:1(KK)

טבל to dip, immerse
1–38:26(FF); 2–12:22;
4–19:18

טבע to sink, drown
2–15:4(U,FF)
cf טמע

טיהרה ,טהרה n. noon
1–43:25(E); 5–28:29

טובי happy/fortunate is
(the person)
1–38:26(D)
usually translates the
Heb אַשְׁרֵי

טוס to fly
1–7:14; 2–12:2(MM);
20:2(F,S); 5–4:17

טוף to surge up, float
1–31:22

טוור ,טור n. mountain
also טברה 5–3:9

טייר to augur
1–30:27

טין n. mortar
2–12:2(KK)

טירנוס <GK τύραννος n.
tyrant, despot
2–12:2(KK)

טכס <Gk τάξις/τάσσω to
fasten, hitch up (a cha-
riot)
1–46:29

טל n. dew
2–12:2(GG); 5–28:23 pl.

טלטל to wander
1–4:12,14,16

טלי n. child
טליו n. "childhood"
1–46:34; 48:15(Z)

טלל, to shade, cover
אטיל ('af'el) 2–40:21
טללו 2–15:13(G) n.
"shade"

טלק to cast, throw (down),
place

טמא n. unclean
4–19:11,13; 5–26:14

טמע to sink, drown
2–15:1(J)
cf טבע "to sink", מטמע
"setting (of sun)"

טמר to hide, conceal
1–4:8(X),14; 31:27,49;
38:25(X); 49:1(FF)
מטמר 2–20:2(G)
"concealed"
טומרה 5–27:15(DD) n.
"secret", "hiding"

טנרה n. flint-stone
2–4:25; 20:2(G)

טעו n. idol (< "error")
pejorative for foreign
worship; (= Heb. אלהים
אחרים)
cf טעי "to err, stray"

טעי to err, stray
1–31:39
יטעי 5–27:18 ('af'el) "to
deceive"
cf טעו "idol", "error"

טעם¹ to taste
5–34(T)

טעם² n. argument, reason
2–12:2(GG)

טען¹ to carry, bear
טעון n. "(carrying) bag"

טען² to claim
1–4:23
טענה 1–4:24 n.
"argument"

טפח to slap, strike
2–13:17

טפי to extinguish
טפיה 1–38:26(D,E,X)
"extinguishable"

[111]

טפל n. child
1-43:8; 2-12:37

טפש n. foolish person
2-12:1(GG)

טרד to chase out, banish
1-4:14; 21:10; 2-6:1;
12:39; 5-4:38

טרף to tear
ואטרפת (רוחה) 1-41:8
"was perturbed" (lit:
"his mind was torn")

יאי n. proper, suitable,
pleasant, goodly
יאות (adv.) "properly",
"correctly",
1-30:34; 40:16;
5-27:8(D,AA)

יבבו n. horn blast
3-23:24

יבידה n. lost object
2-22:8

יבל to carry, lead
2-20(G)

יברוח n. mandrake
1-30:14,15,16

יבש to dry up
ויב[שו] 1-8:7
יביש 2-13:17 n. "dry"

יבשה n. dry land
1-7:22; 2-4:9;
14:29(PP); 15:19

יגר n. cairn, heap of stones
1-31:46,47,48,51,52

יד n. hand, possession,
charge
also איד 2-21:24

ידי to give thanks
(only in 'af'el) (אודי)
1-29:35; 43:28(D); 2-
12:27; 15:1,21(J,FF,W);
5-26:10

ידע to know
cf דעה n. "knowledge"
אשתמודע
1-38:25(X,FF),26(FF)
"to acknowledge"

יהב to give, place, be
situated
2-40:18 "to place, set"
(Heb. ויתן);
יהיבין 1-39:2; 47:1; 5-1:1
"to be situated"
1-38:26(FF) "to give in
marriage"
יהב n. "burden"
2-20:2(G)

יום n. day
יום טב "holiday",
"festival"

יון n. Greece
2-12:2(GG)

יוון, יונה n. dove
1-8:8; 2-12:2(GG)

יוצר-בראשית (= Heb.) n.
Creator of the beginning
(= God)
2-14:30 (X)

יזף to lend
2-22:24; 5-23:20
cf וזפו(?) n. "loan"

יחי to hurry, hasten
אוחי ('af'el) 1-41:32;
3-22:27

יחל to hope, expect
מיחלין 2-20:2(G)

יחם to be in heat
אתיחם 1-30:38,39,41
יחמו 1-30:41; 31:10 n.
"being in heat"
cf חמם "to be hot"

יטב to do good, improve
1-4:7; 40:14; 2-23:2;
5-5:26/29
cf טב n. "good"

יכח to admonish
אוכח ('af'el) 1-31:42;
5-1:1; 34(T)

יכל to be able, capable,
prevail

ילד to give birth
אולד ('af'el) "to beget"
cf ולד n. "child", "fetus"
מולד n. "birth"

יליל n. spy
יליליא 5-1:1 pl.

מייללין 1-42:34 pl.
מאללי 1-44:18(X,FF)
cf אלל "to spy"

ילל to wail
1-35:9

ילף to learn
מלפן 4-20:10 "teacher"
אולפן "teaching",
"instruction"
cf אלף

ים n. sea
ימא דסוף "Sea of Reeds"

ימי to swear
1-44:18(Z); 2-20:7(G)

ימין n. right (hand)

ינק to suckle
מינקן 1-32:16 "nursing"
ינקין 2-12:1(KK)
"infants", "sucklings"

יסודי (ראש) head-rest (pl.)
1-28:18

יסף to add, continue

יציב citizen
2-12:19; 3-23:42

יצר n. (evil/good) inclina-
tion, urge
יצרא בישא 1-4:7 "evil
inclination"

יקד to burn, be burned, set
afire
יקידה n. "fire","burning"

יקר to honor
איקר, יקר n. honor, glory
(of the Lord), wealth
יקר שכינתא 1-35:13; 2-
19:4(J),17,18,20(F);
20:17/20,18/21(F);
4-20:6(AA); 5-26:2(AA)
"glory of the shekhina"
איקרא 1-31:1 "wealth"
מייקרא 3-22:32 "honor-
ed" (passive), "glorious"

ירח n. month
ראש ירחה 2-12:2 "new
moon"
also אירח 2-12:2(GG)

ירך n. thigh
1-32:26; 35:9

[112]

ירקון mildew(?), jaundice(?)
5-28:22

ירת to inherit
1-15:2,4; 21:10; 5-28:21
ירותו n. "inheritance"

ישר to be upright, honest
ישירא 3-22:27 n.
"upright one" (= Isaac)
ישרה 1-35:9 "uprightness"
משר "plain"

ית accusative particle
also + pronominal suf-
fixes; translates Heb. אֶת
את (Heb) 1-41:45; 42:36
ית translates את, preposi-
tion "with", in a few
(mistaken?) instances
פרס ית אחוי 1-31:25;
ומלל... (ית) עם פרעה 1-41:9

יתב to sit, dwell
cf תותבו n. "habitation",
"dwelling"

יתיר more (than)
1-48:22(Z)

יתם n. orphan
2-22:21,23; 5-26:13

כאילו as though
1-46:30

כבש to conquer, subdue
וכבישו (pa'al) 1-35:9
מתכביש ('itpe'el)
2-14:30(X,T)
כביש 2-15:11(G) "beaten
path"

כד ,כדי when, while
כדי 1-4:8(B); 29:13;
37:23(D)

כדון now
עד כדון "still"

כדי s.v. כד "when"

כדין ,כדן so, such
בגין כדין "for this
reason"
בתר כדין "afterwards"
כהדין ,כהדן of

כדפה s.v. כתף "shoulder"

כהדין ,כהדן thus, such
2-12:11; 4-28:21,24,29
cf הדין ,הדן

כה here
5-27:15(DD)

כהי to become dim, weak
(eyes)
2-12:42(FF); 3-22:27;
5-34:7

כהן n. priest
כהנה רבה "high priest"
כהנה n. "priesthood"

כוה window
1-8:2

כוייה n. burn
2-21:25

כוכב n. star
2-20:2(G)

כול to measure
מכיל ('af'el) 1-38:26
(D,X,FF)
cf מכלה n. "measure"

כוון ,כון to direct, intend,
face
1-17:11; 28:17; 2-19:2
(J,Y,NN); 21:13

כוספי n. spelt, millet
(grain)
2-9:32

כוות ,כות like

כחדה together, as one

כחש to deny, object
2-12:2(MM)

כיון ד ___, ביון ד___ since, as
soon as

כיור n. laver
2-40:11

כינר n. lyre, lute
1-31:27

כיף¹ n. rock
4-20:8,10,11

כיף² (= גיף²) n. shore
2-14:13(FF)

כיתן n. flax
2-9:31

כל all, every, any, entire
בְּכָל 1-30:41 "whenever"
כל מן-דעם 1-30:31; 39:6
"anything at all"

כלב n. dog
5-23:19

כלה n. daughter-in-law,
bride
1-35:9; 38:16,24,26;
49:9; 5-24:6

כליד <Gk κάλυξ n. goblet
1-44:2,5,12,16

כליל n. crown
2-12:2(GG); 15:18(FF)

לקבל ,בלוקבל ,בלקבל toward,
opposite (prn.)

כמה¹ (+ ד-) just as

כמה² how much, how
many
על חד כמה וכמה 1-44:18
"how much more so"
also כ[ה]מן 5-1:1

כמסת enough, commen-
surate, likewise, so as
1-39:10; 2-12:4 (spelled
כמסד); 3-23:29; 5-25:2
also מיסת 1-49:1(FF)

כן so, thus, such, this
בגין כן "for this reason"
מן בתר כן "afterwards"

כנישה n. assembly, gather-
ing,
cf כנש "to gather"

כנעני n. Canaanite
1-9:18,22 (כנענאי); 24:3

כנף n. wing
2-19:4

כנש to assemble, gather in
(also euphemism for
death)
אתכנש ('itpe'el) 1-4:23;
47:29,30; 48:21;
5-34:5,7 "to die" (lit:
"to be gathered in")
cf כנישה "assembly",
"gathering"

כס n. cup
1-40:11,12,13; 5-34:(T)

כסי to cover, conceal
כסו n. "cover",
"clothing"
cf תכסי n. "cover" 2-22:26

כסף n. silver, money
also with denominations
מאעין, סלעין, זוזין

כען now, please, here, and
as an emphatic particle

כעס to be angry
למכעסה ('af'el)
2-20:20/23 "to enrage"

כף palm (of hand), sole (of
foot)
כף-ירך "thigh joint", "hip
socket"

כפן to be famished
1-41:55
כפן n. "hunger",
"famine"

כפי to bend over
2-20:3(G)

כפר¹ (pa'el) to atone
3-22:27; 23:28;
4-28:22,30; 5-1:1

כפר² (pe'al) to deny
1-44:18(Z); 5-24:6

כפר³ n. village
5-1:7; 3:5

כפרת cover of ark, propitiatory
כפורתא 2-40:20

כרז <Pers. to announce,
proclaim
ואכרז ('af'el) 5-33:9

כרך n. walled city
1-15:1; 49:7

כרם n. vineyard
1-9:20; 2-22:4; 5-23:25;
24:21

כורסי, כרסי n. chair, throne
1-41:40; 44:18(FF);
2-12:2(KK),29; 17:16
(J,AA)

כרעין n. legs, knees (pl)
2-12:9

כשר proper, suitable
3-22:27

כתב to write
כתב n. "writing"
cf כתובה "marriage
contract"

כיתה, כתה n. group of people
2-14:13,14(J,FF); 15:3
(U)

כתובה n. marriage contract
1-31:15
cf כתב "to write"

כותנה, כתנה n. tunic, linen
garment
1-37:31,32,33; 38:26
(D,X,FF); 2-39:27;
40:14

כתף n. shoulder
1-9:23; 21:14; 44:18
(R,X); 49:15; 2-12:34
also כדפה 1-44:18(FF)

¹ל (+ pronom. suffix) to
(prep.)

²ל (+ pronom. suffix)
accusative particle

לא no, not, negative particle, naught
cf ¹דלא "without", ²דלא
"lest"
cf לית negative particle
לא...ולא "neither... nor"
כלא 2-20:2(G) "like
naught"

לאן where to (interrog.)
1-37:30(E)
cf להן "where to"

לב, לבב n. heart
אמר בלביה "said to himself"
שוי לביה "paid attention"

לבלחוד alone, by oneself,
only

לבלי s.v. לולי "to shout"

לבש to dress
לבוש n. "clothes",
"garment"

לגו into (prep.)

להבה n. flame
5-5:19/22,21/24,23/26

לחוד, להוד also, only,
also להות 1-43:8(E)
לחות 2-19:9(F); 3-23:39
(F)
cf לבלחוד "alone"

להט to set aflame
2-15:7(U)

להל onward
3-22:27

להן where to (interrog.)
1-32:18; 37:30(D)
cf לאן "where to"

לובדק <Gk Λυβδικός
Libyan ass
1-32:16

הלוי, לווי, לוי if only
1-30:34; 4-20:3 (הַלְוַי);
5-5:26/29

לבלי, לוולי, לולי to shout
2-14:13,14(J); נלבלי,
(FF)

לוז n. almond
1-30:37;43:11(D)

לוח n. tablet, board, plank
2-12:2(MM); 20:2(F,S);
39:33; 5-5:19/22

לוט to curse
לוט 5-28:15(D) n.
"curse"
מלייטייה 5-27:15(DD)
"the ones who recite the
curses"

לולב n. palm branch
3-23:40

לוות, לות towards, to
(prep.)
also לבת 2-12:3(HH)

לחדה much
חדה לחדה 1-7:19; 30:43,
"very much"

לחוד s.v. להוד "also",
"only"

לחוש reddish (color)
1-30:32,33,35,40

לחם n. bread, meal, food "food"/"meal" 1-37:25; 43:25

לחץ to oppress 2-12:1(KK)
לחץ n. "oppression"

לטום n. ladanum 1-37:25; 43:11

ליבנה n. brick 2-12:2(KK)

ליגיון <Gk λεγεών n. legion 1-15:1

לֵיוִי n. levite 1-50:1(FF); 5-26:11; 27:15(DD)

לילי n. night

לית (<לא + אית) there is not, negative particle

למה why (interrog.)

למפד <Gk λαμπάς/ λάμπαδος n. torch 2-20:2(S)

לעום (= לעומת) opposite, before 2-12:2(GG)

לעי to toil 1-49:15; 5-23:25(DD)
לעו 1-31:42 n. "toil"

לעיל, לעל above (prep.)

לעלם forever 2-19:9(F,U,Y)
לעלמי עלמין 2-15:3 (U,FF) "forever and ever"

לען n. wormwood, poison 2-15:15(G)

לפד s.v. למפד n. "torch" 2-20:2(F),18(F)

לפם according to (prep.) 2-12:4

לקבל s.v. כלקבל "towards", "opposite"

לקדמות towards (prep.) 1-29:13; 30:16; 46:29; 2-19:17

לקט to gather, collect 1-31:46; 3-23:22
לקט 3-23:22 "gleanings"

לקי to be smitten 2-9:31,32

לקיש late in season, slow in ripening 1-30:42; 2-9:32

לרע below (prep.) 2-20:4(F)

לש n. dough 2-12:34,39

לשכה n. chamber colophon p. 307

לישן, לשן n. language, tongue, hank/strip (of yarn) 1-31:11,47; 2-15:16(G); 5-27:8,24
לשן דזיחורי טבה 4-19:6 n. "hank of fine crimson wool"
לישנה תליתיה 5-27:4 n. "slander" (lit: "triple tongue")

מא s.v. מה "what" (interrog.)

מאה hundred (num.) pl. מאון, מאוון
מאתן 2-13:17 "two hundred"

מיכל, מאכל n. eating (capacity), nourishment 2-12:4; 5-1:1

מאלל s.v. יליל n. "spy"

מימר, מאמר n. word
מאמרא [די'י] "word [of God]", "memra"
s.v. אמר¹ "to say"

מן, מאן n. utensil, vessel

מאני s.v. מני² "to appoint"

מאעה (= מעה) n. a coin 1-37:28(D)

מארי s.v. מרי "master"

מבול n. flood

מבוע n. spring (of water) 1-8:2; 29:22; 2-7:19

מגזה n. ford, crossing point 1-32:23; 2-15:16(W)

מגיר n. neighbor 2-12:4

מגל n. sickle 5-23:26(DD)

מגן¹ n. shield 5-32:38

מגן² free, for nothing 1-29:15; 2-20:7(Q)

מדבח n. altar cf דבח "to sacrifice"

מדבר n. desert

מדור n. dwelling place

מדינה n. province 1-15:1

מדמך n. bedroom, sleeping place 1-2:24 cf דמך "to lie down", "sleep"

מדנח n. east 1-4:16; 29:1; 3-22:27; 5-3:17 cf דנח "to shine"

מן־דעם, מדעם s.v. מידעם, מדעם "anything"

מדרש (בית) n. (place of) study 1-30:13; 5-28:6(DD)

מה what, how, whatever
מה־דלמא "perhaps"
מן בגלל מה "for what reason", "why"
מה־ד־ "that which", "whatever"

מהיימן n. trustworthy, faithful, fair 1-4:8(X); 40:12; 2-12:2(GG),42(FF); 4-20:10; 5-33:8 cf הימן "to believe", "trust"

[115]

מהלך n. distance, journey
1-30:36; 31:23
cf הלך "to go", "walk"

מואבי n. Moabite
5-34:6

מוט to slip, falter
5-32:35

מולד n. birth
1-38:27
cf ילד "to give birth"

מום n. blemish, fault, defect
2-12:5; 3-23:12,18;
4-19:2; 28:19

מוסף n. additional (service, reading, sacrifice)
colophon p. 307; 4-28:
16,26(F)

מועד n. festival, holiday
(lit: "fixed time")
3-23:2,4,32,37,44

מורכי n. trough (for watering animals)
1-30:38,41

מוש¹ (<משש) to touch
מש (ידיה) 1-44:18(X)
placed (his hand on__)

מוש² to move
2-20:3(G)

מות to die
מותן ,מותא n. "death",
"pestilence"
2-12:13; 20:13/14,13/
16; 4-20:3
מית n. "dead person",
"corpse"
מיתו n. "death" 5-33:6

מותר n. leftover, surplus
2-12:34

מזוג n. butler
1-40:9,12; 41:9

מזוזי n. doorpost
2-12:7,22,23

מזון n. food, provision
cf זון "to feed"

מזופה n. rebuke, anger
2-15:8(G)

מזל n. lot, luck
1-29:17; 2-12:2(KK)

מחבלן n. destroying angel
2-4:25,26; 12:23
cf חבל "to destroy"

מחי to strike, smite
יתמחון ('itpa'al) 1-4:8(X)
"fighting"
מחן 2-12:1(GG)
"plagues"

מחל to forgive
2-20:2(G)

מחלקה n. division
1-50:1(FF)

מחר tomorrow
2-17:9; 19:10(F,U)

מטי to arrive, reach
1-22:7; 32:27; 37:23(D);
43:21(D); 50:1(FF)

מטלה n. hut ("sukkah")
2-12:37 (= Heb. toponym סכת); 3-23:34,42,43

מטמע setting (of sun)
2-17:12
cf טמע "to sink"

מטר n. rain
אמטר ('af'el) "to cause rain to fall"
יתמטר ('itpe'el) 2-12:2
(GG) "to rain down"

מטרה (< נטר) n. prison, guard, reserve
1-40:7; 41:10; 44:18
(R,X,FF); 2-12:6;
4-19:9

מיי ,מיין n. water (pl.)
also מים ,מים (Heb. infl?)
1-37:24(D); 43:24(E);
4-20:2,5,8

מיינוקייה (< ינק) n. infant, suckling
2-12:2(KK)

מיכל s.v. מאכל "eating"

מין n. species, type
1-6:20; 7:14

מיסרה n. bunch (of hyssop)
2-12:22

מיסת s.v. כמסת "commensurate"

מית n. dead person, corpse
cf מות "to die"

מכך to lower, incline
אמכו 3-22:27

מכלה n. measure
cf כול "to measure"

מכסה n. count, number
2-12:4

מלאך n. angel
1-3:5; 31:11; 32:25,27,
29; 35:7; 38:25(E);
48:16(D,Z); 2-15:7(U);
3-22:27

מילה ,מלה n. word

מלי to fill, to be full
1-9:19; 35:9; 44:1

מלך¹ to take counsel, reconsider
איתמליך 1-4:8(X)

מלך² n. king
מלכה 2-12:2(GG) n.
fem. "queen"
מלכו "kingdom", "kingship"
אמלך ('af'el)
5-26:17,18(D,AA) "to enthrone", "affirm"
מלך "to rule",
"control"(?) 1-17:11

מלל to speak
ממלל ,מלל n. "speech"
2-4:10; 5-34:10
מללו n. "speaking"
1-39:10; 2-19:9(F,U,Y);
5-5:25/28

מלפן n. teacher
s.v. ילף "to learn"

ממון n. money
1-34:23; 2-15:9(G);
21:30

ממר ,מימר ,מאמר n. word
מימרא [די'י] "word [of God]", "memra"
s.v. אמר¹ "to say"

מן¹ from, of, since, than, from among (prep.), and with pronom. suffixes also מאן(!) 1‑22:7, and מין 2‑6:6; 7:21

מן² who (interrog.), one who(m), whoever

מן³ n. manna 2‑12:2(GG); 15:13(G); 20:2(G)

מן־בגין (כן) therefore, on account of, for that reason cf בגין

מן־בגלל (ד־) so that, in order that, because of cf בגלל

מן־בתר afterward, after מן בתריה 1‑39:6 ("check) after him" cf בתר

מנדעם, מן־דעם n. something, anything 1‑30:31; 39:6,8,9; 40:15 also מדעם and מידעם 1‑22:5(K)

מן־יד immediately (adv) 2‑15:12(W)

מן־קצת a few מין־קצת 1‑47:2

מנחה n. meal offering (sacrificial)

מני¹ to count cf מניין n. "count"

מני² to appoint also מאני 1‑39:4(E)

מני³ to jeer, deride נמני לקבליהון 2‑15:3(U) "let us jeer at them" cf FT(P) עוג 4‑21:34 רשיעא דהוה מוני לאברהם

מניין n. count, number 1‑31:39; 44:18(RX, FF); 4‑28:21,29; 5‑4:27

מנע to withhold 1‑8:2; 30:2; 39:9; 2‑9: 29,33; 17:11

מנרה n. candelabra 2‑39:37; 40:24

מסי to melt 2‑15:15(W)

מסכין n. poor person 2‑22:24; 23:11; 3‑23:22

מסר to give over, place 1‑4:7; 15:1; 39:4,8; 5‑24:15

מעון n. dwelling place 5‑26:15(AA), possibly a scribal error, and not part of the Aramaic text.

מעיל n. robe 2‑39:23,24,26

מעין n. womb, bowels 1‑15:4; 30:2; 38:27; 44:18(FF); 5‑28:18

מעשר n. tithe 5‑26:12 cf עשר "to tithe"

מפקו n. going forth 2‑19:1 cf נפק "to go out"

מפת (< Heb.) n. wonder 2‑12:1(GG)

מצו n. strife מצוותה 5‑33:8 (= Heb. "Meribah" toponym)

מצווה, מצוה n. commandment

מצולה n. depths (of sea) 2‑15:5(U),6(G)

מציר (< צרר) n. oppressor 2‑15:6(G)

מצנפת n. priest's turban, headdress 2‑39:31

מצועה, מצע n. middle 5‑3:16; 27:15(DD)

מצריי n. Egyptian

מקדש n. sanctuary, temple 1‑28:22; 2‑15:17; 4‑19:20 also בית מקדש cf קדש, קודשה

מקף (< נקף) around חזר ומקף 4‑19:15 "all around"

מרביינה n. nursemaid 1‑35:8,9 cf רבי "to raise (a child)"

מרגליין <Gk μαργέλλιον n. pearl(s) 1‑50:1(FF)

מרד to rebel 2‑20:5(F,S)

מרום n. height 1‑32:27; 38:25(E,X); 2‑12:2(MM); 15:11 (G,W) also מרוממייה 3‑22:27 (pl.)

מרור n. bitter herb 2‑12:8 (pl.) מרורין

מרחקה n. abomination, detested 1‑34:14; 43:32; 46:34; 5‑27:15(DD) cf רחק "to distance"

מרי n. master, owner also מארי 1‑17:11; 46:32, 34(D) מרי עלמא 1‑22:8 "Master of the World"

מריע n. dung 4‑19:5

מרכבה n. chariot 1‑41:43 (expect ארתך; but = Sam tg J)

מרעה n. pasture 1‑47:4

מרצע n. awl 2‑21:6

מרתוק n. fist 2‑21:18

משח n. oil

משיח(ה) n. anointed one, messiah 1‑38:26(FF); 49:18(X, FF)

משך n. skin 2‑22:26; 39:34; 3‑22:27; 4‑19:5

משכב n. lying down
(בית) משכבא 1-4:23(X) "bedroom"

[1]משכן to give/take as pledge, security
5-22:25; 24:6,17

[2]משכן n. tent, Tabernacle
משכן זמנה "Tent of Meeting", "Tabernacle"

משמע n. hearing
1-44:18(D,Z); 2-17:14
cf שמע "to hear"

משמש to grope
5-28:29

משר n. plain (topography)
1-35:9; 5-1:1; 34:8
cf ישר "straight"

משרוי n. dwelling
1-46:28; 2-12:40
cf [1]שרי "to dwell"

משרי n. camp, encampment (= army)
cf שרי "to dwell", "camp"

משתי n. feast
1-29:27,28
cf שתי "to drink"

מתל to compare
1-22:5; 37:33(D); 40:12

מתנה n. gift
3-23:20,38
cf נתן "to give"

נבו n. prophesy
נבי n. "prophet"
נבייה 2-15:20 "prophetess"

נבזין n. lot(s) pl.
2-12:2(KK)

[1]נגר to flow
מתנגר 2-15:8(G)

[2]נגר n. pole (wood)
2-39:33

נגשן n. gorer (ox)
2-21:29,36

נדד to wander, be restless
ונדת [שנתי] 1-31:40 "[my sleep] wandered from__"

נדי to sprinkle
2-12:22;
4-19:4,18,19,21
cf הדיא n. "sprinkling"

נדן, נדונה, נידנה n. sheath
1-44:18(R,FF),
cf דנה (X)

נדר to make a vow
1-28:20
נדר n. "vow"
1-28:20; 31:13; 3-23:38

נהם to roar
1-44:18(FF); 2-14:30(T)

[1]נהר to illumine
1-38:25(D,E); 44:3
נהור n. "light" 1-44:3(E); 2-12:2(GG)

[2]נהר n. river

נוח to rest
1-8:4; 35:9;
2-20:11(F,S); 23:12
cf נייח "rest"

נוכריי n. stranger
1-31:15

נון n. fish
1-48:16; 2-7:18,21

נוף to wave
3-23:11,12,20
אנפי, אנפו n. "waving" (of sacrifice, offering)
3-23:15,17,20

נור n. fire

נושעה (< Heb. ישע) redeemed one (= Israel)
2-12:2

נזל to stream, flow
5-34(T)
נזל n. "flowing", "liquid"
נזליא 2-15:8(W) and possibly 2-12:2(KK)
אזליא 2-15:8(G)

נחל n. stream, wadi
1-32:24; 2-15:16;
3-23:40; 5-2:13; 3:16

נחם to comfort, console
1-35:9; 5-32:36 (מתנחם, prh "regret")

נחש n. copper
5-28:23

נחת to descend, go down
נחתה 2-12:2(GG) n. "fall", "layer"

נחתום n. baker
1-40:16,17; 41:10

נטל to take, lift up, to travel
מנטל n. "exalted"
נטל עינוי "to look up"

נטר to watch, guard, to keep (commandments),
נטור n. "watchman", "guard"
נטר דבבו 1-4:8(X) "to bear a grudge"

נייח, ניח n. rest
2-20:10(F,S); 3-23:3
cf נוח "to rest"

ניר n. yoke
2-12:42(FF)

נכס to slaughter,
נכיסה n. "sacrifice"

נימוס <Gk νόμος n. custom, manner
1-43:26; 2-21:7

ניר, n. yoke, plowshare
2-6:6,7; 4-19:2;
5-27:5(AA)

נכסין n. property, livestock (pl.)
1-21:10(EE); 30:29;
31:9,18; 2-12:38

נמור n. spotted

נס n. miracle

נסי to test
2-20:17/20; 5-33:8

נסב to take, marry
"to marry"1-31:50;
34:9,16; 2-21:3,4
נסיבה n. "free-will offering" 3-23:38

נסך to pour a libation
נסוך n. "libation"

נעים n. pleasant
2-19:19(F)

נעל n. sandal, shoe
2-12:11

נפש¹ n. soul, person, life

נפש² n. space
1-32:17

נפל to fall, jump
2-21:18 ויפול לבוש "to
take ill"

נפק to go out, emerge
אפקו 2-12:42; 19:1;
3-23:43 n. "going out",
"exodus"
מפקו 2-19:1(Y,NN) n.
"going out", "exodus"
כד נפק בה 1-2:18,20
"similar to"

נפקת בר n. prostitute (lit:
"a woman who goes out")

נץ n. blossom
1-40:10

נצב to plant
1-9:20

נצח to be victorious
2-17:11(AA)
נצחן n. "victory"
2-14:14; 15:3(U,FF)

נצי to fight, struggle
יתנצון 2-21:22

נקבה n. female
1-30:21; 32:16; 2-21:31

נקט to stretch out, hold
1-4:8(X)

נקי n. clean, pure
1-40:16; 5-26:9,15; 27:3
1-38:25(X) probably a
scribal error

נקמה n. revenge
5-32:35

נשי to forget
נשי (pa'el) 1-41:51
"cause to forget"

נשמה n. breath, soul
1-7:22; 2-20(G)

נשף to breathe
2-15:10(W)

נשק to kiss
1-29:11,13; 31:28;
50:1(FF)

נשר n. eagle
2-19:4(F,J,NN)

נתן to give, permit, allow,
pay, make into, give in
marriage
5-5:26/29 מן יתן "if
only"

סאב to be unclean (ritual-
ly), defiled
סאובה 4-19:13 n.
"uncleanness", "im-
purity"

סב n. old, old person,
elder, grandfather
סיבו 1-17:11; 21:7;
48:10(D,Z) n. "old age"
also שיבה 1-42:38

סבל to carry, bear
1-17:11; 2-19:4(F,J,NN)

סבר¹ to await, hope for,
expect, assume, think
1-44:8(RR); 49:1(FF),18
(X,FF)

סבר² to carry, bear
2-15:13(G)

סבר (אפי) n. countenance

סגד to kneel, bow down
2-20:2(Q),5(F,S); 5-5:9

סגול¹ n. cluster of grapes
1-40:10,12

סגול² n. wealth, precious
treasure
1-31:18 "wealth"
2-19:5(F,J,NN); 5-26:18
(D,AA)
cf סגל "to acquire
wealth"

סגי to be large, many, in-
crease, multiply
סגי n. "large", "many",
"much", "enough"
סוגי, סגי 1-32:13; 41:47;
2-15:7(G,U) n.
"abundance"

סגל to acquire (wealth)
1-31:18
cf סגול² n. "property",
"wealth"

סגר to preserve, keep
2-12:2(KK)

סדר to arrange, set in
order
סדר סדרי קרבה "to engage
in war"
סדר n. "order", "ar-
rangement"
סדר דין "legal decision",
"manner"
סדר ברכתה "series of
blessings"
לחם סדר אפין
"arrangement of show
bread"
סדרי קרבה "battle (ar-
ray)"
סדרי מועדיא "festival
cycle"

סהד to testify, warn
also שהד n. "witness"
שהדו, סהדו n. "testi-
mony"
אסהד ב־ "to warn"
סהדותה 2-40:20,21 n.
"the Tablets"

סוכלתן intelligent
1-41:33

סוס n. horse
1-41:44; 49:17; 2-15:1
(J),19(W)

סוף to finish, end
מסייף 1-44:18(D);
2-20:3(G)
סוף n. "end"
also סייף 2-19:12 "end",
"edge"

סורחן n. offense, crime
1-41:9

סחי to wash
1-43:24; 2-40:12;
4-19:7, 8,19

סטר n. side
2-17:12(AA,FF)
סיטרה

סיים to complete, end, fin-
ish
1-44:18(R,X,FF)

[119]

סִימָן[1] <Gk σημεῖον n. sign
1-4:15; 9:12,13,17;
2-12:13; 5-34(T)

סִימָן[2] n. treasure (hidden)
1-43:23

סִיעָה n. group, band
1-37:25(D,E)

סִיף[1] <Gk ξίφος n. sword
2-13:17

סִירָה n. coat of mail(?),
woven garment(?)
[סִירָא] 2-39:23

סְכוּם n. number, amount
1-41:49; 3-23:37

סכי to await, hope for
1-31:22(X); 49:18(X)
סְכִי 2-20:3(G) n. "look-
out", "witness"

סַכִּין n. knife
1-22:6

סכל[1] to be foolish
אַסְכְּלַת ('af'el) 1-31:28

סכל[2] to look
לְמִסְתַּכְּלָה ('itpa'al) 1-3:6

סכר to stop up
1-8:2; 2-15:10(G)

סכת(?) to listen
סְכוּת 2-20(G)

סַל n. basket
1-40:16,17,18; 5-26:2;
28:5,17

סלח to forgive
סְלִיחָה 2-12:2(GG)
"forgiveness"

סֶלַע n. sela (coin)
2-21:32

סלק to ascend, go up,
evaporate, disappear,
emerge (from battle)
יסק 2-12:2(GG)
אַסְקָה ('af'el) 2-12:1(GG)
"to bring forth"

סֹלֶת, סוּלַת n. fine flour
3-23:13,17; 4-28:20,28

סַמָּאֵל the angel Sama'el,
Satan
1-38:25(X,FF)

סַמֵי n. blind person
5-27:18; 28:29
סַמְיָיה n. "blindness"
5-28:28

סמך to be near, accom-
pany, support, to place
(hands) upon
4-28:23,24 "accom-
panying"
5-32:36; 33:7 "support"
5-34:9 "place hands
upon" (to transfer au-
thority)

סמק to be red
מְסַמְּקִין 2-39:34
סָמוּק 4-19:2 n. "red"

סמר to watch, guard
אִסְתַּמַּר 2-12:1(GG)
"protected"

סני to hate
also שׂנא 2-15:6(U)
סָנִי n. "enemy"

סְנִין refined
[סַ]נִינָה 5-1:1 "pure
(gold)"

סַעְגּוֹן (= סְסָגוֹן) multicol-
ored
2-39:34

סעד to help, aid
5-32:36,38; 33:7
סַעַד n. "help",
"assistance"

סְעַר[1] n. hair
1-41:14

סְעַר[2] n. barley
סַעֲרִיא 2-9:31 (pl.)

ספד to eulogize
וּמִסְפַּד ('af'el) 1-35:9

סְפּוּקְלָטֹר <Gk σπεκουλάτωρ
n. executioner
1-39:1; 41:10,12
(סְפָקְלַטְרִיָּיה)

ספר[1] to shear, cut hair
וּסְפַר (pa'el) 1-41:14

סְפַר[2] n. book, scroll
2-17:14

סְקוּל n. accident, tragedy
1-42:38; 2-21:22,23

סרב to refuse, rebel
5-1:1 n. "rebel"

סרהב to rebel
2-14:30

סרי to be offensive, have
bad odor
אַסְרִי ('af'el) 2-7:18,21

סַרְקָאִי, סַרְקִי <Lat. Sara-
ceni n. Saracen
1-37:25,27,28(D,E);
39:1

עָאן s.v. עַן "sheep"

עָאנִי s.v. עֲנִי "to answer"

עבד[1] to do, make, produce
אִתְעֲבֵד ('itpe'el) "to
become", "be trans-
formed"
עוֹבֵד, עֲבִידָה, עֲבָדָה n.
"work", "occupation",
"act", "deed"

עֶבֶד[2] n. slave, servant
cf שַׁעְבֵּד "to enslave"

עֲבוּר n. grain, provision
1-41:35,47,49,57; 43:2;
44:1

עוֹבִי, עֲבִי n. thickness
2-19:9(F,Y)

עֲבִיט n. saddle bag
[עֲבֹו]יטָה 1-31:34

עבר[1] to pass, transgress, re-
move ('af'el), cross
(river)
עֲבַר 1-49:18 (X)
"passing", "transient"
עֲבַרָא דִירְדְּנָא 2-12:2(GG)
"Trans-Jordan"

עבר[2] to become pregnant,
conceive
מְעַבְּרָה n. "pregnant"

עֲבַר[3] n. bar, bolt
2-40:18

עִבְרִיי n. Hebrew
1-40:15; 41:12; 43:32;
2-7:16; 21:2

עַד until, while, to, or מִן־עַד־ "whether__ or__"
עַד כְּעַן/כְּדוֹן "still"
עַד לְעָלַם/עָלַם "forever"
עַד־זְמַן/עִדָּן "until such time"
עַד־זְמַן יוֹמָה דֵין "until this very day"
עַד־צֵית "towards"
עַד־לָא "not yet"
cf קְדָם־עַד־לָא
(עַד דַהֲוִי = עַדְהוֹי?) 1–4:8(X) "while"

עֲדוּלָמִיי n. Adullamite 1–38:20(D,E)

עֲדָא to become pregnant 1–4:23; 38:25(X),26 (X,FF)

עֲדִי to adorn, decorate הַעְדִי ('af'el) 2–15:9 "to adorn"

עֶדֶר n. flock

עוּב n. bosom 2–4:7

עוּבִי n. thick 2–19:9(Y) "thick of the cloud"

עוֹד still, again, another, also
וְלָא עוֹד "and not only (that)"

עוּלְבָּן n. humiliation 2–12:1(GG)

עַוְלָה n. iniquity 2–15:6(G); 20:7(Q)

עוּלֵים ,עוּלַם n. young man (also עֲלֵים) 1–22:5, 2–15:4; 5–33:6
עוּלֵימוּ 1–17:11 "youth"

עוֹמֵר n. sheaf (of grain) 3–23:11,12,15

עוֹף n. bird

עוּק to distress 5–1:1; 4:30
עוּקָה 1–38:25(D) n. distressed person"
cf עָקָה n. "distress"

עוּר to awaken
אִתְעִיר 1–41:7,21 ('itpe'el) "woke up"
cf עוֹרֵר

עוֹרֵב n. raven 1–8:7

עוֹרְמָה, עִירְמָה n. heap, pile 2–15:8(G,W)

עוֹרְעַיְיתָא n. wasp 5–1:44

עוֹרֵר to awaken 5–34(T)
cf עוּר "to awaken"

עוֹתַר n. wealth 1–31:16

עֵז n. goat

עִיזוּז (Heb.) n. grandeur 2–15:11(G)

עִזְקָה n. seal, ring 1–38:18(D,E),25(D,E,X, FF),26

עֲטַר to smoke 2–19:18(F)

עִידָן n. time, hour, age(?) 1–4:8(X); 3–22:27; 23:14
עִידוֹנִי 1–30:16; 2–19:16 (F)
עֶדְנַיָּיה 2–12:2(KK)

עַיִן¹, עֵין n. eye

עַיִן² n. spring (of water) 1–7:11

עִינְווּנוּ n. humility 1–35:9
cf עֲנוּתָאנָא n. "humble one" 2–12:2(GG); 2–14 (MM)

עֲכַב to hold back, delay 1–22:8; 5–1:2

עַל over, above, in addition to, upon, by, near, against, about (prep., also with pronom. suffixes)
עַל דְּ־ "because", "since"
עַל יְדֵי "through", "by"
יַתִּיר עַל "more than"
עַל גַּבֵּי "upon"

עַל מְנָת "even if" 1–38:25(E)

עַל עֵסִיק "regarding", "concerning"

עַל פֻּם "according to"

עֲלָה n. burnt offering, sacrifice

עֲלִי upper, upraised 1–40:17; 5–26:19

עֲלֵים n. youth, young man 1–4:23
cf עוּלִים

עַלֵל to enter, come to, co-habit with
מֵעֲלֵי שִׁמְשָׁה "setting of the sun" (= Heb. בּוֹא הַשֶּׁמֶשׁ)

עֲלַלָה n. yield, harvest 1–48:7(D,Z); 2–12:2 (MM); 3–23:39; and possibly 1–41:35

עָלַם n. world, eternal, forever,
מִדַּעַם בְּעָלְמָא 1–22:5 "anything at all"
אָרְחֵיהּ דְּעָלְמָה 1–35:9 "the way of the world" i.e. death
חַיֵּי עָלְמָא 5–24:6 "eternal life" or "life in the world to come"
יוֹמַת עָלְמָה 1–35:9 "primeval days"
עָלְמֵי עָלְמִין "for all eternity"

עִם¹ with (prep. + suffixes)

עַם² n. people, nation also אֻמָּה(!) 1–21:13(LL); 2–12:4(AA)

עַמּוּד n. column, pillar 1–22:5; 2–39:33
עַמּוּד שַׁחְרָא 1–32:25,27 "morning star" (lit: column of dawn)

עֲמָל n. work, labor 2–20:2(G)

עֻמְקָא n. depth 1–48:16

עֲמַר n. wool 1–4:8(X)

[121]

עָאן, עֵן n. sheep, flock
גדי בר עזין מן ענה 1-38:17
(D,E) "a kid from the
flock"

עֵנָב n. grape
1-40:11

עִינוּתְנָא, עֲנוּתָאנָא n. humble
one (= Moses)
2-12:2(GG)
cf עינוונו n. "humility"

עֲנִי¹ to answer
עני ואמר "spoke up"

עֲנִי² to oppress, afflict
מענא 2-12:1(GG)
"oppressive"

עִנְיָן n. meaning, logic,
purpose
2-12:2(GG)

עֲנָן, עֵן n. cloud

עִיסְק, עֵסֶק n. matter, issue
עַל־עֵסֶק "regarding",
"concerning"

עֲפַר dust, ash
5-28:24
עפר דיקידת חטאתא
4-19:17 "ashes" (= אפר)

עֲצַב n. sad
עציב 2-12:2(MM)

עֵיצָא, עֵצָה n. advice, counsel
1-29:22; 34:13; 49:6
(prh "council",
assembly")

עֲצִי to oppress
5-24:14; 28:29

עֲצַר to squeeze, press
(grapes)
1-40:11,12

עֲקִיב, עֲקֵב n. heel, end
1-40:12; 49:17; 5-4:30

עֲקַד¹ to bind
1-22:8; 3-22:27

עֲקַד² to kneel, bow down
1-43:27(E),28(D);
2-12:27(AA 2x)

עָקָה n. distress
1-38:25(D,FF)
cf עוק "to distress"

עֲקָרָה n. barren woman
1-29:31

עֲרַב¹ to guarantee, be a
surety
1-43:9(E); 44:18(D,Z)

עֲרַב² to mix
יתערבון 1-34:9,22
"intermingle", "inter-
mix"

עֲרְבֵב to confuse, confound
2-14:13,14(J,FF); 15:3
(U)
cf עֲרַב² "to mix",
ערבוב n. "mixed multi-
tude"

עֲרָבָה n. willow (tree,
branch)
ערבה דנחל 3-23:40
"willow of the stream"

עֵרָבוֹן n. surety, guarantee
1-38:17,18,20(D,E)
cf עֲרַב¹ "to guarantee"

עֲרְבְרוֹב n. mixed multitude
2-12:38 (prh under the
influence of Heb. ערב
רב)
cf עֲרַב² "to mix",
ערבב "to confuse"

עֲרָד n. wild ass
1-36:24

עֲרְטֵל to be naked
1-9:2
ערטליי 1-2:25 "naked"

עֲרְיָה n. nakedness
1-9:22

עֲרִים n. sly, shrewd
1-3:1

עוּרְלָה, עֲרְלָה n. foreskin,
prepuce
1-17:11; 34:14; 35:9;
2-4:25

עֲרָס n. bed
תשמיש דערס 2-19:15
"sexual relations" (lit:
use of the bed)

עֲרַע s.v. אֲרַע¹ "meet",
"overtake"
דערע 1-4:23; אערע
2-15:9(W)

עֲרָפֶל n. fog, thick cloud
2-20:18/21; 5-5:19/22

עֲרַק to flee
1-31:20,21,22,26,27;
35:7; 5-4:42

עֲשַׂב n. grass 2-9:25

עֲשַׂר¹ ten (num.)
עשרין "twenty"
עשיריי "tenth" (ord.)
עשרון "tenth of an
ephah" (dry measure)

עֲשַׂר² (pa'el) to tithe
5-26:12(AA)

עֲתַד to prepare, be ready,
stand by
אתעתד 2-14:13(J,FF);
17:9; 19:17; 5-32:35
(DD)
עתיד "to be destined",
"will eventually"

עֲתִיק old, ancient
2-20:3(G)

פֶּגֶר n. corpse
5-1:1

פְּגַשׁ to struggle, wrestle
אתפגש 1-32:25 ('itpa'al)
פגשו 1-32:26 n.
"struggling"

פֶּדַע n. wound
2-21:25

פוֹלוֹמוֹס <Gk πόλεμος n.
dispute
2-12:2(KK)

פּוּם s.v. פַּם, פִּים "mouth"

פּוּרְעָן n. retributive
2-20:5(F,S)
פורענו 1-4:8(I,X,FF);
49:1(FF) "retribution",
"punishment"
cf פרע "to exact retribu-
tion", "pay"

פְּטִיר n. unleavened bread,
"matzah"

פְּטִיר בּוּלִי <Gk
πατρόβουλη n. magis-
trate, head-of-council
3-22:27

[122]

פיילי <Gk φιάλη n. cup, bowl
1-40:12

פילגוס <Gk πέλαγος n. ocean, high sea
2-15:8(W) taken as "middle" of sea

פילה (פול >) mixed, soaked (in fluid)
3-23:13; 4-28:20,28

פירובי n. ears of grain
3-23:14; 5-23:26

פלג to divide, share, disperse (pa'el)
1-43:34; 49:7; 2-15:9; 21:35
פלגו n. "half", "middle", "division"
פילוג, פלוג n. "division"

פלח to work, worship
פולחן, פלחן n. "work", "worship", "servitude"

פלטורין <Gk πραιτώριον n. palace
1-43:18
cf פלטין

פלטין <Gk παλάτιον n. palace
1-41:40; 43:16; 44:1
cf פלטורין

פלי n. wonder, marvel
2-15:11(W)

פלישתאי n. Philistines
2-13:17(X)

פם, פים n. mouth, opening, word
also פום
על פם "by the word of", "according to"

פני to empty, turn
מפניין (pa'el) 1-42:35; 2-20(G)
אתפני ('itpe'el) 1-4:8(X) "to turn"

פסח¹ to pass/skip over, have compassion
2-12:13,23,27

פסח² n. Passover festival, paschal sacrifice

פסול, פסל n. unfit, disqualified
1-49:2(Z)

פסס to desecrate, profane
אפס ('af'el) 2-20:22/25; 3-22:32

פסק to cease, stop, state
1-30:28 פסוק כען אגרך "state your wages"

פעל n. laborer
5-23:25

פקד to command, instruct
פקוד 1-35:9; 5-26:17,18 (AA) n. "commandment"

פרג to exchange
1-31:7
פירוג 5-23:19 n. "exchange", "price"

פרגוד <Gk παραγαύδιον n. tunic, ornamented garment
1-37:23,31,32(D,E)

פרה n. cow
4-19:5,6

פרוק n. redeemer
1-28:21; 49:17; 2-6:7; 5-26:17(AA)
cf פרק "to redeem"
פרקן n. "redemption"

פרזל n. iron, metal
1-17:11; 2-20:22/25(F); 5-27:5; 28:23 (ברזל, probably Heb. influence)

פרח to spring forth, fly low
2-20:2(F,S)

פרי n. fruit
פירי וולד מעייה 1-30:2; 5-28:18 n. "offspring", (lit: fruit of the womb)

פרישה n. wonder
5-26:8; 34:11

פרכה n. curtain
2-39:34; 40:21,22,26

פרין, פרן <Gk φερνή n. bride price
1-34:12; 2-22:16

פרן "to pay a bride price"
2-22:15

פרנס <Gk προνοέω to support, provide for
1-30:30; 2-15:13(G)
פרנס n. "leader", "provider"
1-40:12

פרס to spread out, pitch (a tent)
also פרש 2-12:2(MM)
1-9:14; 31:25; 2-9:29, 33; 17:12(FF); 40:19
פרס n. "curtain", "covering"
2-40:19,21

פרסי <Gk παρρησία to publicize
1-38:25(D,E),26(D)

פרע to exact retribution, punish
usually אתפרע מן ('itpe'el)
cf פורען "retributive"
פורענו "retribution", "punishment"

פרף <Gk πόρπη n. clasp, hook
2-39:33

פרק to redeem, deliver
cf פרקן n. "redemption"
פרוק n. "redeemer"

פורקן, פרקן n. redemption, deliverance
1-49:1(Z,FF),2,18(X,FF); 2-12:42; 14:13(J,FF); 21:30
cf פרק "to deliver", "redeem"
פרוק "redeemer"

פרש¹ to separate, distinguish, explain
פירוש 1-31:13 n. "expression" (of an oath)
פרישה 2-12:2(KK) n. "wonder"

פרש² n. rider, horseman
2-15:19

[123]

פרש³ s.v. פרס to spread

פרשה (ארחתה) n. crossroads
פרשת ארחתה
1–38:21(D,E) (lit: part-
ing of the roads)

פשט to stretch out, extend
פשט יד ב__ "to tamper
with"

פשפש to search
1–44:12

פת n. bread
פתיה נקייה 1–40:16
"white bread" (prh
scribal error for פיתה)

פתגם <Pers. n. word,
thing, matter
פתגם דחרב 1–44:18(D,X,
Z,FF); 2–17:13
"edge of the sword"

פתור n. table
2–39:36; 40:22,24

פתח to open

פתי to be broad, spacious
1–34:21

פתר to interpret (a dream)
פתרון n. "interpretation"

צבי to desire, want
1–4:8(X),23

צבח s.v. צווח ,צוח "to cry,
shout"

צבע to dip, immerse, dye,
color
1–37:31(D,E); 38:26(D)
צבע n. "dye", "color"
2–39:24,29

צדיק n. righteous
צדיקו n. "righteousness"

צואר ,צוור n. neck
1–46:29; 3–22:27

צוח ,צווח to cry, shout
1–4:10; 35:9; 38:26(D);
41:55 (צבח); 2–22:22,26
צוחה 2–12:30 n. "shout",
"crying"

צום to fast
3–23:27,29,32
צום n. "fast"
3–23:27,28,30,32

צורה n. form, shape
2–20:4(F,S); 5–5:8;
27:15

צות to listen
ואןציתו ('af'el) 1–4:23;
5–27:9

צייר (pa'el) < צור to em-
broider, ornament
1–37:23,32(D,E)
צייר 2–39:29 n. "em-
broiderer"

ציפון n. north
2–40:22

צית (עד) toward, in the
direction of
1–28:17; 50:1(FF)

צלב to impale, crucify
1–41:13

צלח to be successful
1–39:2,3; 5–28:29
אצלחון ('af'el)
2–12:2(MM)

צלי¹ to pray
צלו n. "prayer"

צלי² to roast
2–12:8,9

צלים ,צלם n. idol, figurine
1–31:19,30,34; 2–20:4
(F,S); 5–5:8; 27:15(DD)
צלמן 2–20:3(G)

צמח to grow, sprout
1–41:23; 2–12:2(GG)
צמח 5–28:23 n. "plant"

צנם to be thin, shriveled
1–41:23

צנע to hide, deposit
אצנע ('af'el) 4–19:9;
5–26:10(AA)

צער to feel pain
צער (pa'el) "to cause
pain"
צער n. "pain", "sorrow"

צפי to look out
1–31:49; 5–34(T)

צפיתה (Ibid) n. "lookout
point"

צפיר n. he-goat
1–37:31(D,E); 38:26(D);
3–23:19; 4–28:22,30

צפר¹ n. bird
1–7:14

צפר² n. morning

צרך n. need, requisite
5–24:6

צרף to join, attach
יצטרפון ('itpa'al) 1–15:1
"be joined to"

צרר to tie up, bind
2–12:34; 15:8(W)
צררת (כסף) 1–42:35 n.
"(money) bag", "purse"

קאים n. existence, being
1–7:23

קבל¹ to receive
קבילו 1–38:26(D)
"listen"

קבל² n. darkness
2–20:2(G); 5–28:29

קבל³ n. complaint
2–6:5

קבע to fix, set
2–20:21/24
מקבעה 1–50:1(FF)
"inset" (with stones)

קבר to bury
קבורה ,קבר(ה) n. "grave"

קדום n. east (wind)
1–41:23

קדם¹ to precede
קדמי n. "first", "earlier",
"primeval"

קודם ,קדם² before (prep.)
1–29:26; 48:20(D,Z);
2–20:8(Q) temporal
"before"
קדם־עד־לא 1–37:18;
41:50; 2–9:30; 12:34
"not yet"
קדמת דנא 1–4:8(X)
"beforehand"

קדקד to be speckled
1-30:39; 31:10,12

קדש to sanctify, make holy
קדיש n. "holy"
קֹדֶשׁ n. "holy",
"holiness", "sanctuary"
(cf מקדש)
בית קדשה n. "Holy
Temple", "sanctuary"
קדשה n. "the Holy One"
2-20:2(F,S)

קדשין n. marriage money
(pl.)
1-34:12

קהי to be blunted, weak-
ened
1-32:26

קהל n. congregation

קום to stand (up), rise
קיים (pa‘el) "to exist",
"promise", "fulfill (a
promise)", "survive",
"preserve"
אקים (’af‘el) "to
establish", "erect"
אתקיים (’itpa‘al) "to
survive", "be fulfilled"

קוץ n. thorn
קוצנין 2-22:5

קורבן s.v. קרב¹ "to
sacrifice"

קטב s.v. קטף² n. "balm"

קטל to kill, murder
קטול n. "murderer"
קטיל(ה) n. "corpse",
"carcass"
(יד) דקטולין n.
"murderous" (hand)
קטלו n. "killing"

קטם n. ash
4-19:9,10

קטף¹ to pluck
5-23:26; 24:21

קטף² n. balm
קטיף 1-37:25(D)
also קטב (E)

קטר to tie
1-38:28; 2-12:11

קיטון <Gk κοιτών (bed)
chamber
1-43:30(D,E)

קיטור n. smoke
2-19:18(F)

קייט n. summer
1-4:8(X)

קיים, קים n. covenant, sign
of covenant (circum-
cision), laws
קיימה, קימה n. "stele",
"monument"

קים n. wood, wooden vessel
2-7:19; 4-19:6

קירוש n. frost
1-31:40

קירים <Gk κύριος n. Lord
(God)
2-12:2(JJ,KK); 14:30 (X
[קריס], T) 5-34(T)

קל n. voice, sound
קלין pl. "thunder"

קלופין, קלף s.v. קלוותה
"peelings"

קלי n. parched (flour)
3-23:14

קליל n. light, little, trifle,
meager, few
קליל-זעיר n. "small trifle"

קלל to decrease, diminish
אתקללו (’itpa‘al) 1-8:8

קלס <Gk καλῶς/κελεῦσαι
to praise
1-41:43(E)

קלף to peel
1-30:37,38
קלופין n. "peelings"
also קלוותיה 1-30:37(E)

קמח n. flour
3-23:14

קנאה s.v. קני "to be
jealous"

קנה n. stalk
1-41:22(E)

קני to be jealous
קניי, קנאה n. "jealous"
קנאה n. "jealousy"

קִנְיָן n. possession
1-31:18; 34:23

קנס <Gk κῆνσος to fine
(’itpe‘el)
2-21:20,21,22
קנס n. "fine"

קסם to divine
1-44:5,15

קפי to congeal, freeze
2-15:8(W)

קפידו n. shortness (of
temper or patience)
2-6:9

קץ n. fixed time, end
1-32:27; 49:1(Z,FF),2;
2-12:1(GG)

קצץ to cut down
2-12:1(KK)

קצת n. a few, portion
1-47:2

קרי, קרא to call, name,
summon, read

קרב to draw near, touch,
sacrifice
קרבו n. "bringing near"
קורבן, קרבן n. "sacrifice",
"offering"
קריב n. "near", "relative"
קריבו n. "relationship"

קרוח n. speckled, white-
spotted
1-30:32,33,35,39; 31:8,
10,12

קרי s.v. קרא "to call"

קריה, קוריה n. city, town
קורייא also as toponym
5-3:14

קירים s.v. קיריס "Lord"

קרן n. glory (lit: horn)
2-12:2(KK)

קרר to be cold
[למ]תקררא 2-7:15 "to
cool off"

קרתה s.v. קריה n. city,
town

קש n. straw, stubble
2-15:7(U,W)

קשוט, קשיט, קשוט[1] n. truth, honesty, loyalty, fidelity 1-47:29(D,Z); 48:15(Z)

קשט[2] to shoot (an arrow) 2-19:13(F)

קשי to be hard
ואקשי (*'af'el*) 5-2:30 "to harden"
קשי n. "hard", "harsh", "strong"
1-40:18; 44:18(D,Z); 49:7; 2-6:9

קשת n. bow, rainbow 1-9:13,14,16; 48:22(Z)

ראמה s.v. רמה n. "hill", "plateau"

ריש, ראש n. head, top, leader, first
ראש ירחא n. "new moon"
יסודי־ראשה "headrest"

רב n. large, great, chief, master, high (priest), old
רבו n. "greatness", "anointment", "seniority"

רבה n. capital city
חברון רבתה 5-34(T)

רבון n. master, lord
רבון כל עלמיא n. "Master of all the worlds" (appellation for God)

רבי[1] to be large, grow up, produce, bring up (a child)
1-4:16; 30:3; 43:34; 3-22:27

רבי[2] to anoint
1-31:13; 2-40:10,11,13,15

רבי[3] n. young man 3-22:27

רבי[4] s.v. רוי "to become drunk"

רביין (< רבית) n. interest (pl.)
2-22:24

רביעי fourth (ord. num.) 2-20:5(F,S)

רבע to crouch, lie down
1-4:7(B); 29:2; 49:1(FF)
ארבע (*'af'el*) 1-50:1(FF) "to make lie down"

רבית n. interest (on loan) 2-13:17

רביתה n. young girl 1-34:12

רבעו n. quarter, fourth part 3-23:3

רברב[1] to contend, struggle, dominate, brag
מתרברב (*'itpalpel*) 1-32:29; 43:18(D); 2-14:30(X,T)

רברב[2] n. large, great, ruler 2-6:6; 15:15; 5-27:2; 34:12

רגז to be angry 1-41:10; 2-15:7; 5-1:1,2
רגוז n. "anger", "wrath"

רגל n. foot

רגם to stone (to death) 2-19:13(F,U); 21:28, 29,32

רגש to be perturbed
אתרגושת 2-15:14(G)

רדיד n. veil 1-38:19(D,E)

רדף to pursue 1-31:23; 44:4(E); 2-15:1 (J),9; 5-28:22(D)

רהט to run 1-4:8(X); 29:12,13; 3-22:27

רוח[1] to be relieved
יתרווחון 2-12:2
רווחא (*Ibid.*) n. "relief"

רוח[2] n. spirit, wind
רוחא דקודשא 2-14:30(X,T) "holy spirit"

רוי to become drunk
also רבי 1-9:21; 43:34; 5-32:42

רום to be high 1-41:44; 4-20:11
also ארעם 1-29:11 "to raise" (one's voice)
רומם 1-40:13; 5-26:19(D) "to raise", "exalt"
רמא 2-12:2(GG) "the exalted one" (God)
רוממו 2-14:14; 15:3; 5-26:19 "exaltation"
רם "high"

רומח n. spear 2-13:17

ריקן to empty 1-31:9,16; 2-12:36

רז <Pers. n. secret 1-49:1(Z,FF); 2-14(MM); 15:11(G)

רחי, רחי n. pl. millstone
רחייה 5-24:6(DD)

רחל n. "sheep" 1-32:15; 3-22:28

רחם to love, have mercy
רחים, רחם n. "beloved", "friend"
רחומא 2-12:2(GG) n. "beloved one" (= Israel)

רחמין n. pl. mercy, favor
רחמן, רחמנא 1-4:24; 2-22:22,26 n. "merciful one" (= God)

רחץ to trust, rely 1-37:33(D); 38:25(D); 5-32:37(DD)
לרוחצן 1-44:18(R) "confidently"

רחק to be distant, prohibited, removed
רחיק "afar", "from a distance"
ארחיק (רגז) 1-4:8(X) "(anger) subsided"
cf מרחקה n. "abomination"

רחש to creep, swarm 1-7:21
רחש n. "creature", "creeping thing" 1-7:21,23

ריו n. figure, countenance
1-29:17; 39:6

ריח n. smell, odor
3-23:13,18; 4-28:24,27
ריחן 1-50:1(FF)
"aromatic"

ריק to pour (< to empty)
אריק ('af'el) 1-28:18;
35:14
ריקן n. "empty"

ריש s.v. ראש n. "head"

רכב¹ to ride (an animal)
1-41:44
רכב n. 2-15:1(J,FF)
"rider"

רכב² n. upper millstone
5-24:6(DD)

רכיך n. soft, tender
1-30:37; 41:43; 3-22:27

רכן to bend over, incline
ארכן ('af'el) 1-46:29;
2-7:19; 9:22,23; 15:12
אתרכן ('itpa'el) 1-50:1
(FF)

רמה n. plateau, hill
2-17:9; 5-3:17
also ראמתה 2-17:10

רמון n. pomegranate
2-39:24,25,26; 4-20:5

רמז to signal, hint
1-38:25(D,E,X); 44:18
(R,X,FF)

רמי to throw, cast
1-2:21; 2-15:1(J,FF),4
(J,U)
ראמי 1-17:11 "it is
incumbent"(?)
יתרומון 1-38:25(FF) "be
cast"
אתרמי (פולומוס) 2-12:2
(KK) "(dispute) arose"

רמיו n. deceit
1-29:22; 34:13

רמס to creep, crawl
1-7:8,14
רמס n. "creeping thing"
1-6:20; 7:14

רמש n. evening

רעי¹ to graze

רעי² n. shepherd

רעי³ to desire, appease
רעו n. "will", "wish",
"desire", "favor",
"pleasure"

רעם (ארעם) "to raise" (one's
voice)
s.v. רום "to be high"

רעע to ruin
אתרעת ('itpe'el)
1-49:4(Z)
מרעעא 2-15:12(G)

רעש to thunder
2-12:1(KK)

רפי to weaken, loosen
ארפי ('af'el) 2-4:26 "to
let go"

רפס to shake, shatter
1-44:18(FF)

רקיע n. heaven, sky
1-22:5

רשאי s.v. רשיי "permitted"

רשו control, authority
1-4:7; 41:35

רשיי n. permitted
2-19:13(F,U)

רשיע (< רשע) n. wicked

רתיך s.v. ארתך n. "chariot"

רתיתה n. trembling
2-15:14(W); 2-15:15(G)
רתת 2-12:1(KK) n.
"tremor"

שאול n. Sheol, Hades
1-42:38

שאל to ask, borrow
שאל בשלם "to greet"

שאר s.v. שייר "to remain"

שובה, שבה n. sabbath, rest,
week
cf שבתן n. "day of rest"

שבה s.v. סב, סיבו "old age"

שבועה n. oath
cf שבע (אשתבע) "to take
an oath"

שבועייה n. Shavuoth
(festival), Weeks
4-28:26

שבח to praise
שבח n. "praise",
"glorious"
משבח n. "glorious"
cf תושבחה n. "praise"

שבט n. tribe

שבי to capture
2-15:9(W); 22:9
שבי 1-31:26; 2-12:29;
15:9(W) n. "captive"
שבייה 2-15:9(W) n.
"captivity"

שביל n. path
2-20:2(G)

שבלה n. ear of grain
1-41:7,22,23,24

שבע¹ to swear, take an
oath
אשתבע ('itpe'el) 1-31:
53; 44:18(Z); 2-20:7
cf שבועה n. "oath"

שובע, שבע² seven (num.)
שביעיי "seventh" (ord.)
שבע־עשר "seventeen"
שבעין "seventy"

שבע to be sated, full
2-12:2(MM); 15:9 (תשָׂבָע
G, תשתבע W)
שבעה n. "plenty",
"abundance"
1-41:34,47,53

שבק to leave, abandon, al-
low, neglect
שרי ושבק "to forgive"

שבתן, שבת s.v. שבה "to
rest"

שדי to pour out, cast
2-20:2(G)
איתשד 1-4:8(X), (its
blood) "poured out";

שדך to subside
1-8:1

שדף to scorch
1-41:23
שדפון 5-28:22 n. "blight","withering"

שהד s.v. סהד "to testify"

שהי to tarry, delay
1-34:19 43:10(D,E), 31(D); 2-12:39

שוי ,שווי to place, set, serve (food), impose (a fine)
נשתוה ('itpa'al) "to agree" 1-34:15,23
שוין 1-31:2 (= שפין) s.v. שפי "to be pleasant, friendly"
שויא 1-4:8(X) "equal" (division)

שומה n. spot
1-30:35

שוע ,שיע to plaster
5-27:2,4(D,AA)
⟨שיע⟩ 4-19:15 n. "plaster"

שוק n. street, outdoors
1-9:22; 2-21:19

שור n. wall
2-15:7(G,U)

שושף n. cloak, cloth
1-38:18(D,E),25(D,E,X, FF),26; 2-12:34

שזג to wash
1-43:1(D,E)

שזר to twist, twine
2-39:24,28,29
שְׁזֻר 2-39:31 n. "twine", "cord"

שזב to save

שחפי n. consumption (sickness)
5-28:22

שחר (עמוד-) n. morning (star), dawn
1-32:25,27

שטח to spread out
אשתטח ('itpa'al)
1-44:14; 47:31(D,Z); 48:12(D,Z) "to prostrate oneself"

שיבה s.v. סיבו ,סב n. "old age"

שיגוע n. madness, insanity
5-28:28

שיד n. side
2-40:22,24

שייר to leave over, remain
also שאר 5-28:17 n. "left over", "remainder"

שיצי to destroy

שיר n. song
1-31:27; 2-15:1(J,FF)

שירו n. meal, feast
1-21:8; 29:22; 43:16(D), 25(D)

שירוי n. beginning
1-28:19; 41:21; 49:3; 3-23:10; 5-26:10(AA)
cf שרי "to begin"

שבח ('af'el) to find; come upon

שכיב מרע to be mortally ill
1-4:23(X)

שכינה n. divine presence, indwelling, shekhinah
often יקר שכינתה "glory of the shekhina"
prh represents idea of a cloud

שכלל to perfect
2-12:2(GG); 15:17; 20:2(G),11(F,S)
שכלול n. "perfection"

שלהבי n. flame
2-19:18

שלהי to be weary, tired
וישתלהן 2-7:8 "to despair"

שלח to send, release

שלח to strip (of clothes)
אשלחו ('af'el)
1-37:23(D,E)

שלחף to change, exchange
1-31:41; 48:14(D,Z)

שלט to rule
1-35:11; 37:27; 38:26(FF); 48:19(D,Z)

שליט n. "ruler", "manager", "royal servant"
שולטן ,שלטן n. "ruler", "royal servant", "official"

שליו n. tranquility
1-49:1(Z,FF)

שְׁלָיו n. quail (bird)
2-15:13(G)

שליח n. messenger
2-12:1(KK)

שלם to pay, repay, replace, submit
אשלם ('af'el) "to complete"
cf תשלום "payment", "exchange"

שלים ,שְׁלַם n. complete, whole

שְׁלָם n. peace, safety, well-being
שאל בשלם "to greet"

שלמין n. pl. peace offering (sacrifice)
5-27:7(AA)

שלף to draw (a sword)
1-31:26; 44:18(M,R,X, Z,FF); 2-15:9(G,W)

שלק to boil, seethe
2-12:9(AA)

שם n. name, reputation, namesake

שמא n. ruin
2-12:2(JJ)

שמאל n. left (direction)
1-48:13(D,Z),14(D,Z); 2-12:42(FF); 14:29; 20:2

שמט to cause, to drop,
תשמטון 5-24:20 "shake" (the olives from the tree)

שמיה ,שמייה n. pl. heaven(s), sky

שמין ,שמן n. fat, oil
1-4:4; 2-20:2(G)

[128]

שמע to hear, listen, hearken, heed
שמע, שמעה 1-29:13; 2-15:15(G) n. "mention", "news"
cf משמע n. "hearing"

שמש¹ (pa'el) to serve, cohabit, lie with
שימוש 2-40:15 n. "service"

שמש² n. sun
ביני שימשתא/שמשתא n. "twilight" 2-12:6,18; 3-23:5
מטמעי שימשה n. "sunset" 2-17:12
מעלי שמשה n. "sunset" 2-22:25

שין, שן n. tooth
2-21:24,27
cf שן־דפיל n. "ivory"

שנא s.v. סני "to hate", n. "enemy"

שן־דפיל n. ivory (lit: elephant's tooth)
1-50:1(FF)

שנה¹ n. year
det. שתה

שנה² n. sleep
1-2:21; 31:40; 5-34(T)

שני to be different, change
אשתני ('itpa'al) 1-4:5,6; 5-34:7

שנק to choke, strangle
2-15:11(G)

שעבד to enslave
1-40:12; 44:16; 49:10; 2-12:2(JJ)
שעבוד n. "bondage", "enslavement"
cf עבד² n. "slave"

שעבה (=שעוה) n. "wax"
1-37:25(D,E); [43:11]

שעה n. hour, time

שעי to tell, relate
אשתעי 1-4:23

שעמימו derangement, depression
5-28:28

שער n. pl. interest (on loan)
שערין 2-22:24

שיפול, שיפול n. slope, lower part
2-19:12(F,U),17; 39:24, 26

שיפור, שיפור n. ram's horn, "shofar"
2-19:13(F,U),16,19; 20:15/18

שפי n. pleasant, friendly
1-31:2 (שוין),5

שפך to spill
1-9:6; 37:22(D,E); 50:1(FF)

שפר to be good, favorable
1-34:18; 40:12; 41:37; 5-5:25/28(D)
שְׁפַר n. "best", "choice" 2-15:4; 22:4
שפיר n. "beautiful", "goodly" 1-4:8(X); 29:17; 35:9; 39:6; 2-20(G, שִׁפְרָה)

שק n. sack
1-42:35

שקוף n. lintel
2-12:7,22,23

שקי ('af'el) to give drink, water

שקע to sink
2-15:5,10(G,W)

שקר to lie, falsify
1-29:25; 31:7; 2-20:7(F,S)
שְׁקַר n. "lie", "falsehood"

שרב n. heat
1-31:40

שרביט n. branch (of a vine), stick
1-40:10,12; 2-21:20

שרגג to seduce
2-22:15

שרי¹ to dwell, camp
cf משרוי "dwelling place"

שרי² (pa'el) to begin
1-9:20; 41:54; 44:12,18(X)
cf שירוי "beginning"

שרי³ to release, forgive
שרי ושבק 1-4:7,13

שרף n. seraph
2-12:2(KK) prh reference to pillar of fire in the wilderness

שרץ to be prolific
1-9:7

שרש n. root
1-50:1(FF)

שת six (num.)
also אשת, אישת
שתיתיי 1-30:19 "sixth" (ord.)
שתין 1-46:26 "sixty"

שתה (det.) s.v. שנה n. "year"

שתי to drink

שתל to plant
1-40:9

שותף, שתף n. partner
2-20:13/14/15/16,14/17 (F,CC)

שתק to be silent
2-12:2(KK); 14:14 (J,FF); 15:3(U),16(G,W)

תאנה n. fig (tree)
4-20:5

תבו s.v. תיבו "ark"

תבע to demand, want, seek, request
תבוע (אדם) 2-22:1,2 (blood) "redeemer/ avenger"

תבר to break
2-9:25; 15:6(G,U),7 (G,U); 17:11; [22:9]
תבר 5-32:35 n. "destruction", "misfortune"

[129]

תבשיל (< בשל) n. cooked dish 3-22:27(FF) and תפשיל in F cf בשל "to cook"

תגר to trade 1-34:10,21; 42:34; 5-24:7(DD) תגר n. 1-37:28(D,E) n. "trader", "merchant"

תדיר adv. continually, always 2-20:17/20(F)

תהום n. deep, abyss 1-7:11; 8:2; 2-15:5(U), 8(G,W)

תהי¹ to repent, change one's mind 2-14:30(T)

תהי² (= Heb. תֹהוּ) unformed 2-12:42(FF, = Gen 1:2)

תוב¹ to return, answer, reply מתיב (ואמר) ('af'el) 1-22:5,8 "to open a conversation"; 5-33:9

תוב² adv. again, still, much also תובן 3-22:27(F)

תוחמדה n. delightful 1-3:6 cf חמד "to desire", "covet"

תום (= תאום) n. twin תומאיין 1-38:27 pl.

תוף n. drum, timbrel 1-31:27; 2-15:20(W)

תור(ה) n. ox, cow בר-תורין n. "calf"

תותבו n. habitation, dwelling 2-6:4 cf יתב "to dwell"

תחם (pa'el) to delimit 2-19:12(F,U),23(F) תחום 1-34:21; 5-3:14 n. "boundary", "area"

תחנון n. supplication 2-14:30(X)

תחות, תחת beneath, under, in place of, in exchange for

תיבו n. (Noah's) ark also תבו 2-12:2(KK)

תייש, תיש n. he-goat 1-30:35; 32:15

תחל to begin מתחיל ('af'el) 1-44:18 (R,X,FF,RR)

תייק, תיק <Gk Θήκη sheath 1-44:18(M,X,Z)

תבל to bereave 1-31:38,39; 42:36(E,X); 43:14; 2-9:23(?, prh error for מתהלכה)

תבלא n. purple wool 2-39:24,29,31

תכסי n. covering 2-22:26 cf כסי "to cover"

תבריכין n. pl. shrouds 5-26:14(DD)

תלבושת n. garb, raiment 2-15:14(G) cf לבש "to dress"

תילדו, תלדו n. offspring, family, birthplace 1-31:3,13; 43:7; 48:6

תלי to suspend, raise up 1-4:15; 7:17; 38:25 (D,E,FF) תלי 5-5:22(D) n. "high" (voice), "loud"

תלת three (num.) תליתיי "third" (ord.) תלתין "thirty" לישנה תליתיה 5-27:24 (DD) "slander" (lit: triple tongue)

תמה to wonder 1-43:33(D,E)

תמיד n. daily (burnt offering) 4-28:23,24,31

תמים n. perfect one (= Jacob) 3-22:27

תמיניי eighth (ord.) 2-20:13/15(CC); 3-22:27; 23:36,39

תמן there (dem. prn.)

תנחתא (prh < אנחה) n. sigh(?) 2-12:2(GG)

תני to tell, relate

תיניין, תניין second (ord. num.) תנייתא 2-40:17 fem. תנינות 1-35:9 "a second time" cf תרין "two" (num.)

תנין n. sea monster 2-15:6(G)

תנן to smoke 2-19:18; 20:15/18(F) תנן n. "smoke" 2-19:18

תסקוף n. intrigue 1-44:18(X,FF)

תערה n. sheath 1-44:18(M,R,FF,RR) תורעה (FF, error of metathesis)

תפשיל (<בשל) n. cooked dish 3-22:27(F), תבשיל in FF cf בשל "to cook"

תקל to weigh 2-22:16

תקן to establish, prepare תקן n. "good", "proper"

תקע to blow (a horn) 2-19:13(F,U)

תקף to be strong, forceful, intense, great, to increase, harden (Pharaoh's heart) תקוף n. "strength", "might" תקיף n. "strong"

תרב n. fat 5-32:38

[130]

תרגם to translate
5–27:8(D,AA,DD)

תרוג‎ <Pers. n. citron
(fruit), "ethrog" 3–23:40

תריס‎ <Gk Θυρέος n. shield
1–15:1; 2–13:17

תריין ,תרין‎ two (num.)
תרתין‎ fem.
תרי/תרתי־עשר‎ "twelve"

תרע‎ n. opening, gate, door

תושבחה‎, תשבחה‎ n. praise,
glory
cf שבח‎ "to praise"

תשלום‎ n. payment, ex-
change
2–21:23,24,25
cf' שלם‎ "to pay",
"replace"

תשמיש (דערס)‎ n. sexual
relations (lit: use of the
bed)
2–19:15(F)
cf' שמש‎ "to cohabit",
"lie with"

תשע‎ nine (num.)
1–15:1
תשיעי‎ "ninth" (ord.)
2–20:13/16(CC)

Plates

A Note on the Plates

Most of the plates were photographed under normal lighting. Portions of MSS Z and FF were removed from the "Melinex" (clear film) envelopes in which they are preserved at the Cambridge University Library, and photographed with the aid of infra-red light. Unfortunately, the combination of browned paper, faded ink and patches of dark stain in the manuscripts, resisted even this special effort.

Wherever possible the MSS are reproduced in natural size (1:1) together with the scale provided in the photographs by the respective libraries. In the case of oversize MSS (e.g. A, B, C, D) some reduction was necessary. For MS A, we have reproduced the small fragments in plate 1 in natural size.

MS A   שמות ד:7   Exodus 4:7

MS A   שמות כג:8   Exodus 23:8

plate 1

Cambridge University Library MSS T-S 20.155; T-S AS 63.51,96,153

MS A   Exodus 20:21/24   21/24:כ שמות

plate 2

Cambridge University Library MSS T-S 20.155; T-S AS 63.24,117,129; 69.241r

MS A   Exodus 21:36   36:‏כא שמות

plate 3

Jewish Theological Seminary MS 501 (E.N.A. 2107), folio 1r

plate 4

[Hebrew/Aramaic manuscript text in three columns — Genesis 2:23–3:6, with Targum]

ון ועל דאיש
ית אבוהי וית אמיה ודבק
באתתיה ויהון לבשר אחד:
ין כרו ופרש גברית
ה מבית מן אבוי ומן
אמיה ומרבק באתתיה
ויהון תריהון לבשר
חד ויהוו שניהון ערטים
האדם ואשתו ולא יתב
יתבשתשון יהון תהון
עד טו ליה ארם יאתתה
ולא היו יערין מה
היא ארה הונתה דנחש
היה ערום מכל חית
השדה אשר עשה
יהוה אלהים ויאמר
אל האשה אף כי אמר
אלהים לא תאכלו מכל
עץ הגן וחוה הוה
ערים מכל חיתה דסאני
ברא די ברא אדני ''

אלהים ואמר אתתה
חלף אריס דאריס ואמרה
דארני לאתאכלת מן
כל אילני גנתא ואמר
האשה אל הנחש מפרי
עץ הגן נאכל ואמרת
אתתא לחויא מפירי
אילן גנתא נאכל ומפרי
העץ אשר בתוך הגן
אמר אלהים לא תאכלו
ממנו ולא תגעובו פן
תמתון ומפרי אילן
דעתא דאית באמצע
גנתא אמר מאימרה
דארני יאתאכלון מניה
ולא תקרבון בה ודלא
תמותון ויאמר הנחש
אל האשה לא מות
תמותון ואמר חוריא
לאתתא לא מימת ''
תמותון: כי ידע אלהים

ביום אכלכם ממנו
ונפקחו עיניכם וחיתם
כאלהים ידעי טוב
ורע ארום גלא קדם ''
... אריס ביעמה ...
... מתפתח
... ... ובמלאכי ...
מזקדים ארני דיולין
למפרעשא בין טב לביש
ותרא האשה כי טוב
העץ למאכל וכי תאוה
הוא לעינים ונחמד
העץ להשכיל ותקח
מפריו ותאכל יתנת
גב לאישה עמה ויאכל
יחמת אתתה ארים
טבא אילנא למאכל
ואוים תיחכ דיה הוא
לחזין עיניה ויאי
אילנא למסתכלה בה
ונסבת מן פרוי ואכלת

Jewish Theological Seminary MS 501 (E.N.A. 2107), folio 1v

MS B   Genesis 2:23   בראשית ב:23

plate 5

Leningrad, Saltykov-Schedrin MS Antonin Ebr. III B 739v

MS B   Genesis 4:9   בראשית ד 9:

plate 7

Cambridge University Library MS T-S B 8.11r

MS B   Genesis 7:17   17:ז בראשית

plate 8

Cambridge University Library MS T-S B 8.11v

MS B

Genesis 8:1 בראשית ח:1

plate 9

תַבְוָות בְּנָתִי וּתְבַעֵן   כְּשָׁתֵי בְּנָתִיךְ וְשֵׁת   וְעַדֵיךְ לָא תִנְזְלִין
בְּנֵי חֲזָאֵן יֵאנָא ·   שְׁנֵים בְּצָאנָךְ וְתֵחֵת   וּדְכָרֵי עָאנָךְ לָא
וְכָל אֲשֶׁר אַתְּ חֲזָאֵה   אַתְּ מַשְׁכָּרְתִּי עֲשָׂרַת   אֲכָלִית טַרְפָּא לָא
לִי הוּא וְלִבְנָתַי מָה   מְנַס דְּיַן לָעֶשְׂרִין   הַבָאתִי א ... אָנֹכִי
אֶעֱשֶׂה לָאֵלֶּה הַיּוֹם   שְׁנַיִן כְּבֵיתַךְ פֹּלְחָת   אַהטֶנָּה מִדַּרִי תְבַקְשֶׁנָּה
אוֹ לִבְנֵיהֶן אֲשֶׁר   עֲבַדְךָ אַרְבַּע עֶשְׂרֵה   גְּנֵבְתִי יוֹם תְּנַבְתּוֹ
יָלָדוּ וְעַעֲנָא לָבָן יי   שְׁנִים בְּתַרְתֵּין בְּנָתָךְ   לַיְלָה קְטִילָא לָא
וְאָמַר לְיַעֲקֹב הָא   וְשֵׁת שְׁנִין בְּעָאנָךְ   אֲוִיתִי יָת לַהֲדָר אֲנָא
בְּנָתָא בְּנָתִי וְהָא   וְשַׁלְחָפְתְּ יָת אַגְרִי   דַּהֲוֹת טָעֲיָא מִן יי
בְּנַיָּא בְּנֵי וְחָעֲנָא   דְּנָא עֶשְׂרָא זִמְנִין   מַגֵּינָא מִן יְדֵיי הֲוֵית
עָאנִי וְכָל מַה דְּרִיאַת   לִוְלֵי אֱלָהֵי אֲבִי אֵל   תָבַע יָדַהּ יָת מַה ·
חֲמֵי דִּידִי אָנֵן יי   אַבְרָהָם וּפְחַד יִצְחָק   דַּהֲוֹן גָּנְבַיָּא וְגָבִין
לִבְנָתִי גֵוָה אֶעֱבַד   הֲוָה לִי כְּעַעַתָּהּ   בְּאִימַמָּא אֲנָא הֲוָיא
כְּאֵלֵּין יוֹמָה דְּדֵין אָן   רֵיקָם שְׁלְחוּתָּנִי וְאַת   מַשְׁלַהֵם וְדַנְגָה וַהֲוַת
לִבְנֵיהֶן · דִּי אוֹלִידוּ   עַנְיִי וְאֶת אֲגִיעַ כַּפַּי   חֵיווֹת בְּרָאי מְתַבַּלָּא
וְעַתָּה לְכָה נִכְרְתָה   רָאֶה אֱלֹהִים וְיוֹכַח   בְּלֵילְיָא אֲנָא הֲיֵינָא
בְּרִיתָא אֲנִי וְאַתָּה   אֶמֶשׁ · אֱלוֹ לִי אֱלָהֵיהּ   מַשְׁלַב הֲוֵיתִי בְּיוֹם
וְיִהְיֶה לְעֵד בֵּינִי ·   דְּאַבָּא אֱחוֹרִיד   אֲכָלַנִי חָרַד וְקַרַח
וּבֵי גָּךְ יוֹכְבֵּרוּז אוּתָא   דְּאַבְרָהָם וּתְקִיפָה   בְּלֵילְיָה וְעֵד שְׁנָתִי
בְּעַן נְקַיֵּים קַיָּם   דְּיִצְחָק הֲוָה בְּסַעֲדִי   מֵעֵינַי זֶה עֶשְׂרִים בָּאֵן
אֲנָא וְאַתְּ וִיהֵי ·   אֲחוֹס כַּדֵּין רַיקַן ·   בְּאִימַמָּא אֲכָלַתְנִי
לְסַהֲדִיד בֵּינִי וּבֵינָךְ   שַׁלַחְתִּי יָתוֹ יָת צַעֲרִי   שַׁרְבָּא וְקַיְרוּשָׁא
וְקַח יַעֲקֹב אָבֶן ·   וַתְּלָעוֹת כַּפֵּי יְדֵי   מֵילִי וְנַדַּת שְׁנָתִי
וְרִיְמָהּ בְּצַעֲבָהּ וְקָב   גָּלֵי קֳדָם יי וְאוֹכַח   מִן עֵינַי זֶה לִי עֶשְׂרִים
יַעֲקֹב אָבֶן וְאַקֵּים   יָתָךְ דְּרַמְשָׁא וַיְעַן   שָׁנָה כְּבֵיתַךְ עֲסַקְתָּ
מַדָה קַיְימָא וְאָמַד   לָבָן וַיֹּאמֶר אֱלֵיהֶב   לָךְ עֲבַדְתִּיךָ עֲשַׂרְתֵּי

Leningrad, Saltykov-Schedrin MS Antonin Ebr. III B 542, folio 1r

MS C   Genesis 31:38   38:לא בראשית

plate 10

Leningrad, Saltykov-Schedrin MS Antonin Ebr. III B 542, folio 1v

MS C   Genesis 31:46   46:לא בראשית

plate 11

Oxford Bodleian Ms. Heb. b 4, folio 18r

MS C Genesis 32:13 בראשית לב:13

plate 12

Oxford Bodleian Ms. Heb. b 4, folio 18v

MS C

Genesis 32:21   בראשית לב:21

plate 13

Oxford Bodleian Ms. Heb. b 4, folio 19r

MS C

Genesis 34:9 בראשית לד:ט

plate 14

נתן ו וסירם והאנשים לאנשיך לעבאך ויפרשו
מהשירה ואשר ∴

(Column 3 — left)	(Column 2 — middle)	(Column 1 — right)
הלא לנו הם אך	ורחבת ידים לפניהם	מליהון באפו ∴∴
באתה להם ומקנם	את בנתם נקח לנו	דחמור ובאפר ∴
אתם וכל בהמתם	לנשים ואת בנתינו	שכם בר חמור ∴
וקנינם וכל בהמתם	נתן להם וגבריא	ולא אחר הנער
מעריהון הלא דירן	דאלין שלמין י∵	לעשות הדבר כי
אנון להוד נשתוה	אנון עמן במיבא	חפץ בבת יעקב ∴
להם וישרון עמן	טבא וישרון יי∵	והוא נכבד מכל בית
וישמעו אל חמור	בארעא ויתערבון	אביו ולא שתי ∴
ואל שכם בנו כל	בה וארעא הא	טליא למעבד ∵
יצאי שער עירן	פתיא היא בתחומה	פתגמא ארום הוא
וימלו כל זכר כל	קרמיהון יתבנעתהון	דכי בבריתה ויעקב
יצאי שער עירו	ניסבוין לנשין	והוא קנוא רב ושליט
וישמעו לחמור	ויתבנתן נתן להון	מן כל בייתה ואמי∵
ולשכם בריה כל	אך בזאת יאתו	ויבא חמור ושכם
נפקי תרע קרתה	לנו האנשים לשבת	בנו אל שער עירם
וגזרו וכל דכורא	אתנו להמות לעם	וידברו אל אנשי
כל נפקי תרע	אחד בהמל לנו	עירם לאמר יי∵
קרתיה ויחלבים	כל זכר כאשר הם	ואתא חמור ושכם
לשורשא בהיקתה	נמלים להודי בהא	בריה לתרע קרי
מאבים ויקחו∵	יתערבון עמן יי	קרתיהון ומללו
שני בני יעקב	עובדא למשר יעמן	עם חביי קרתהון
שמעון ולוי אחי	למהוי כל לקסחר	למאמר האנשים
דינה איש חרבו	במגדר דין כדיכמא	האלה שלמים
ויבאו על העיר∵	חירדמא היא אנון ∵∵	הם אתנו וישבו
בטח ויהרגו כל	גזריז ומקניהם	בארץ ויסחרון
זכרי והוא ביתמא	וקנינם וכל בהמתם	אתה והארץ הנה

Oxford Bodleian Ms. Heb. b 4, folio 19v

MS C Genesis 34:18 בראשית לד:יח

plate 15

Leningrad, Saltykov-Schedrin MS Antonin Ebr. III B 542, folio 2r

MS C · Genesis 35:6 · בראשית לה:6

plate 16

Leningrad, Saltykov-Schedrin MS Antonin Ebr. III B 542, folio 2v

MS C

Genesis 35:9   בראשית לה:9

plate 17

Cambridge University Library MS T-S NS 76.1r

MS C   Genesis 41:37   37:מא בראשית

plate 19

Cambridge University Library MS T-S B 8.10, folio 1v

MS D

Genesis 37:19   בראשית לז:19

plate 20

Cambridge University Library MS T-S B 8.10, folio 2v

MS D   בראשית לז:כח 28:Genesis 37

plate 21

Cambridge University Library MS T-S B 8.3, folio 2r

MS D

Genesis 36:24; 38:16   בראשית לו:כד; לח:טז

plate 22

Cambridge University Library MS T-S B 8.3, folio 2v

MS D   Genesis 36:8; 38:24   בראשית לו:ח; לח:כד

plate 23

Cambridge University Library MS T-S B 8.6, folio 1

Cambridge University Library MS T-S B 8.6, folio 2

MS D   Genesis 43:20   20:‏מג‎ ‏בראשית‎

plate 25

Cambridge University Library MS T-S B 8.6, folio 3

MS D Genesis 44:1 בראשית מד:1

plate 26

Cambridge University Library MS T-S B 8.6, folio 4

MS D

Genesis 44:16   בראשית מד:16

plate 27

Cambridge University Library MS T-S Misc. 27.1.4, folio 1r

MS D   Genesis 46:26   בראשית מו:26

plate 28

Cambridge University Library MS T-S Misc. 27.1.4, folio 1v

MS D

Genesis 46:33   בראשית מו:33

plate 29

Cambridge University Library MS T-S Misc. 27.1.4, folio 2r

MS D

Genesis 47:29 בראשית מז:29

plate 30

Cambridge University Library MS T-S Misc. 27.1.4, folio 2v

MS D

Genesis 48:4   בראשית מח:4

plate 31

Cambridge University Library MS T-S B 8.7r

MS D

Cambridge University Library MS T-S B 8.7v

MS D

Genesis 48:16 ‏בראשית מח:16‎

plate 33

Cambridge University Library MS T-S B 8.12r

Cambridge University Library MS T-S B 8.12v

Cambridge University Library MS T-S B 8.5, folio 1r

MS D

Exodus 7:10   שמות ז:10

plate 36

Cambridge University Library MS T-S B 8.5, folio 1v

MS D

Exodus 7:17 שמות ז:17

plate 37

Cambridge University Library MS T-S B 8.5, folio 2r

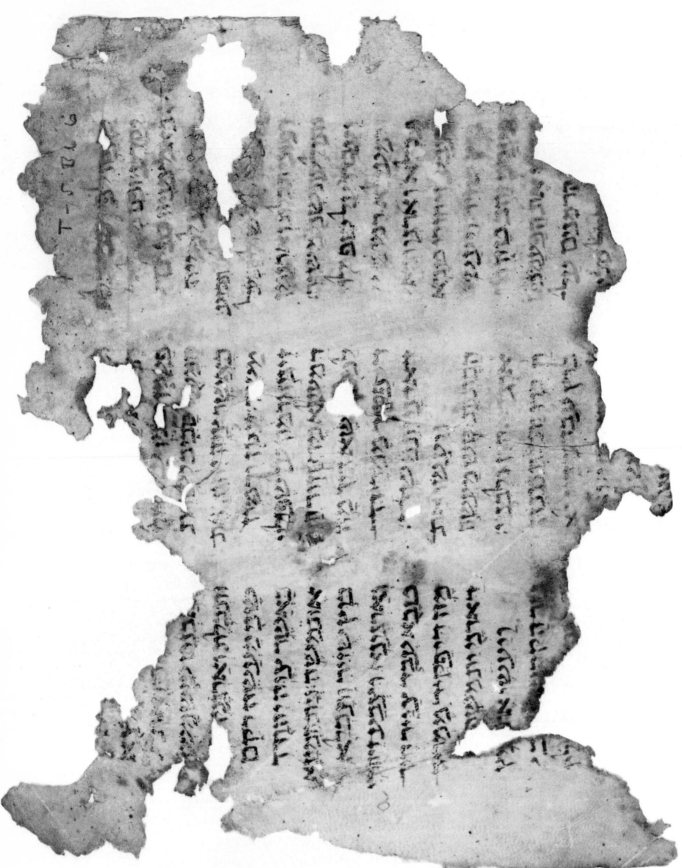

MS D

Cambridge University Library MS T-S B 6.6v

Exodus 39:30   שמות ל:ל

plate 41

MS D   Exodus 40:9   שמות מ:9

plate 42

MS D   Exodus 40:19   שמות מ:19

plate 43

Cambridge University Library MS T-S B 8.1r

MS D   Deuteronomy 5:19/22   22/19:דברים ה

plate 44

Cambridge University Library MS T-S B 8.1v

MS D Deuteronomy 5:23/26 דברים ה:23/26

plate 45

Cambridge University Library MS T-S B 8.8, folio 1r

MS D Deuteronomy 26:18 דברים כו:18

plate 46

Cambridge University Library MS T-S B 8.8, folio 1v

MS D

Deuteronomy 27:4   דברים כז:4

plate 47

Cambridge University Library MSS T-S B 8.8; T-S NS 161.262

MS D

Deuteronomy 28:15   דברים כח:15

plate 48

Cambridge University Library MSS T-S B 8.8; T-S NS 161.262

MS D

Deuteronomy 28:23   דברים כח:23

plate 49

וְאָקֵים וְאָקֵים יַתקַיָמַי עִמַן וְתַדעוֹל לְתֵיבוֹתָה
אַת וּבְנַיך וְאַתְתָך וּנשֵי בְנַיך עִמָך וּמִכָּל חַיתָה
מן כָּל בִיסרָה תְרַיין מן כּוֹלָה תַעַל לְתֵיבוֹתָך
לְמֵקיוּמָה עִמָך דְכַר וְנוּקְבָה יְהוּון מֵחֵעוֹף מן
עוֹפָה לְמֵנָה וּמן בְּעֵירָה לְמֵנָה מן כָּל רַמסָה
רָאַדעָה לְמֵינֵיהֹן תְרַיין מן כּוֹלָה יֵעַלוּן לְתֵיבוּתָיה
לְמֵקיוּמַה וְאַת סַבֵּלך מן כָּל מְזוֹן דִי יִתאָכֵל
וְתַכנֵש לְוָותָך וִיהַוֵוי לָך וּלהוֹן לְמֵזוֹר וַעֲבַד
נֹחַ כְּכָלמָה דִי פַקֵד יָתֵה מֵמַרִים כֵן עֲבַד וְאָמַר
מֵמ דֹיֹם לְנֹחַ עֲלַ אַת וְכָל אַנְשֵי בֵיתָך לְתֵיבוּתָה
אֲרוּס יָתָך חֲמֵית צַדֵיק קוֹדָמַי בְּדָרָה הָדֵין מִכָּל
מן כָּל בְּעֵירָה דְכַיָה תֵסַב לָך שַבעָה שַבעָה דְכַר
וְנוּקְבָה וּמן בְּעֵירָה דִי לָא דְכֵי הוּא תְרֵין דְכַר
וְנוּקְבָה גַם לְהוֹן מִזעוֹפָה דִשמַיָה שַבעָה שַבעָה
דְכַר וְנוּקְבָה לְמֵקַיָמָה זְרַע עַל אַפֵּי כָּל אַרעָה כִּי
אֲרוּס לְיוֹמִין קָלֵילִין שַבעָה אֲנָה מָחֵית מִיטרָא עַל
אַרעָה אַרבְּעִין יְמַמִין וְאַרבְּעִין לֵילַוון וְאֶשֵנַע
יַתכֵל בִירַיְיתָה דִי בָּרִית מן עַל אַפֵּי אַרעָה

שת מאנוז שטן וכבילה ההוא מורש ארעא ונבא
ועל נח ובנוי ונשוי ונשי בנוי עמיה לתיבותא מן
קודם מוי דמבולה מן בעודה דלויה ומן בערה
דיו לות הדא דבי ומן עופא וכל די אדמוס על ארעא
שניס תרין תרין עלו עם נח לתיבותא ה דכר ונקבא
הי דמה דיפקד מ דיס ותנא ותהי ותהוה לסוף
יומין קלילין ומי מבולה הוו של ארעא בשנת שת
מאה שנין לחיי נח דסח שתא וחד וסנא בשבעת עשר
מין לירחא הדין דמוי מה דליין את ציען עלו
ער ועל תהום דבו וחו דכי ושמיא א תפתחו וה
וה מיטרא על ארעא ארבעין יומי וארבעין ליליוון
ולחו בעמק ומן דמן דמה הדין עלו נח ושם וחם ויפת
בר נוי ואנתתי די לח ותלת נשי בנוי עמהון
לתיבותא חמה וכל חיותא למינה וכל בעירה
למינה וכל דמסהדו מס על ארעא למינה וכל עופא
למינה וכל עופר ציטאוס ועלו לות נח לתיבותה
מריון תריון מן כל בסרה דאית ביה רוח דחיי

Oxford Bodleian Ms. Heb. d 49, folio 47v

MS E

Genesis 7:5   בראשית ז:ה

plate 51

אדמכון לנפשתכון אתבוע מן יד כל חיותה

אתבועניה מן יד בר נשה ומן יד גבר ואחוי

אתבוע ית נפשיה דבר נשה שפך דישפך

אדמיה דבר נש על די בצלם אדמיה משתפ

אדם ברמו מן קודם לי כדיא ית בר נשה ואתם

ואתון תקופו וסגון שרוצו בארעה וסגון בהי

ויאמר ואמר ממרי דיי לנח ולבנו עמוה למימר

ואנא האנא מקיים ית קומי עמיכון וית זר

זרעיית בעכון מן בתרכון ותכל נפש דחיוה

דאית עמכון בעופא ובבעירה וכל חיותה

דארעה עמכון מכל נפקי תבותה לכל חיתה

דארעה: ואקמתי ואקים ית קומי עלכון

ולא ישתיצי כל בסרה עוד מן מוי דמבולה

ולא יהוי עוד מבול למחבלה ארעה: ואמר

ממרי דיי טוב מן קיום דאנה יהב בן

מומרי וביניכון וביו כל נפש דהיא דאית

עמכון לקיים עלם: ית חזורה שתי יהבת

Oxford Bodleian Ms. Heb. d 49, folio 48r

MS E   Genesis 9:5 בראשית ט:5

plate 52

בעננה ותהו לסימן קיים בינ ממרי וכין ארעה׃
והיה והוה כד אפריס ענן על ארעה ותתחמי
קשתה בעננה ודכירנא ית קיימי דחמי דאית
בין מימרי ובינכון ובין כל נפש דחיה בכל בסרה
ולא יהוי עוד מיה למבול לחבלה כל בסרהו
והיתה ותהוי קשתא בעננה ואחמי יתה ואדכר
קיים עלמ בין מימריה ובין כל נפש דחיה בכל
בסרה דא יתגל ארעה׃ ואמר מ ריה לנח הדין
מיכן קדמה די קיימת כין מ̇מרי ובין כל בסרה
דאיתגל ארעה׃   והוו והון בנוי דנח
אלו דנפק מן תיבותה שם וחם ויפת וחם קוא
אבהון דכנעני׃   שלשה תלתה אלו ובנוי דנח
ומן אלין אתמררת הדא ארעה וחל ושריין צדיה
עדיק דלמהוי פלח בארעה ונעצלה כדם׃ ושת
ומזרהכ ין חמריה ורבה ואתעדטו בני מטמנה׃
וודא וחלה חם אמהו דכנעאריון עדיתה
דאבין ותנד לתרין ואחוי בשוקה מקח זנספ
שכ ויסבתא אמטליתא ושווי̇ות על כתפן̇הון

Cambridge University Library MS T-S B 8.4, folio 1r

MS E   Genesis 28:17   בראשית כח:17

plate 54

ותלבו בז צחרו ואמרין חכמין אנן ואמר להון הא של
להון אמרין שלם והא דחל ברתה אתיה עם ענה ויאמר
ואמר הא עד בדרון יומה בתוקפה לית אשרו למכנשה
עדרייה אשקון ענה ואזלו ורעון ויאמרו ואמרין
לית אנן יכלין עד זמן דיתכנשן כל ... ויגלגלח
ותאבנה מעלוי פמה דבארה חסד ... עדנו
האעד כדין ממלל עמהון ורחל אתת עם ... די אבוה
לאבוה אדום דעייה ענן הוות ... והוה ... ליוודי חמה
יעקב ית רחל ברתו דלבן אחוי ... ית ענה דלבן
אחוי דאמה וקרב יעקב וגלל ית אבנה מעלוי פמה
דבארו ואשקי ית ענה דלבן אחוי ... ונשק יעק
לרחל וארים ית קלה ובכה ... וגד ... ויעקב לרחל אות
אחוי דאבוה הוא וארום בריה דרבקה הוא ... הטת ותגית
לאבוה ... והוה כד שמע לבן ... שמעיה דיעקב בר
אחתה ו... לקדמותה ... ונשק יתה ואעל יתה
לביתה ... ביה ... ויה האלין ואמרו לה לבן
... ואעב
... חיאת ותפלום גבר
... ולבן תרתין בן ...
... ועמטה דל

Cambridge University Library MS T-S B 8.4, folio 1v

MS E   Genesis 29:5   בראשית כט:5

plate 55

עלי דהות בכיה ומעלויה דלא תסוק כמזל דעשו
ורחל הוות יאה ברוה ושפירה בחוזוה: ואהב ורחל
יעקבות דחלואמר אפלוח גבך שבע שמן דרוביך ברתך
ברתך זעירתה: ואמר לבן טב לומיתן יתה לך מן למען
יתה לגבר אחרן שריגבי ועבד ופלח יעקב ברחל
שבע שנין דיומין והוו באפר כיומין קלילין מומה
דו הוה רחם יתה: ואמר זעק ללבו הבו לוזתי
יתתעו אתוס אשלמו ומיפלחנו ואזדמן לותה: ואסף
וכנש לבן יתכל עמה דיאתה ועבד שירו ועלו לפ דואמר
הא נבוקה חלק פדו בוינן שובע שנין דיומין מטען
אתברכו נגרדי עיין סגיו וכדיח הבולי עעה מא
עעבה מה ושיריאצד שובע שנין אחרנין וקמו עמה
דא זעק וזהבו לוג עשו דדמו ואם סובו ליה ללאר
חולף דרעל: גבו אנוות בדמשה ונסב זתלאה בחתיך
ואמה יתה ללאן ברתה ואמאי ומה בעפרה ולא
היא לאס גאמ לוברמה חוא אצא דועבדו לו הלא
ברח לפלו יתנ גבן רעה כען שקדתבי ואמר לבן
לא יתעבד כן בא תרן למש זעענתה קדיס רביה

MS E   Genesis 29:27 כט:27 בראשית

plate 57

בירחל ואמר האקף הרתוככניה רמן ביך בנין ברוזחתי

אנה ואת נתבע חמיז מן קודיס דימנעמנך

פירי וולד מעזה ׃ ואמרת האאמהתי בלהה אזדככן

לוותה היא תילד ואנה אדבה ותתבני להזיד אנה

מנה ׃ ותתן וחכית רלת בלהה אמהתא לאנתה

ואזדמן לוותה יעקב ׃ ותחי ועצית בלהה וילדת

לעקב בור ׃ ואמרת דחל דזיותי מימרה דיוס

בעבדור טבמה ולהוד שמע בקלי ויהבלי בר

מבגווכן קרא שמיה דז ׃ ותהר ועברת עוד

ולדת בלהה אמהתא דרחל בור תניין ליעקב

ואמרת רחל עלותו דיוצלות קודכוס לי תן לו

בעין היךמח דיחב ללאהאחתי ולהוד אשתלעת

וקראת שמיה נפתלי ׃ וחוא וחמת לאה ארוך

פסקת מן למילד ונסבת ית זלפה אמהתה ויהבת

יתה לועקב לאנתה ׃ וילדת זלפה אמהתה דלאה

לועקב ביר ׃ ותמר לאה אתה גדה טבה

וקראת ית שמיה גד ׃ וילדת זלפה אמהתה דלאה

ביד תניין ליעקב ׃ ואמרת לאה שבחי דישבחו

יתי בנתהון דישראל בבתי מדרשיה וקראת

Leningrad, Saltykov-Schedrin MS Antonin Ebr. III B 120, folio 1r

MS E   Genesis 30:2   בראשית ל:ב

plate 58

ותשמ̇יא אשקיאלך ראל דאלצעירם ועשיהן ד̇־
דחטמה ועשמה וברוחך בלספעוניך ואמרו וטוין
לותלאה אמרה ואמרת רשד לאה חטיבכעלי
מן ובדיעתין דבריך ותאמר אמרת לה הנקליל
ועיר רינטבת בעלי וטוף את בעיה למסבלהד
ית יבדוחו דבריו ואמרת דול כשבועה שמש
עמיך ליוה היין חולך וברקוד דבריך וכא
ואחא ועקבמן אמריה לעדרנו רמשה ונפסקה
לאה לקדמותיה ואמריל לוותי חייך ארופ עיצו
אנעית ותעי מיכירותה דבירו ושמעיה פלוולה
החוא ושמען ושמע על דים בקליעלותה ולאה
ועבריא וילדת לותקב בור חמושי ותאמרו ואמרה
הא יהבול מגרי לא אמיי יותפת אנחתי לבעלו
וקריא ושמה שוטרי יתור ועברת כף לאה
נולידת בוישון נעלי ויעקב ואמרת לאה דבי יוא
מל אלא מטויות טבן כיון בהיו יעלה ודרעון
מעלל לוותי אויכי ילדים לוה אישותה בען רקואת
שטיה רבוון ואחוי ועטפתי כן ילדת בויה נקבה
וקראת ושמה דינה ייעזי ויודו ואדכימע דים ס

ברחמי טביהית רחל ושמע ממדיט בקל עלותה

ואמר בימומ... על הבנין ונתחר ועבדת הלידת

ביר ואמות ... ... ממדיס חטשיחי וקדאתיץ שמה

חסף ... מימי רסף ... ... ובי יחהרי והוה כיון

... ... רית ריקן לית ... מריעקב לבנ ... חיא ... ומן

לאותרי ולא אייבי ... ... הבלי רת נשטו ותתבני ... רפלחת

ועמך בהין וחזק ... ... כיין חכמית ותפלחני די פלחת

עמך ואמר לית לש או מען אשכחת ... מסא חי עינוך

... ... רית וביר הטי ... ... בדכורתרי ואמרי אמר

לבן לועקב ... כן וא... עלי ראתנו ... ... עלי ה

את חכם ... ... חתה די פלחת גבך ית מא די הות

... סיך ... ... קומ... כי ... ... חה

לך קו... ... ... ותך ... כ... ...

... ... מה ... לעבדו אונה זקין לעפ... ... ... בדי ואנשי

... ... ואמר מה אתמל... ... מו ויעקב ל... חתן לי כולמן

... עש או ועבר ל... התפ... מ... ... ... למרעי עד

... ... חחי ... עבר ... ... ומ...

כו ... ... חו...

Leningrad, Saltykov-Schedrin MS Antonin Ebr. III B 120, folio 2r

MS E   Genesis 30:22   ‏בראשית ל:22

plate 60

וחמור בעזמה וזחוה אנדי ועטטו ויסהרן בי זכורתי
ועזה הדין אדוס אעול למקבל אם קרימיך כל
דילית הוא קרוח ונמור בש...לחוש באמריה
געב הוא צבי· ויאמר ו... יאות מללת לוי
יהו כפיטך· ויסי ועבד ביאמה ההוא יתהיישוה
קרוחה ונמריה מתכלעמיה קרוחתה ונמרתה
ותקדיאות ביק שומח חורה וכל דילחוש באמויה
ושר בוד בני· וישן ושו אורחמחלך תלתה יומין
בינה הכו יעקב וזעקבהוה רעי ותענה דלבן פה
דאשתיורי· ויקח וסב ליה יעקב חוטד דלם וכך
ודלוז דילווי קלף בהון קלפריז חוודייז מז קלוחתרה
חוודיתה דראות על חוטרה· ותע ואקרם יתחוטרויה
דיקלף בוורכיחתוה בשקויה דמויה דו תעולעה
למשט כלוקבל ענה חוון מתיחמז במע הרוז למשתי·
וחמו ואתיחם ענה על חוטרייז והוה ילדי ענה
קרוחין גמידוז ומקדקדין· ואמריה אפרש יעקבושר והכבשים
לבית קרוחתו וכל אפינה לחוש·

Leningrad, Saltykov-Schedrin MS Antonin Ebr. III B 120, folio 2v

MS E Genesis 30:32 בראשית ל:32

plate 61

Leningrad, Saltykov-Schedrin MS Antonin Ebr. III B 111, folio 2r

MS E

Genesis 30:40   בראשית ל:40

plate 62

געבוכ֗֗֗ ֗֗֗ופרג ית אביי דנא עשריה זמנין
ולא שבק יתיב ממדיס למבאשה לי ואסכה אוכן
הכ֗֗֗מר קרוחין והוו אגריך הכת שרית כל ענה קרוחין
איזכן קד֗֗֗כמורי֗֗֗אנ֗֗֗ הות ולדה כל
ענה נמ֗ה֗֗֗על ורק֗מ ד֗֗ ית עסטו דיאבוכן
והב ית֗דה לי: והוה בשעת וחמות ענה ונטלות
עיני ומבית בחזוה֗וא דיוברהד דסלקו על ענה
קרוחין בכ֗֗֗ין ומקורקין: ואמר לי מלאכה די֗֗בחזוה
ועקב עד֗֗יעקב בלשון בית קודשה ואמר הנני
ואצטי טול כען עינך וחמו כל ֗֗כלויין דסלקין על
ענה קרוחין פמדין ומקרקדין אדוב גלוריקורי֗֗רי ית
כל מה דיאות ד֗לבן עביד לך: אנמראנה הוא אלדאיא
אתגליית עליך בלוקאל דירבית תמן קיומה זדו
פרישתא ֗֗תמן פידנשן֗גרד֗כדוותקונ פוק מן אדעה
֗֗יה וחזור לארע֗בתת֗לד֗וותרך: וענת רחל ולאה
וא֗֗ידו ֗֗יה העוד אית לג חזלק ואחסנה בבזיתא֗֗
ראבו֗֗ הלא כנוכריין אתחשבנן ליה ארוב

יבן ידתן והיא ביער למסב להוד כסף כתובי...

ארוכ בו עוהדה דירדוקו ...מ דים מא אבונ ...

הוא ולבנינ ... וכדיו כל מה דאמר ...מ דיס ... עבד

ויקם יעקב ... נטל ותבנוי וית נשוי על גמלוי ...הג

ודבר ית כל ... פסוי ... ות כל קנינוי דיו סג... נכסו קינינוי

דיו סגל בפ... ן ארב למ... למ... ק אבא לארעה

דכנען ... בן ... ל ל... יז ד... ענה ונבת רחל ית

עלמו סענ ... תה דאי ...ל אבוה ... וגנב יעקב ית דיעתיה

דלבן א... ד... יס ... א הוה ... יה ... ם ידום אוך עדק

הוא ... עדק הוש... מר דהוה ... ליה וקם ועבד

ית שור ות אפ... ... גלעה ער כימן די

על ... מלכ... למשקויה ענה מן באירה ולא

א... ...ריין חלת ... זמו... סכיח לה אזרה דהיא

טן ... א ... ת הא בכן אתע ללבי בומו תליתויה

דהינקבו זקיח ונטב ית א ... עמיה זרדף

מהלך תלתא יומין דארע יתה בטור...

... ... לות לבן הארמויה בחלום...

...ר ... דלא תמלל עם יעקב...

Cambridge University Library MS T-S B 8.4, folio 2v

MS E   Genesis 31:24   בראשית לא:כד

plate 65

Jewish Theological Seminary MS E.N.A. 2755, folio 2r

MS E   Genesis 37:15   ‏15:לז‎ ‏בראשית‎

plate 66

Jewish Theological Seminary MS E.N.A. 2755, folio 2v

66

Oxford Bodleian Ms. Heb. e 43, folio 66r

MS E   Genesis 38:16   בראשית לח:16

plate 68

היא מעברה בבין דזנו ואמר יהודה אפקו

יתה ותתוקד׃ והוא תמר נפקת למתוקדה בעת

תלתי שחזירת ולא אשכחת ותהון תלת עזנה

למזימיה ואמרת בבען ברחמין מן קורמיך ׳ֹס

וזמנעי זתי בהדה שעתה דהיא שעת אניקו

ואנה מקיומה דך תלתא עדיקיס בבקעת דורה

חנניה ומישאל ועזריה בחזיא שעתה דמדוס

מיכאל מלאכה ואמר ליה חות הב דתהון כוון

דומת יתהון אנהרית עיניהו וטלקת תחות

דגלוזון דרנויה ואמרת צבריה דאלין דיודה

מנה אנה מעברה על מתיקזה ולא מפרסויה

למי׳ ברס שהדי וארביעי לבינה יתן צלבוה למחנוס

יתהון יימן הטן עזקתה ושושפה וחוטרה

ה אלין׃ זיבד כוח דחמה יתהון יהדה אמד

צלבוה טבלי נבהות בעלמה הדין ולא נבהות

בעלמה דאתי טבלי יקד באשא טפיה בעלמה

הדן ולא יקד באשה אכלה אשא לעלמה

דאתי וחכב יהודה ואמר זכיה היא תמר מן

בעו כן לא דהבת יתח לע׳לה בדי דלא אוסף עוד

למ־חכום יתה׃ וחוה בשעת מולדה והא תומאין

במעהה׃ והי וחוה כאשח מלדה ופשט ולדה

ורה ונסבת חייתא וקטרת עלוה זיחורי למ׳מ׳

דן נפק קדמי׃ והוו אבד חדי ידה והא נפק אחו

ואמרת מה תקפת ואוף את בעי למתקף וקלא

יתשמ׳ה פרץ׃ ואחד ומן בתר כו נפק אחו׳ דאית

על ידיה זיחורי וקרא שמיה זרח׃ יוסף ⁘

ויוסף אחת למצרימה וזבן יתה פוטיפר שליטה

דפרעה רב ספוקלטריה גב׳ מצרי מן דדין

דסריקאי די אחיתו יתה לתמן׃ ויחי והוה מצ׳

יוס בסעדה דיוסף וחוה גבר מעלח והוה בב׳

בב׳תא דרבונה מ׳צריה׃ וחא וחמא רבונה ארום

ממרה ד׳יס בסעדה וכל די הוא עבד מלרה ד׳יס

מצלח בודו׳ ׃ רומעא ואשכח יוסף חזרז בע

באפו ושמש יתה ומאני יתה אפיטרופוס על

אנשי ב׳יתה וכל מה דאית ליה מסר בן ידו ור

BODLEIAN LIBRARY

Oxford Bodleian Ms. Heb. e 43, folio 67v

MS E

Genesis 39:5   בראשית לט:5

plate 71

דיהוון חבושין ב... ...ת חבושה ואתא לוותהון יוסף
... בעמרה וחמה ... ... והא אפיהון ... ש אליסין
... טו... ורפרעה ... ...ומה במ... ...סאנה דרבונה
... ...זמ... בגל... אפתכון ב... ...הדין ואמרין
... חלם חלימן ... ...ו מן דפתר... ... אמר להון
... מ... לאלקודמיה ... ...תא ...ניריח תחוכ... ליוותי
... ...רה יתת חלם דיוסף ואמד לח בחולמי והא
... ...הקודמי... ובגופנה תלתא שריבישין
... ...ת נעיה ובשל... סגולוהי ואתעבד...
... ...פואלא בטרי ונסבת ית ענביה ו...
... ...ת ...טא ככסה דפרעה ושואת ית כסה על
... ...ויהודפרעה ואמד לה יוסף דך הוא פתרונה
... דחולבא ... ...ותו שד בינ... ...ותי אבתת עלמה או...
... ... רבני בעחון עידין משא... עברין בארעה דמערין
... קטעורין מתפדיקין עלוהי תלתא תלתה פרנסין דחיימו...
... ... קטעומירים רח... ...ל... בסו...עליה דיאמדת רב
... ...ת יתהון ועורת יתהון בכסה דפרעה
... ...ת ... ...רוח דיפרעה היא פירליותה דרונה

Jewish Theologial Seminary MS E.N.A. 2755, folio 1r

MS E   Genesis 40:5   בראשית מ:5

plate 72

רעוט פורעה משתי בעקתה ראה֯...את רבמ֗זד֗מ֗א קנ֗י
אנ֗ד֗ טבסיו ל֗...ח֗למ֗ת ח֗ל...ד֗ו ...א ופר֗ע֗ו֗ד֗ק֗..
לא֗ ה֗וח֗...ל֗י֗ה֗ וכ֗ב֗י֗...מ֗י֗ ל֗י֗ם֗ ס֗ו֗
מ֗ה֗ ד֗ו֗ו֗א֗מ֗...ד֗פ֗י֗ וא֗מ֗א֗ ...ס֗ס֗ד֗ן פ֗ד֗ר֗ו֗ת֗א֗
ד֗ו֗ח֗ל֗מ֗ך֗ ע֗ל֗...ע֗ב֗ו֗ט֗ס֗ו֗ה֗ וש֗ב֗ח֗ל֗מ֗י֗א֗ אונ֗ו֗ מ֗ש֗ו֗ח֗ס֗פ֗
שו֗ת֗ה֗ ר֗ע֗ו֗ל֗...ח֗ו֗מ֗ס פ֗ר֗ע�ה ו֗ע֗נ֗ת֗ש֗ו֗ן וח֗ז֗ר֗ד֗ע֗ד֗...מ֗ס֗ו֗
ות֗ש֗ג֗ד֗ ט֗ו֗ד֗ ד֗פ֗י֗ר֗עה֗ ב֗ו֗ר֗ה֗ כ֗ס֗ד֗ר֗ ד֗ק֗ל֗ט֗ד֗...
ו֗ו֗א֗ט֗י֗ו֗ש֗ך֗ ד֗ד֗ה֗ ב֗י֗ ארו֗ט֗ אל֗א ח֗ן ח֗י֗ת֗ב֗...
ד֗י֗ע֗...ל֗ו֗ ו֗מ֗ע֗ב֗ד֗י֗ן֗ ע֗ו֗י֗ה֗...
פ֗ל֗ע֗...ו֗ו֗ה֗ק֗ ד֗ע֗י֗ם מ֗ן ב֗י֗ת֗ ח֗ב֗ו֗ט֗ס֗א֗...
מ֗ת֗ע֗נ֗ב֗ח֗ א֗ת֗ ת֗נ֗ע֗ב֗י֗ת֗ מ֗ד֗ א֗ו֗ע֗ו֗י֗ן ד֗כ֗ב֗ר֗א֗ ו֗נ֗ו֗ה֗א֗ ו֗ב֗ה֗
ל֗ש֗ע֗ב֗ד֗י֗ת֗ כ֗ו֗ל֗כ֗ן ד֗ע֗פ֗ פ֗ו֗ש֗ א֗ר֗ט֗ל֗...ב֗ב֗ו֗ת֗ ח֗ב֗ו֗ש֗י֗
מ֗ד֗ש֗י֗ ז֗ו֗ר֗א֗ ר֗ח֗מ֗ה֗ ר֗ב֗ נ֗ח֗ת֗מ֗ו֗ה֗ א֗ט֗ו֗א֗ י֗א֗ו֗ה֗ מ֗ק֗ד֗ד֗ ו֗א֗מ֗...
ל֗ו֗ו֗ח֗ י֗ו֗ט֗פ֗ א֗ו֗ת֗ אנ֗ה֗ ד֗ח֗מ֗ו֗ת ב֗ח֗ל֗מ֗י ו֗ו֗א֗ י֗ל֗ש֗ו֗ש֗ו֗ל֗י֗ן
ד֗י֗נ֗פ֗ד֗ה֗ ג֗ת֗ק֗ י֗ע֗ה֗ ע֗ל֗ ר֗א֗ש֗י֗ ו֗ב֗ט֗ו֗ל֗ה֗ ע֗ל֗י֗א֗ מ֗ו֗ל֗ל֗ א֗ת֗ו֗ד֗
ד֗פ֗ו֗ק֗ א֗נ֗ע֗ו֗פ֗ב֗ד֗ נ֗ח֗ט֗פ֗ ו֗ע֗ו֗פ֗ה֗ א֗כ֗ל֗י֗ת֗ח֗ כ֗ס֗ו֗ה֗ כ֗ע֗ל֗ו֗י
ר֗א֗ש֗ו֗י֗ ו֗ט֗ו֗ו֗ י֗ס֗ק֗ ו֗א֗מ֗ר֗י֗ ה֗ו֗א֗ כ֗ה֗ ...ל֗מ֗ה֗ ת֗ל֗ת֗
ט֗ל֗ ה֗א֗ל֗ת֗י֗ ש֗ע֗ב֗ו֗ר֗י֗ח֗ ק֗ט֗ל֗י֗ה֗ ד֗ט֗

סלקן מן בתרהן וטלעין שבלין דקיקתא יתע
שבעתי שבליה בדניתה ומלחתה ואתעדפיעה
והא הוא חלם: וחוי והוה בעפרה ואטרפא וחזא
דפיעה ושלח וקרא לכל חרשוהן דמצראי ולכל
חכימיהון ותני פיעה להון ותחלמא ולית דיפתר
יתהון לפיעה: וידבר ומליל רב מזחויה יעכ
פיעה למימר ית סורחנו אנא מדכר יומא הדין:
פיעה דגזעל עבדיו ורשוי ותהון במטרה בביתה
דרב ספקלטדרייה יתי וית דרב נחתמידה: וחלמא
וחלמן חלם בלילי חד אנה וחזא גבר כפתריון
חלמה חלמנו: ושם ועמן גבו טלי עבדוי עבד
לרב ספק לטדריה ותענן קודמו ופתד לן ית
חלמינן גבר כפתדיון חלמה חלמנו: וההו והוה הין
דיפתר לן כן הווה ואתו חזד לאתרי ויתה עלב: ושלח
פיעה וקרא ליוסף ורלרן ויתה מן גובה וספר סיעה
וחלף לבושו ועל לות פיעה: ואמד פיעה ליוסף
חלם חלמית ולית לי מן דפתריותה ואנה שמעית
עליך למימר את שמע חלם ופתד יתה: וען ועה
יוסף ית פיעה למימר בד מנו יעני ית שלה דיפיעה:

וְאִלֵּיפַיְעוֹעְס יֵמַף בְחַלְמֵי וְהָא אֲנָא קָאֵם עַל
שְׂפַת נַהֲרָא וּמִן נַהֲרָא סַלְקָן שְׂבַע תּוֹרִין כְבַרְיָן
בְבִשְׂרֵיהֵין וְיָוָין לַמְחֵזֵי וְהָוַן רָעֵן בַאֲחָא עְמָא
וְהָא שְׂבַע תּוֹרִין אָחֳרָנְיָן סַלְקָן מִן בַּתְרֵיהֵין דִלָוֵי
וּבִישָׁן לְמַחֲזֵי לַחֲדָא וְדִקְקֵן בַבְשַׂרְהֵין לָא חֲמֵית
דִכְוָתְהֵן בְכָל אַרְעָא דְמִצְרַיִם טָשׁוּ וַאֲכַלָה
וְאַלֵּין וּתְוָיָה דִקְקָתָא וּבִישָׁתָא וְתַשְׁבַעַן וְעָ
קַדְמֵיתָא בְרֵישׁוֹת וַחֲבָאַת וְעָלַיִן לַגֵּוֵהֵין וְלָא
אִתְיְדַע אֲרֵי עָלוֹ לַגָּוֵּהֵין וְחֵיזְוֵיהֵן בִישׁ כְמָה
דַהֲוָה מִן שֵׁרוּיָה וְאִתְעִירֵת וַאֲרָא חֲמֵית בְחַלְמִי
וְהָא שְׁבַע שׁוּבְּלִין סָלְקָן בְקַנְיָא חַד מַלְיָן וְטָבָן וְהָא
שְׁבַע שׁוּבְּלִין צַנְמָן דִקְקָן שְׁדִיפָן בְּרוּחַ זִקְדוּם
צָמְחָן מִן בַּתְרֵיהֵן וּבְלַעוּ שׁוּבְּלַיָּא דִיקְקָתָא יָת
שְׁבַע שׁוּבְּלַיָּא טָבָתָא וַאֲמָרִית לְחַרָשַׁיָּה וְלֵית
דְמַחֲוֵי לִי וַאֲמַר יוֹסֵף לְפַרְעֹה חֶלְמָא דְפַרְעֹה חַד
הוּא יָת דַעֲתִיד דַיְיָ לְמֶעֱבַד חֲוִי לְפַרְעֹה שְׁבַע
שְׁנַיָּא טָבָתָא שְׁבַע שְׁנִין אִנּוּן וְשׁוּבְּלַיָּה

Jewish Theological Seminary MS E.N.A. 2578, folio 20r

MS E · Genesis 41:43 · בראשית מא:43

plate 76

Jewish Theological Seminary MS E.N.A. 2578, folio 21r

MS E   Genesis 42:34   34:מב בראשית

plate 78

לוותי ואפק לגון ית שמעון: ואעל גברה ית בניהם
לביות דיוסף ושח מיהב ואסחון רגליהון והב
כסא לחמריהון: ורכינו ואתקנו ית רוחן עד
מעלה דיוסף בשעת טהרה ארום שמעו תמ
דעין יכלון דתמן ועל דיוסף לביתה ואעלו להיה
ודרון דיאיתו בריהון לביותה ושאלו בשלמה
כניסוט אריעה: ושאל להון מלין ישלם ואמר
האשלם הוא אבוכון סבה דיי אמרתון האעד
כדין הוא בחיון ועקדו ושאלו בשלמיה: ונשא
ותל עינור וחמה ית בנימן אחוי ברת דאמה
ואמר הדין הוא אחוכון זעירה דיי אמרתון
לי ואמר פליוסאוס עלורבר: ועמה דיות
ואטף ארום אמן ליז דאתמגל אחוי ובעה
למבכי ועל לקיטונה ובכה תמ: וריחץ ושה
אפוי ונפין ואזדרון ואמר שוון מזון וישרו
ישוון ליה לבלחודרי ולהן לבלחדיהון ולמצרא
דוון אכלין עמיה לבלחודיהון ארי לא
הוו כלין מצראי למיכל עם עבראי מזה

ארום מרהקה הוא למיראי וישבו ותבו

ח ...אמ רבה טינותיה וזעורה כזעלותה

...נהו צטייה גבר לחבריה: וישא מש...

...ונקומר נפלגלהון ורבי חולקה

...כן מנקולקהוח דכולבן חמשה

...יקרח ושתון ורביון עמיד ופקד לין

...וחד מנ אפטרפוסעל עשרבוותה

למיעד מלי חנטמועהו ...בריה עבד

כלמה ...וחיכון למטען ושורכספרה

דגבר בפס טעזנה דאת ...ער ותפלודי

כליד ...דכספה חשוו בפס טעונה דיזעורה

ותבסם ובענה ועברכמזעמה דיוהף לין

מלו הבקר בעפרה בנוהדה ועבדיור...א

אשתיוחר איעון ויהמרלהוח: הם אנון נפקו

מנקרתא לא רחקו ויוסף אמר לין דהוה

אלני אפטרפוסעל אנשי ...תה קום רדף

בתר ...בדיוחד ותנארקית ...הון ותאמרלהו

...ע שלמון בישו חולף טבך הלא

Oxford Bodleian Ms. Heb. d 26, folio 16v

MS E

Genesis 43:32   בראשית מג:32

plate 81

Oxford Bodleian Ms. Heb. e 43, folio 57r

MS F   Colophon

plate 82

Oxford Bodleian Ms. Heb. e 43, folio 57v

MS F

Leviticus 22:26   ויקרא כב:26

plate 83

עמיכל יׄ תורתא או חלא יתה וית ברה לא תמ...
ומיתמסרון וארום יתבסון נביסת קוד״ייה קודם יׄיׄ לר...
ביׄים ...מ ...ומה ההוא תאכיל לא תשיירון מניה ע...
...ס...מיטתי ותטרון מיצוותה דאורייתי ות...
...ת...גב לנטרי מיצוותה דאוריתי ולא תחללו ...
...ה ויתקדיׄׄ ׄׄ שׄמי מייקרא בגו עמי יׄׄ אנא הׄ...
...ס יתבון בגׄ...צא אתכם הדי פריק יתכון ואפקית יתכון מ...
...ריים ולמהוון מכרי לכון לׄה אנׄׄ תרׄׄ ...
...ל...כפתק יתכון׃ וימ׳׳לל יׄ ומ׳׳לל ...
...ו דׄׄ לׄ...תהב יׄׄ ותׄׄ אמר להון סדרי מוׄׄ עׄׄרי דׄׄ דׄׄ וׄׄ...
...תיׄ סׄבן ואר׳׳וע׳׳ק קׄ׳׳ר׳׳שׄׄ ׄׄ ין איטון ...
...ת׳׳א׳׳וׄׄ מ׳׳ין ותעבד...ון עבידה וביומא סבעׄאה ...
...אׄׄו דׄׄ נֵׄׄ קׄדׄׄ ׄׄ שׄׄ כׄׄ ...תעבדון שבה ...ד...
...בׄ...דׄׄ זׄׄ ׄׄ...כׄן׃ ...ד׳׳הׄׄ מׄׄ וׄׄ...ין סדר...מ׳׳ע׳׳ר׳׳י דׄׄ לׄׄ...
...תׄׄ רׄׄ יׄׄ סׄׄ ין ...ב׳׳ן ׄׄ...ר׳׳ ...ס...או...ון ית...ן ...

Oxford Bodleian Ms. Heb. e 43, folio 58r

MS F

Leviticus 22:28   **28:כב** ויקרא כב

plate 84

בארבעת עשר יומין לירחה בינ שמשתה פסחה

...שה עשר ובחמשת עשר יומין לירחה מסן חגרך

...שובעה יומין פטירין תאכלון ביום הרא ..ומה

...כד ארוע קדיש יהוי לכון כל עבידה דפלחן לא תעברון

...והסריבתם ותקרבון קורבנין קורם יי שובעה יומין ביומא שביעייה

...יומט וארוע קדיש כל עבידה דפלחן לא תעברון   שׁ וידבר

...ומלל ייי עם משה למימר דבר מלל עם בני יש ותימר לה..

...עלון לארעה דיאנא יהב להון ותחצרון ית חצדיה ותיתון..

...שירוי חצדכון לוות כהנא והניף ית העמר ניסב ית עמרה ..

...לרעווה לכון מן בתר יומה טבה קדמייה דפסחה ינף יתיה כהנה

...קרבון ביומה דיתנפון ית עומרה אימר שלים מן בר שתיה.

...עות קודש ... ומנחתיה תריין עשרונין סלת פילה במשחו

...קרבן מתקבל קורם יי לריח דרעווך ונסוכוי חמר רבעות הינה ולחם

...חדת וקמח קלי ופירוכבין לא תאכלון עד זמן ינמה הדין עד עידן דיתתן

...קרבן אלההכן קים רעלם לדריכן בכל אתר בית מרוריכן וספרתם

Oxford Bodleian Ms. Heb. e 43, folio 58v

MS F   Leviticus 23:5   ויקרא כג:5

plate 85

ותמנון לכון מן בתר יומא טבא קדמיא דפסחא מן יום

יתעומרה דאנפותא שובע שבין שלמין תהוויין

מן בתר שובתה שביעייתה מן דתמנון חמשין יומ̇ן וחקף̇

מן חרותך קודם ייֹ י ממושבותיכבֿ: מן בית מדוריינ̇ן תימין

דאפי תרתין חלין תריין עשרונין סלת תהוויין חמיע תתאפיין ב

גען קודם ייֹ: והקרבתם על הֹיֹ: ותקרבון על לחמה דביבורייה שובען אמרין

בני שנה שלמין מן מום ותור בר תורין חד ודכרין תריין יהוון עלה[ק]

ייֹ ומנחתהון ונסוכיהון קרבן מתקבל לריח דרעוה קודם[ייֹ]

ותקרבון צפיר בר עזין חד לחטותא ותריין אמרין בני שנה לנכיס̇

קודשייה̇: והניף כהנא יתהון על לחמא דביכורייה אנפי קדמ̇

עלוורין אמריא קדשיהוון קודמ̇יֹ מתנה יתיהבון לכהנא: וקראתם

ותארעון חיין וקיימין כולבון הך ומן יומא הדין יום טב וארוע קדיש

יהווי לבון כל עבידה דפלוחן לא תעבדון קיים דעלם בבל אתר ביתמדורכן

לדרתפון: וקצרתם: ובחצדך[ית] חצד ארעכון לא תשיעון

אומנא אחרי יאראתנמרלים לחצד ולקטוחצרבון לא

תלקטון לסבייא ולעניֿ[לשב]חתהון בדיזא[אד]ייֹ

בון

ול ממריה דייי עם משה למימר ׃ דבר ׃ מלל עם בני ישראל

‏...א שביעייה בחד לירחא יהוי לכון שבת שבתן

‏...טב נ ארוע קדיש ׃ כל עבידה דפלחן לא תעבדון ית

קדבש אורם ייי ׃ וידבר ייי ׃ ומלל מלל דייי עם משה ל

‏...ד בעשרה יומין לירחא שביעייה הדין יום כיפורייה הוא איום

‏...ב נ ארוע קדיש יהוי לכון ותקימון ביה ית נפשתכון ותקרבון קרבנ

‏...וכל מלאכה ׃ וכל עבידה לא תעשבדון היך זמן ינמא הדין אריט

‏...ב יפורייה הוא למכפרה עליכון קדים ייי להכון ׃ ביתלו ארוממל

רים מסת למינם ולא ימימה הך זמן ינמא הדין ותעשי צי ביך ית עמה

‏...ת נפש ׃ וכל נפש דית עבד כל עבידה בינם עום כיפורייה ואשרימי ית נפש

היא מן גו עמה ׃ כל מלאכה ׃ כל עבידה לא תעבדון קיים דעלם לדריכון

בכל אתר בית מורוריכון ׃ שבת שבתן ׃ שבת שבתן הוא לכון ותציימון ביה

ית נפשתכון בתשעה יומין לירחא ברמשה מקרמישה ועד ומשה תהון

‏יצימין יצומיכון ושבתין שובבותן ׃ וער רבחמן חגי מרעדיכון בזמנהד ׃

וידבר ייי ׃ ומלל מלל דייי ... גוסרבני ישראל למימר בחמשת

עשר יומנו... כיה הך זמן הגה דמנליוה

Oxford Bodleian Ms. Heb. e 43, folio 60

MS F

ויקרא כג:34 Leviticus 23:34
במדבר כח:16 Numbers 28:16

plate 88

Oxford Bodleian Ms. Heb. e 43, folio 61

Numbers 28:24   במדבר כח:24
שמות יט:1   Exodus 19:1

MS F

plate 89

Oxford Bodleian Ms. Heb. e 43, folio 62

MS F   Exodus 19:14   שמות יט:14

plate 90

Oxford Bodleian Ms. Heb. e 43, folio 63r

Oxford Bodleian Ms. Heb. e 43, folio 63v

Oxford Bodleian Ms. Heb. e 43, folio 64r

MS F   Exodus 20:13/16   16/13:שמות כ

plate 93

Oxford Bodleian Ms. Heb. e 43, folio 64v

MS F

Exodus 20:20/23 23/20:כ שמות
Numbers 28:26 26:כח במדבר

plate 94

Oxford Bodleian Ms. Heb. e 43, folio 65r

MS F   Numbers 28:31   31:כח במדבר
MS F₂   Deuteronomy 34:5   5:לד דברים

plate 95

Oxford Bodleian Ms. Heb. f 33, folio 25

Acrostic Poem, Exodus 15:6   שמות טו:6

plate 96

MS G

MS G

Leningrad, Saltykov-Schedrin MS Antonin Ebr. III B 67, folio 1

Exodus 15:10 שמות ‏15:10

plate 97

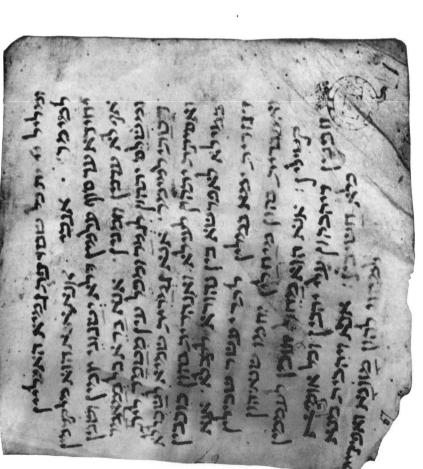

Leningrad, Saltykov-Schedrin MS Antonin Ebr. III B 67, folio 2

Acrostic Poem to Exodus 20   שמות כ

plate 98

MS G

Oxford Bodleian Ms. Heb. f 33, folio 26

MS G

Acrostic Poem to Exodus 20:2 שמות כ:ב

plate 99

MS H   Genesis 15:1   בראשית טו:1

plate 100

...ריתך ∴ ואקין ∵ וכן ובקרבניה לא כות
סוף לקין לחלא ואתכביש ואספר ∴ ויאמר
ון ∴ ולמא תקיף ולמא אתכבישו ∴ אפך ∴ יקין והדיתה
לט קבהלמא פאשתר עלוי קין נבא ווקעוונה חיאא ∵
יקם אלה לאאשתר עלוי ולא וקע וונה ∴ הלא
הלא אם תוטיב עובדך ישתבק לך ואכ לא תוטיב עובדך
ליום דיני חטאך נטיר לעתיד לאתפרעא ∴ אם לא
תתוב ואם מתוב ישתבק לך ∴ אלא אן טבות קבלוי
לא תעול מן מא אתכבית כואנך ראבץ ואלוך
ואנת אמתחלטו עלוה באאכתאארי ∴ ויאמר
קין להבל אחוהי לות דין ולית דיין ולית פוי שגנותא
לרשיעיא ולית זכותא לצדיקיא ולית עלם אוחרי ∴ ואמר
הבל לקין ∴ אחורי אית דין ואית דיין ואית פורען וגמולתא
לריש יע ואית זכותא לצדיקיא ואית עלם אוחרי ∴ והוה
במזווייהן בחקלא ∴ וקם קין להבל אחוהי וקטוליה ∴ רם
תאול קין ∴ הבל אבונה פבמא פאנא פי אצחרא תקאס קי
א∴ הבל אכיך פאיקתלהי ∴ ויאמר ∴ וייאמר לי לקין אי הבל
אחוך ∴ ואמר לא ידענא הנטור אחי אנא ∴ פקל אלה לקין

MS J　　　　　Exodus 14:1 and Tosefta vv. 13,14　　**14,13**　תוספתא לפס' 1:שמות יד

plate 102

מ...א... ...
...רְמְיָין ...
...מְשַׁעָוֹן: ויֹשַׁע ;פרין וש...
צ' יומא ההוא ית' ...מן ידיהון ...
ואצר יוֹחמון יש אלית...
עלוי ימה: וירא וֹחמון ישֹרֹ...יד
ויֹקֹיֹעֹֹה די אוֹגֹ...יע מימריֹ... אֹ...נ מן מצֹ...
ודֹחֹיֹל עמו מֹנֹקֹרֹ... יֹי וֹ...מין בשֹׁ...
ואֹומֹריֹה דֹיֹנֹי ...בֹ... ...ה דמשׁה עֹבֹֹיֹה
אֹן! בברין שֹיֹ... מֹשׁוֹן ובעֹי ישֹראל ית שֹי...ֹ
תֹושֹבֹחֹ: הֹרֹאֹקֹֹלֹֹם אֹ...ע ...רֹין לֹעֹמֹ...עֹוֹ
ושֹבֹח אֹדֹם ֹיֹי לֹהֹוֹאוֹרֹם ֹיֹ... יֹֹבֹֹיֹ ...
נֹמֹתֹאֹיֹ עֹלֹ ותֹגֹיֹ אֹ ומֹֹלֹֹ... יֹֹ...
כֹלֹבֹֹגֹן דֹמֹתֹֹנֹֹשׂאֹה הֹֹדֹֹמֹוֹי הֹֹוֹֹ... ...יֹֹה פרע
מֹגֹא רֹמָה כֹֹפֹֹיֹ דֹוֹֹחֹהֹֹוֹן דֹֹרֹֹמֹֹיֹֹנֹֹה סֹוֹֹסֹֹוֹֹאֹן ...
בֹוֹֹהֹֹון עֹלֹ ֹדֹֹיֹֹרֹֹדֹֹפֹֹו בֹֹתֹֹר עֹֹמֹ... יֹֹ... יֹֹשֹֹראל רֹֹמֹֹה לֹֹבֹֹמֹֹֹע
יֹֹתֹֹהֹֹון בֹֹגֹֹיֹֹמֹֹא אֹ עֹֹיֹ...

Jewish Theologial Seminary MS 605 (E.N.A. 2587), folio 6v

MS J   Exodus 14:29   29:יד שמות

plate 103

Jewish Theological Seminary MS 605 (E.N.A. 2587), folio 7r

MS J   Tosefta Exodus 17:15   תוספתא שמות יז:15

plate 104

בי... יׄ ... דבני ישׄ

פר... מן ארע ... הׄיך זמן יומא הדין ...

... נטׄלו מרפידים ואתו ...

רקיע נשׄרו במדברא וכ... דמן ישׄראל ...

... ומן ... דסלׄק למרׄבע אוׄלכן מ...

... דיׄבׄ... ד אדני למׄׄמר כדין תׄאמׄר לׄדבית יׄׄ

יעקׄב ותׄ... לׄשׄבׄטׄׄיׄה דבני ישׄׄראׄל אתׄם ...

חמׄׄׄׄ... מה רי אׄׄׄׄׄׄעׄׄבׄׄד עׄׄׄׄׄ למׄׄׄׄׄׄצׄׄׄׄר ...

... עׄׄל עׄׄנׄׄ... יׄׄקׄׄר שׄׄכׄׄׄׄׄׄׄׄׄׄׄׄׄׄׄׄׄ הׄׄׄׄׄׄ עׄׄׄׄׄׄׄ...

... יׄׄׄׄׄׄׄׄ... יׄׄׄׄׄׄׄׄ לׄׄׄׄׄׄׄׄ אׄׄׄׄׄׄׄׄׄ אׄׄׄׄׄׄׄׄׄ וכׄׄׄׄׄׄׄׄׄ אׄׄׄׄׄׄׄׄׄׄׄׄ

תׄׄׄׄׄׄׄׄׄׄ בׄׄׄׄׄׄׄׄׄׄ ...

... חׄׄׄׄׄׄׄׄׄׄ ...

... אׄׄׄׄׄׄׄׄׄׄ ...

T-S B 8.9

MS K

Cambridge University Library MS T-S B 8.9, folio 2

Genesis 22:5

Cambridge University Library MS T-S AS 64.13v

MS M   Tosefta Genesis 44:18   18:מד תישארב אתפסות

plate 107

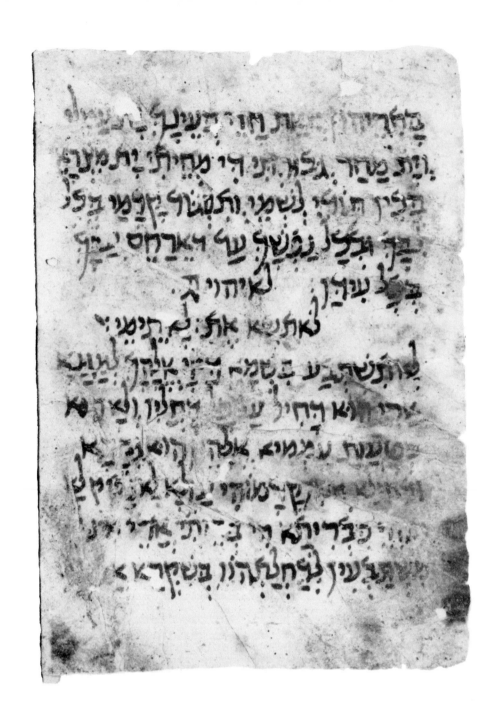

בָּאֳחַרֵיהוֹן ... אֵת חֲוֵי הֲשֵׁיזֶל ...
וְיָת סִֿהַר גְּלוֹ ... דִֿי מְחֵיתִי יָת מִצְרַיִ
בָּהֵין חֵוְיֵֿי ... נַֿשְׁמֵי וֵֿתֵֿסְעַוֹר קֳֿדֳֿמַי בַּל
בֵֿן וֵֿבָֿכֵֿל נַֿפְשָׁךֵֿ עֵֿד וֵֿאַרְחֵֿס יָֿֿ
בָֿֿל עֵֿיֹֿדַֿן לֵֿיהוֵֿי ..
לֵֿאתַֿֿשָׁא אֵת ... לָֿ תַֿתְסְעֵֿי ..
לֵֿוֵֿתַֿשְׁתַֿבְֿעַ בַֿשְׁמַֿֿא דֵֿֿרֵֿֿ עֵֿֿלָֿֿהֵֿֿל לֵֿשֵֿוֹֿ
אַֿרֵֿֿי וֵֿֿא וֵֿֿחֵֿֿיל עֵֿֿ ... חֵֿֿֿלֵֿֿו וֵֿֿֿשֵֿֿ ק אֵֿֿ
בֵֿֿֿסֵֿֿעֵֿֿת עֵֿֿֿמֵֿֿיֵֿֿא אֵֿֿלֵֿֿה וֵֿֿקֵֿֿישׁ גֵֿֿ אֵֿֿ
וֵֿֿֿֿרֵֿֿֿישׁ אֵֿֿֿ ... שָֿֿֿ יֵֿֿמֵֿֿודֵֿֿיֵֿֿ וֵֿֿֿ ... אֵֿֿ פֵֿֿק לֵֿֿֿ
וֵֿֿֿֿֿ כֵֿֿֿבֵֿֿֿֿדֵֿֿֿֿירֵֿֿֿֿא דֵֿֿֿֿֿי בֵֿֿֿ ... יֵֿֿֿֿת אַֿֿֿֿֿרֵֿֿֿֿֿ ... ז
מֵֿֿֿֿֿשֵֿֿֿֿֿתֵֿֿֿֿֿבֵֿֿֿֿֿעֵֿֿֿין עֵֿֿֿ חֵֿֿֿלֵֿֿֿתֵֿֿֿֿהֵֿֿֿֿֿוֹן בֵֿֿֿשֵֿֿֿקֵֿֿֿרֵֿֿֿֿא ⟨

Jewish Theological Seminary MS 605 (E.N.A. 2587), folio 30r

MS Q   Exodus 20:2   שמות כ:2

plate 108

אּיּ צְבְלִי וְנָא כ...עֵבְעַ א אבֵי
נָא יִתְזַקִ... מֵי דמִשְׁתַבַע שֵׁוּ...בַא
לְאָתַמֵי: דַלוּרְאַת יוֹמַהַשַׁנַּת
הֵוְהַ לִיר יוֹס אִפַקַתַךְ מֵאַרַע שִׁיעַ..
...לִין מִיַלַמַ וְרֵי בְּרִיתִי עֵ.עלַמ...
...עָלֵמַא שַׁבַּת בֵּלִין אֵת בְּרִי הֵגַ.חַ.וְלַא
תַעַבֵּיד בַּ.עַ.הַ.דָא הֵ.הַ..וְקַרַלַמִי שַׁ..
וְאַרְעַא הַי בַּ.יֵ..יַתַהַו בַּשַׁתַא חַ..
...בֵּלִ..עַ.עַ.לֵית שַׁמַי.. וְאַרְעַא בַּשִׁיתַ.
...עַין עֵ..וְ...ךַע נָבּוֹן.נַתַ יוֹמ..וְ.שַׁ.בַ.תַּא
...וַ..תַ.נַחַן בַ..י..מַכַל עַבַלַיבֵלַוֹן.אַ...
...א יֵנַ.יַין תַפַלַתַ.ךַ פַּלַתַגַ.בֵלַי וְ.וַקעַ.בֵ..

Jewish Theological Seminary MS 605 (E.N.A. 2587), folio 30v

MS Q   Exodus 20:2   שמות כ:2

plate 109

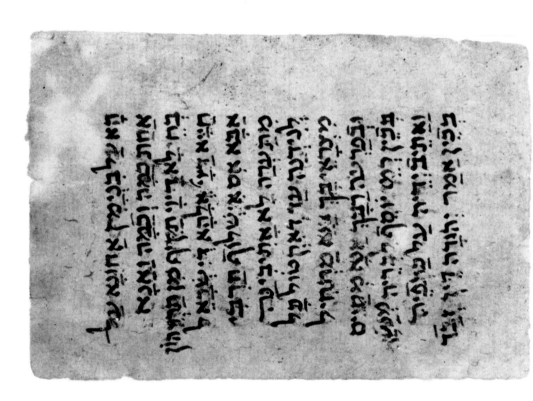

Cambridge University Library MS T-S B 12.2

MS R

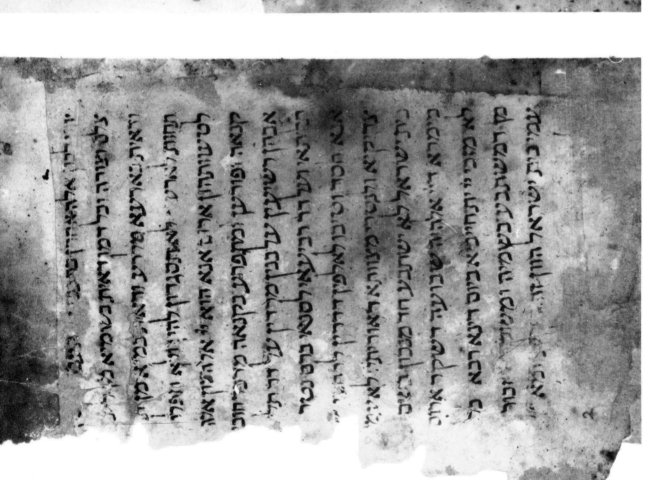

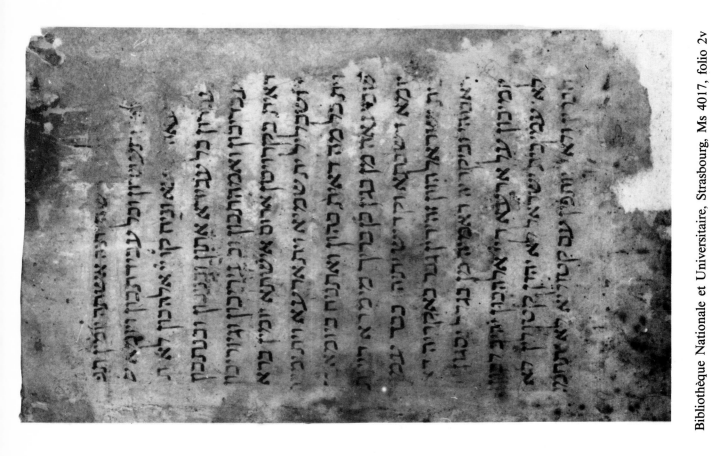

Bibliothèque Nationale et Universitaire, Strasbourg, Ms 4017, folio 2v

MS S

Exodus 20:8   שמות כ: ח

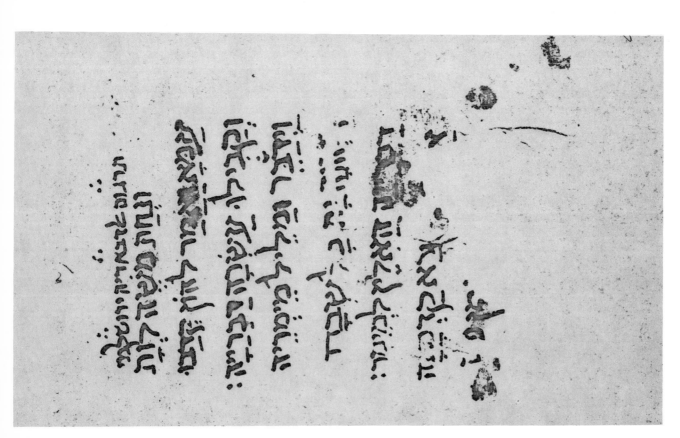

MS Mosseri (Paris) VI, 59

MS BB

Exodus 19:25   שמות יט: כה

אשן הלכות מפי׳ סלוריה:בפה אמוריה עשה סדריה
גילה לנו חמיה:ידעיה דיבר וצוה כל טעמי זרעיד
הסריב עימב הנא מתועד:ויאמר עיבור סדיר מעדין
יהרד תוקים ורב עונשיה:חיכמה ויידעב כל די פי
נשיב:עילים וחיסן שבעתיב מזוקקיב:יושר
פיקודיב ושילוב נזיליב:כלל ופרט מפלאשיב
מיבין נכוחיב קורשי דרשיה:מרבט מתוקיב
אמרות טהורות:נכוניד בה טמאנת וטהרות
סדר לפנינו כל לימורעור פירש טעב תלמוד
פיענח סוד עירות נאמניב:ציונה להגת בתוריה
כהסד:קלא ושיען כל המילות:דיקיך לעשריד
וארבע אגדות:שילעב בכתב כל המטנה:יתרדי
בפה תעודה לשנה ﬞﬞﬞ
יחולמשה נקוב עליה ואמור לימה זועפן קודמיה:בשמי תחזיר
ואמור לימה אנה הוא שלחיה דמלך הכבודי אורק
ישעפ זעורה עד דיעברון בגוון רחימי קדיריב:דישבבטוי דיעקב
שריין בעקה ומצאיידון רדפן בתריהון זה בהימה סגד מן
קורעייקן וסאה רדים מן בתריהון:ואזל משה וקב עלימה
ואמר לילה זועלן קודמיו:עד יימה הל קורב משה כד חפאה
אבריה חונר פסיה:וחילה רבה עלת נמה ושרין תרביב
עב משה:שעש היא לך במיה רעמרב דלות אנה מתלבשי מן
גלו דישאע:יקלין תלתה אנדרבגיען היראת:ויכל מבבושי
מזב משה רזת מערב רב אמר לשה לילה

BODLEIAN LIBRARY

Oxford Bodleian Ms. Heb. e 25, folio 64r

MS T   Acrostic Poems to Exodus 14:30   שמות יד:30
and Deuteronomy 34   ודברים לד

plate 114

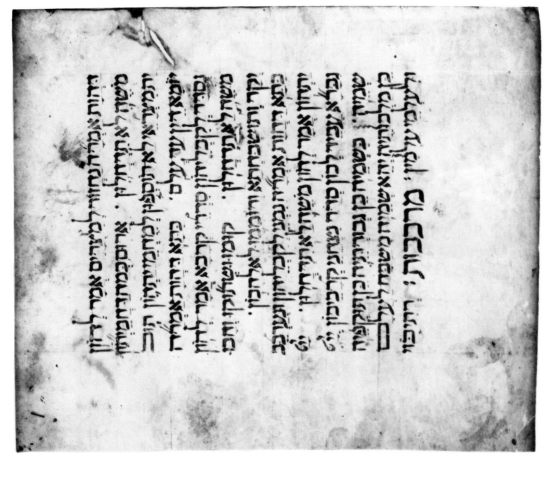

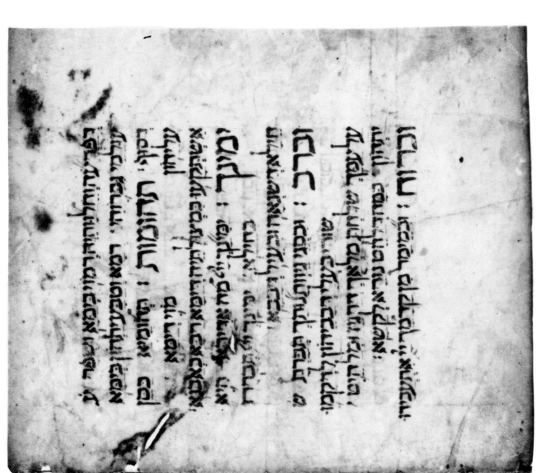

MS U

Jewish Theological Seminary MS 608 (E.N.A. 656), folio 2

Exodus 15:3   שמות טו:3

plate 115

MS U

Jewish Theological Seminary MS 608 (E.N.A. 656), folio 1

Exodus 19:7 שמות יט:ז

plate 116

Oxford Bodleian Ms. Heb. f 102, folio 5

Exodus 15:7   שמות טו: ז

plate 117

MS W

Oxford Bodleian Ms. Heb. c 74r

Oxford Bodleian Ms. Heb. c 74v

MS X   Toseftot Genesis 4:23,24; 44:18; 49:18   תוספתות בראשית ד:23,24; מד:18; מט:18
Exodus 13:17; Acrostic Poem 14:30   שמות יג:17; יד:30

plate 119

Oxford Bodleian Ms. Heb. c 75r

MS X   Acrostic Poem to Exodus 14:30   שמות יד:30

Toseftot Genesis 38:25,26; 42:36   תוספתות בראשית לח:כה,26; מב:36

plate 120

Cambridge University Library MS T-S AS 70.206, folios 2v, 1r

MS Y

plate 121

Cambridge University Library MS T-S AS 70.206, folios 1v, 2r

MS Y

שמות יט‎:5 Exodus 19:5

במדבר כח‎:26 Numbers 28:26

plate 122

Cambridge University Library MS T-S AS 71.1r

MS Z   Genesis 44:16   בראשית מד:16

Cambridge University Library MS T-S AS 70.229r

MS RR   Genesis 44:18   בראשית מד:18

plate 123

Cambridge University Library MSS T-S AS 71.1; 70.209r

MS Z   Genesis 44:18   18:בראשית מד

plate 124

Cambridge University Library MSS T-S AS 71.2; 70.210,176

MS Z

Genesis 44:18   בראשית מד:18

plate 125

Cambridge University Library MSS T-S AS 71.3v, 5r, 215v, 281v; 70.213

MS Z

Genesis 47:28   בראשית מז:28

plate 126

Cambridge University Library MSS T-S AS 71.3r, 5v, 215r, 281r; 70.213

MS Z

בראשית מח:5 Genesis 48:5

plate 127

Cambridge University Library MSS T-S AS 71.5v, 214r, 281r; 70.211r

MS Z

Genesis 48:14   בראשית מח:14

plate 128

Cambridge University Library MSS T-S AS 71.5r, 214v, 281r; 70.211v

MS Z   Genesis 48:20   בראשית מח:20

plate 129

Cambridge University Library MSS T-S AS 71.4v, 217r; 70.212v

MS Z   Genesis 49:2   ‫בראשית מט:2‬

plate 130

Cambridge University Library MSS T-S AS 71.4r, 217v; 70.212r

MS Z

Genesis 49:5 בראשית מט:5

plate 131

MS Z

Genesis 49:10   בראשית מט:10

plate 132

Cambridge University Library MS T-S B 13.4, folio 2

MS AA

Deuteronomy 26:2 דברים כו:2

plate 133

(6)

הַשְׁקִיפָה אֲרִיק בְּמַעוֹן מִן בֵּית שְׁכִינַת קוּדְשָׁךְ מִן שְׁמַיָּא
וּבָרֵיךְ יַת עַמָּךְ יַת יִשְׂרָאֵל וְיַת אַרְעָא דִי יְהַבְתָּה לָן אִיךְ מָא דִי קַיֵּמְתָּ
לַאֲבָהָתַן אֲרַע דְּעָבְדָה פֵירִין טָבִין נָגְדִין חֲלַב וּדְבַשׁ כְּרַבְשָׁה
הַיּוֹמָן יוֹמָא הָדֵין יְיָ אֱלָהָךְ מְפַקֵּיד יָתָךְ לְמֶעְבַּד וַדְאַתֵּ יִת
יַת קְיָמַיָּא דִיזְעֵיךְ וְעַרְיַן וְתַעְבְּדִין יַתְהֵן בְּכָל לִבְּכוֹן וּבְכָל
נַפְשְׁכוֹן יַת יְיָ יַת מֵימְרֵיהּ אֲמַלְכְתּוֹן עֲלֵיכוֹן יוֹמָא הָדֵין לְ
לְמֶהֱוֵי לְהוֹן בֵּרִיךְ וְלִמְהַלְּכָה בְּאוֹרְחָן דְּתָקְנָן קֳדָמוֹ וּלְמֵעַר פִּקּוּ
וּשְׁקוֹדוֹהִי וְסַהֲדוּהִי וְדִינוֹהִי וּלְמִשְׁמַע בְּקָל מֵימְרֵיהּ וְיְיָ וַאֲמַר קֳדָמ
אֲמַלְךָ יַעְבֵּד יוֹמָה הָדֵין לְמֶהֱוֵי לֵהּ לְעַם חֲבִיבִין הֵן
שַׁלְּוָה מִכָּל אוּמַיָּה הֵיךְ מַה דִּי מַלֵּל לְפוֹן וּלְמַטְרָה כָּל פִּקּוּדוֹהִי
וּלְמֶעְבַּד וּלְמֶעְבַּד יַתְכוֹן רָמִין וּמְעַלִּין עֲלָךְ עַל כָּל אוּמַיָּה
דִּי בְּרָא לְתֻשְׁבַּחְתָּה לְשֵׁם עֲנָן דִּין מֵאמַר וּלְמֶהֱוֵי לְעַם קַדִּישָׁה
קַדִּישָׁה וּמַשְׁרָה קַיָּם יְיָ לְמֶהֱוֵי הָךְ מַה דִּי מַלֵּל וַיֵּעוֹ
וּפַקֵּיד מֹשֶׁה וְסָבַיָּה דְיִשְׂרָאֵל יַת עַמָּא לְמֵימַר טוּרוּן יַת כָּל
מִצְוָותָא דִּי אֲנָא מְפַקֵּיד יַתְכוֹן יוֹמָא הָדֵין וִיהֵי נָשְׁמָי
בְּיוֹמָא דִּי תַעְבְּרוּן יַת יַרְדְּנָה לְאַרְעָה דִּי יְיָ אֱלָהֲכוֹן
יָהֵב לְכוֹן וּתְקִימוּן לְכוֹן אֲבָנֵי

Cambridge University Library MS Or. 1080 B 18.1, folio 1r

MS AA   Deuteronomy 26:15   דברים כו:15

plate 134

plate 135

2

וירמון לוותן תירהי טאוקה עלמה דילית בא מוצדי
לא טליך עליה שעבוד ד טיר וענתפו והוגעו יתח ולעטר
כהנה דביהרפק יתה לבר מן משריתא ויפום יתה להון
אהרן קורמנו והוא חטין ולקח ויסב שעטר בהגם רצה
מן ארמה באעבשה ויהי לקבל אפי משכן זמעד מין ארמה
שבעה זמנין ושרף ודמי יורי ית עדתה קורמי יתלשכה
ויתבשריה ויתאהרמד על גרועה יולקד יתהן ולקחו
סבה ויטוטך לגן יקודת טרתא ומבסי חוסי
לבוטוי כהנה ויטחי יתכבסדרה בטוא ומתר בדס יעוליעו
משריתא ויהי כהנד מסאב מרחקמן קורטיק עד דמעה
והטורף ומי מורד יתה יחור לבושוי במיה ויטחי
ית בטדיה במיה ויטאב עד רמטה ואטן
וימנש צבח דפולת קטמה דתורתא ויצעניתה לבר מן משרית
באתר דכירתהדו לער כעיטתא דבני יטדסל למטרא למי
הזיא חטטתא הדיא ומבס ונחור כל דמבנש צומה
דתורתא ית לבוטוי ויטתאוב ער רימטא וחין זי לבעיטי
לצורתא דמתעניון בעיכון ליכיזט דעם חטגט כדין

יקרב במיתּ בעמא נפש דבינש ויטמאב שבעה יומין

הוא: הן יזכי בה ביומא תליתא וביומה שביעיה

יזכי ולא יזכי ביומה תליתא וביומה שביעיה לא יזכי:

כל דה מען כל די יקרב במית בטמא נפש דברנש די

ימות ולא ידכי יתסאב לנה דייי סאב ותשתצא נפשה

הך מן ישראל ארום מי הדית לא זרק עלוי מסאב יהוי

הוב שאובקה בה: ישאתל דא גזירת אוריתא בר יאדרוס

ימת כמשכנה כל די יעול במשכנה וכל די במשכן

יסתאב שבעה יומין: וכל כלי ו כל מן פתיח די לית לה

מרק עלוי מסאב הוא: ו כל די יקרב על

בכה בק טיל דחרב או במית או בגרס דברנש

או בקבר יסתאאב שבעה יומין: ולקחו ויסבן למטאבה

ית עפר יקירת מא תא ויתן עלוי מן מייה חין לגן מן

ולקח: ויסב אזוב ויטבול במיה אגבר דכי

משכנה ועל כל למני ועל נפשתה דריהון

תמן ועל די יקרב בארב או בקטיל או במיתא או בקבר:

והיה וידי דכליה על מסאבה ביומא תליתה וביומה

שביעיה וידכי יתר ביומה שביעיה וחמר לבושי ויסחי

במיה וידכ ב ד משה ו איש ו גבר די יסתאאב ולא ידכי

ותעירתנעא עפערה היחיה מן גו קהלה א רוש יתמק ינא
יי שאפ מי הידיבא לא זרוך עלוי מ סאב הוא וני יתדי זתחו
להון לקיום עלם ומן ימלויהי מן קי היא והור לכושו ודי יקרב
בכלי הדיא יסתאב ערי מ שא ח ולא דין יקרא בבה מ שא א בה
י מתאב ונפשה ד יתקריב יתשמ ואב עלי דמ שא טו ויצא ואתין
בני ישראל דל עד דע שרתא מ יצבד הלי עין בירחה קדמיה
ושריון עמה בר קס ומיתת תלש מריכ ואתקבדית תמן ולא
ולא הוה מגן חישא לעד פמ שותה ואתכ נשו עמה עלמ שה
ועל אהרן ויתבו ואתיעו עמה עם משה ואמדין למימר
הלוי מיתת במותנא דיי מי מותן בהאחיץ קדם יי ולמה
ולמה כען אעתון ותעב כנ שרתה דיי למדברה הדין למות
מגן אנן וב עירינן ולמה ולמה לש מעלתון יתן מן אדעה
מ ידעריס למ עלה יתן לאתריה בישח הדין לא אתר מזדרע
וי על א תאנין ולא גנעען ולא דמוען ומ תרלא מיכ ליתלך למ שחי
ויבא ואתא משה ואהרן מן קדם קהלה לתרע משכן זימנה
ונפלו על אפיהון ואתגלי יתי קר שביתה דיי עלי הון
וידיבר ומ לילו עם משה למימר קח סב יתחוטרא וכנש
ית עד לעשירתא את ואהרן אחוך ומללון עם כיפה דימ יהון

Cambridge University Library MS Or. 1080 B 18.1, folio 3v

Numbers 20:8   8:כ במדבר
Exodus 17:8   8:יז שמות

plate 139

הן מא דיי שמדילהן משרתי למן סדדמה סויד ומרבה
נגב דילבית עמלק ומשידו אהלי סלהן דאשדאמראו
והוה: והוה היאמא היהיה משיה תקף ידיו בעד ונוף וי
הון בלבית ישראל מנאברין ונצחין ומרי הוה ידין לסם
עליה הען הני שיע על יתדאתברין תפלין בחרבה עוד
וירי ראלי משה הון זקיפן ונסבו אבנין ואחנו מיחב עליה
ואהרן וחור דיד דקהתין דיהרי ובר בל של שני...
סיורלה והרן ידרה היער וה דין ... לישהה ...
אל הויה עדי מעו ומש ... שמי עדי דל ... ...
יהושע יחלש עמלק וית עמיה לפתגב וחורב: ... ... ואמר
מיערה דיו למשה כתוב דא דיכרן יב בני ספר ושוי
במשמעה דיהושע אדיל ומשעין ית מוכדנה דעמעל
מתחות שמיל: ויבן מיאהן ובנה מי שקריד בת ופל
ועלי חמן בישמי מומריה דיי דו עבד לה כסיין
ויאמר: ואמר שבועה נפקת מן תחות כורסיה
איקריה דבון כל עלמוה יי מולכה קדמוה
דעתיד למקוס מן דילבי ומישראל הוא

Cambridge University Library MS Or. 1080 B 18.1, folio 4v

MS AA   Exodus 17:15; 12:1   שמות יז:15; יב:1

plate 141

Cambridge University Library MS Or. 1080 B 18.1, folio 5v

MS AA   Exodus 12:16   16:שמות יב

plate 143

מן למחבלנא למיעול לגו בתיכון ולמקטלה ושמרתק

ותטרון ית פתגמה הדין דלייכי לבון ולבניכון עד עלם

ויהיה והוה ארוך תעלון לארעה די יתן יכון מרה יי

איך מא דימלל ותטרון ית עבירתה הדא והיה והוה

ארום יאמרון לכון בניכון מא תעבירתא הדא לבון

ואמרתם ותאמרון נכיסת פיסחה הוא לשמה דהלו דו

פסח וגג על בתיהון דבני ישראל כד הוה רימערים

ביקטלותה ית מעריא וית בתינן שיזב ואקרו עמה ואודו

ושבחו וילכו ואזלו ועברו בני ישראל היך מן די פקד יי

ית משה וית אהרן כדין עבדין ויהיו והוה כפלגות דליליה

וממרה דיי קטול כל בכוריה בארעה דמערים מן בכורה

דפרעה דהוה עתיד למתב על כורסי מלכותה ועד בכורה

דשביתה דהוה חבש בבית חבושה וכל בכורה דבעירה

ויקם וקם פרעה בליליה הוא וכל עבדוי וכל מערייא והות

יווחה רבה בארעה דמערים ארום לא הוה ית בקתיה דיי לא

הות תמן שׁגׁור מית ויקרא וקרא למשה ולאהרן בליליה

ואמרו קומו פוקו מן גו עמי אוף אתון אוף בני ישראל ואזילו פלחו

קדם יי כמלימכון׃ גבי להור עצלון להור הריבכון סבו אוף איך מא די

מלילתון ואזילו ותפרקון יתי להוד אתא׃ ותחזק׃ ואונקפמ מצריא

על עמא לאוחאה למשלחהון יתהון מן ארעא ארום אמרין כולן מיתן׃

ונטלו עמי יתלשהון קדם עד דלא יתחמע מן עלותהון מצרים

מן מצריא מפק חכסף ומפק דהב ולבושין׃ ולי ואמרה דלויותב

מעריא ודסער׃ ונטלו בני ישראל מן פילוסין למעלין בשית

עשיהון וע ומערק עבסין סגין לחד׃ ויאפו׃ ולהוד עירבוב סגי

מן ארעה דמערים חלוז דפטירין ארום לא אתחמיע ארום טורדו

ומנטריהון רבון ישראל די שרון בארעה דמערים תלתין שנין

ומעריב׃ לרל׃ ליהבצרידומזוסי ופריקן הוא קדם יי בסמן אפיקמן

בלילא דיל פריקין מן ארעה דמצרים הוא לליליה דהן
...מה רי בערי ומהכן לפריקן הדא ולכל בעיי ...
ל...היהון תרגום דפסחא אולי י...
...יא: וקרא משה לכל סביהא דישראל ואמר להון זרזו ...
...ון עז לוד...יתהון ויפסח נכיסת פיסחא; ולקיחתב: מהשבן
...שריד דיאית חב וחכובלין באגרמה דיאית במנה ותהרין על
...ה ויעל תריסן מוויתה; מן אדמה דיאית במיפה ואונן
...פקין גבול מן תרעבתה עד עפרה; ועבר; ויעברימ
...תהולך יתעדריא ויתחמי ית הא ... על
...תא ופסח ויגו
...לעולילנו בחיל
...דן עליך
...

Cambridge University Library MS T-S B 13.4, folio 1r

MS AA   Exodus 12:27   שמות יב:27

plate 147

British Library MS Or. 10794, folio 8

Fragment-Targum
Deuteronomy 1:1 אً 1:1 דברים

MS Br

עמי בני יעֿ לא תהוון קטוליזֿ לא חבריזֿ ולא

שתפיזֿ עם קטוליאֿ ולא יתחמי בכנשתהוזֿ ויֿפֿ עֿ קטולין

ולא יקומון בניבוזֿ מבתריכוזֿ וילפון את אנוזֿ למהוי

קטולין אֿרֿוֿסֿ בחובי קֿטֿ ליא חרבא נפק על עלמאֿ

ליא תנאֿף דביריא שביעֿאהיֿ   עמי בני יעֿ לא

תהוון נופן לא חבריזֿ ולא שתפיזֿ עם נופאֿ ולא תתחמי

בכנעֿ ריעֿ עֿ נופיזֿ אלא יקומון בניכוזֿ מבתריכון

וילפון אֿ אנוז למהוי נופין אריֿך בחובי ניפיא כפנא

נפל על עלמאֿ   לא תגנוֿב רביריא תמיתאֿהֿ וגֿ

עמי בני יעֿ לא תהוון גנרין לא חבדין ולא שתפיזֿ

עם גנביא ולא תתחמי בבנעֿ ריעֿ עם גנביאֿ דלא יקומון

בניכון מבתריכון וילפון את אנוז למהוי גנבין אֿרֿוֿסֿ בחובי

גנביא מלכותא מתגריא בבני אנשא   לא תענה

ובדריא תשיעֿנאה   עמי בני יעֿ לא תהוון

סהדי שיקורא לא חבריזֿ ולא שתחמֿ עם סהדי שקרא

ולא יתחמי בכנשתהון דיֿעֿ עֿ סהֿ אנוז דשקר

דלא יקומון בניכון מבתריכון וילפֿ

כֿ ווֿ אֿגן דשקֿוֿ אֿרֿוֿסֿ בחובי סהדי שקרא מותא נפֿ

עלמא   לא תחמוד   דביריא עשירדאת

.. עמי בני על לא תהוון חמורין לא חבריין ולא

עב חמודיא ולא יתחמי בכנשתהן דיש׳ עם חמורין

ולא יקומון בניכון מבתריבון וילפון את אתון לעיהוי

חמורין צרוד בחובי חמודיא ענוין סלקין ומטרא לא

נחית ובצורתא אתיא על עלמא   וכל העב   וכל עמא

חזן ית קליא וית בעוריא ויב קל שופריא וית טורא דתני

רהזן עמא וזעו זקמו מרחוקי   ויאמרו ואמרו למשה

מלל את עמנא ונקביל ולא יתמלל עמא מן קדם ה׳ דלמא

נמות׳   ויאמר   ואמר משה לעמא לא תדחלון אר׳

בדיל לנסאה יתכון אתגלי לכון יקרא דיי בדיל דיל דוהדי

דחלתה על אפיכון בדיל דלא תחובון   ויעמור

וקם עמא מרחיק ומשה קרב לעיית אמיטתא׳

דתמן יקרא דיי׳   ויאמר   ואמר ה׳ למשה כדנן תימר

לבני... אתון חזיתון ארי מן שמיא מלילית עמכון

לא תעברון קדמי רחלין דדכסא

וי... תעבדון לנון   מזבח   מזבח

... ... ותהי רבת עלמליית עלותך וית נכסך

SC xx ...

... ...

Oxford Bodleian Ms. Heb. d 73, folio 12v

MS CC   Exodus 20:13/16   16/13:כ שמות

plate 150

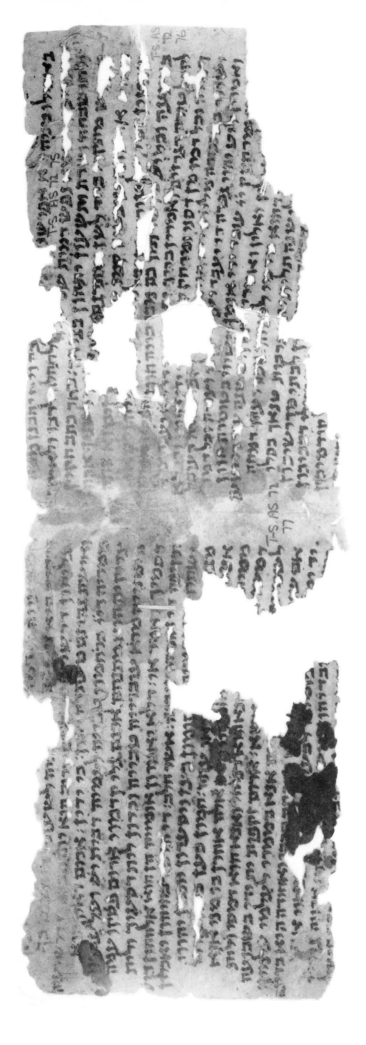

Cambridge University Library MS T-S AS 72.75,76,77, folios 1v, 2r

Fragment-Targum

MS DD   Deuteronomy 32:34   לדברים 34:כב   Deuteronomy 26:14   14:כו לדברים

plate 151

Cambridge University Library MS T-S AS 72.75,76,77, folios 2v, 1r

Fragment-Targum

Deuteronomy 33:4   לְדֶבֶם 4:נ

plate 152

MS DD   Deuteronomy 23:15   לְדֶבֶם 15:נ

cm
ins

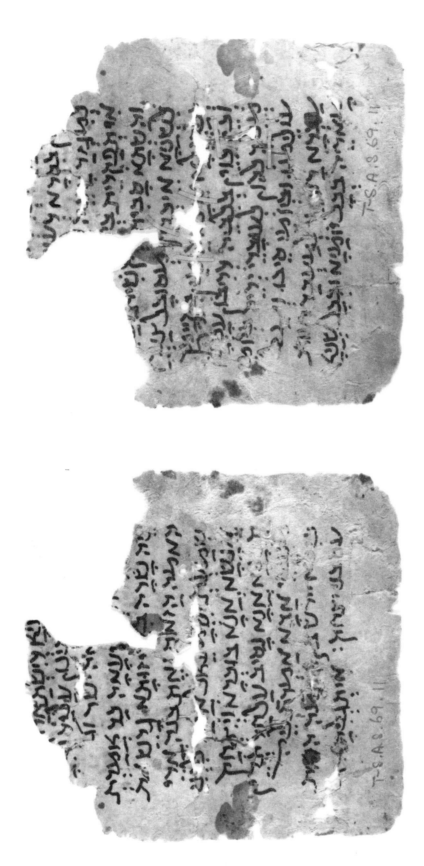

Cambridge University Library MS T-S AS 69.11

Tosefta Genesis 17.11(?)   חוספתא בראשית יז:11(?)
Tosefta Genesis 21:10   חוספתא בראשית כא:10

MS EE

plate 153

cm
ins

Cambridge University Library MS T-S NS 184.81r

MS FF   תוספתא בראשית ד:8   Tosefta Genesis 4:8
              תוספתא בראשית לח:25, 26   Tosefta Genesis 38:25, 26

plate 154

Cambridge University Library MS T-S NS 182.2r

MS FF   Tosefta Genesis 38:25, 26   26 ,25:תוספתא בראשית לח

                                                        plate 155

cm
ins

Cambridge University Library MS T-S NS 182.2v

MS FF

Tosefta Genesis 38:25, 26   26 ,25:לח תוספתא בראשית
Tosefta Genesis 44:18   18:מד תוספתא בראשית

plate 156

Cambridge University Library MS T-S NS 182.69 leaves 2r,4,5v

Tosefta Genesis 44:18   18:מד בראשית התוספתא   Tosefta Exodus 12:42   42:יב שמות התוספתא

MS FF

plate 157

Cambridge University Library MS T-S NS 182.69, leaves 2v,5r

Cambridge University Library MS T-S NS 182.69, leaves 4v,3r

Tosefta Leviticus 1:1   תוספתא ויקרא א:א

MS FF   Toseftot Genesis 49:18; 50:1,16   נ:16,1;   תוספתות בראשית מט:18;

plate 159

וְתִקַּח יבאַת צפרה... גזירת ... ועברתיה
כבוה ... ובבתיה ... קלס תגלוהי דמתכבֵית וחמעית ...
יצח למעורדוה ... עד לֵח שבקנתה וכם ... רם
מנחתה הדה על רוב ... דזהא חײא נֵחף וחרפי
... מרבֵ ... יה רֵח בכֵן שלֵק אל צפרה הצרׁ
מה יצֵר ... אוריענ הֵדי רֵ ... שֵוב וחמֵ ...
חדֵי ... יהֵ ... דַמֵך עֵ ... לבֵ ...
עב טֵיר ומהֵימן לבֵ ... הַוֵן קדה ... בֵונך ... אֵמֵ ...
דבגֵ ישֵֵל פרֵיקֵין גֵ ... יבֵח דמצֵרֵיס חֵרֵיס שֵבֵ ...
בֵלוֹן הֵיכֵ ... דַכֵתבֵין בֵסטֵ ... וכֵרעֵיא בֵלֵיֵא ...
כֵ ... תֵגֵל מֵימֵריה דֵ ... עֵל עֵלֵוֵֵן לֵמבֵֵד ...
... יֵהֵ ... ובֵרֵ וֵחֵוֵבֵה פֵרֵי ...
עֵלֵ ... רֵה ... וֵ ... וֵ ... עֵרֵ ... בֵֵלֵיֵ ...
... יֵ ... יֵ ... דֵיֵן בֵ ... רֵ ...
תֵגֵעֵ כֵ ...

Cambridge University Library MS T-S NS 182.69, leaves 6v, 1r

MS FF   Toseftot Exodus 15:12,18; 17:12; 12:42   42:יב ;12:יז ;18,12:טו שמות התוספתא

plate 161

LEAF 1

T-SNS182:69

LEAF 6

Cambridge University Library MS T-S NS 182.69, leaves 1v, 6r

MS FF   Toseftot Exodus 12:42; 14:13,14; 15:1,3,12   התוספתא כ:42; ד:13,14; טו:1,3,12

plate 162

MS GG   Acrostic Poem to Exodus 12:2   שמות יב:2

plate 163

MS GG   Acrostic Poems to Exodus 12:1, 2   שמות יב:1, 2

plate 164

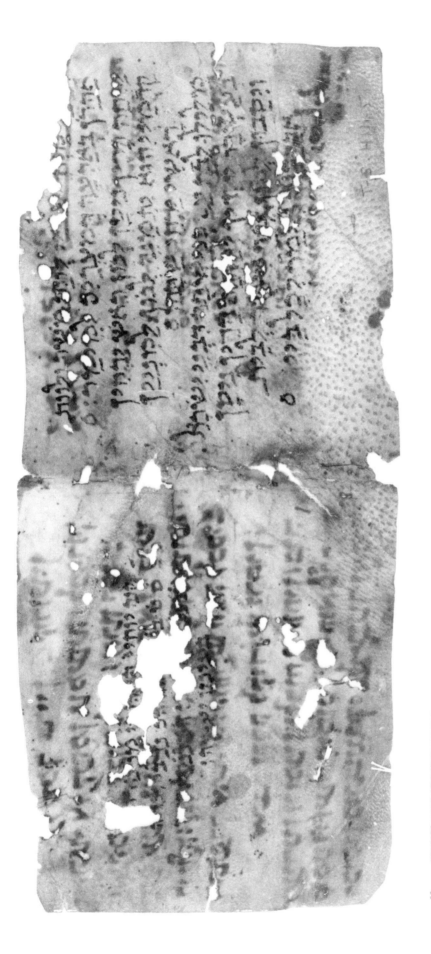

Cambridge University Library MS T-S H 11.51, folios 7v, 1r

Exodus 12:1 שמות יב:1
Colophon

plate 165

MS HH

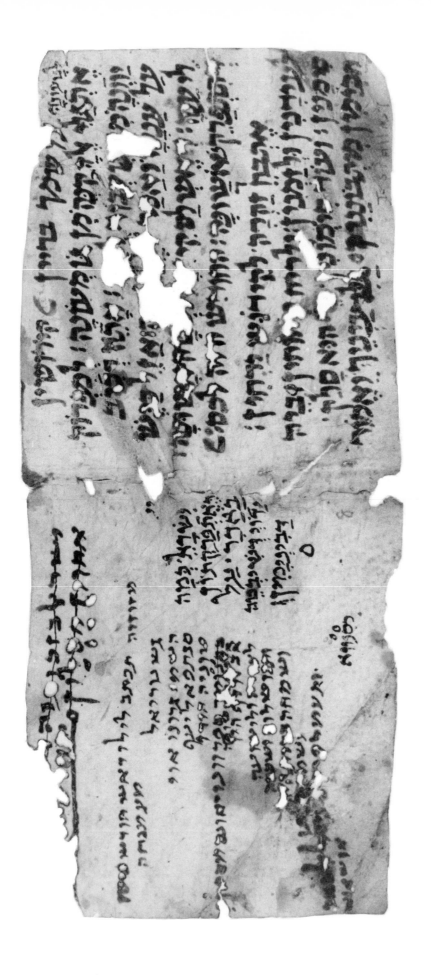

Cambridge University Library MS T-S H 11.51, folios 1v, 7r

Poems to Exodus 12:2   שמות יב:ב

plate 166

MS HH

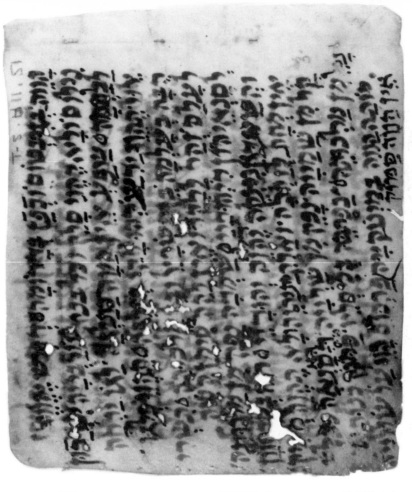

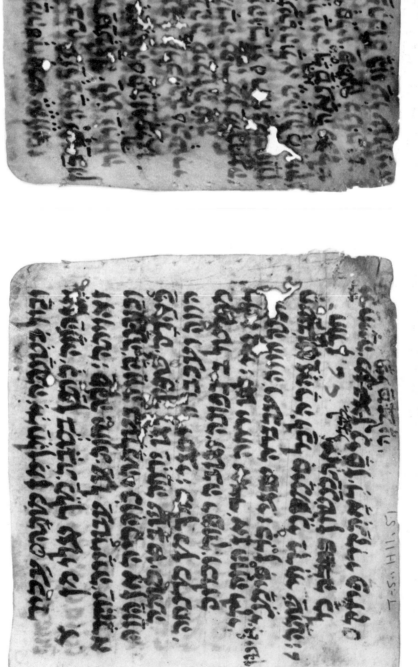

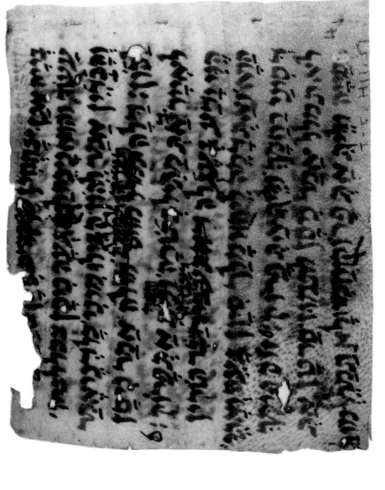

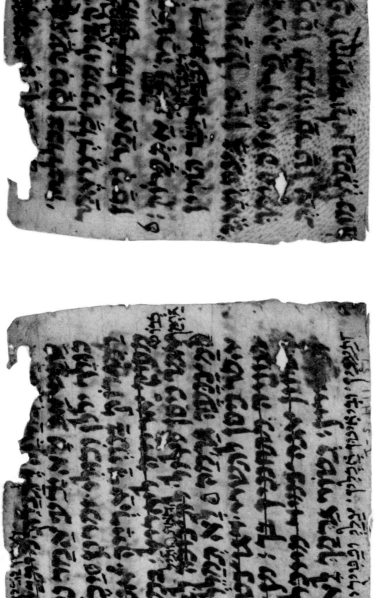

MS HH

Cambridge University Library MS T-S H 11.51, folio 4

Poems to Exodus 12:2   שמות י״ב:ב

plate 169

MS HH

Cambridge University Library MS T-S H 11.51, folio 5

Poems to Exodus 12:2   שמות יב:ב

plate 170

Cambridge University Library MS T-S H 11.51, folio 6

Poems to Exodus 12:2 שמות יב:2

plate 171

MS HH

Cambridge University Library MS T-S H 12.11, folio 6v

MS JJ   Acrostic poem to Exodus 12:2   שמות יב:2

plate 172

אכו ירת בשט מצרי חולי אלדן דישמייך דהוא אלדן
ונטב אהנה לברי מן בנתהון דכנעגאי די אנה שריכמהון
אלאל לארען ולתלדיאי חול נתהב איתה לברי ליצחק
אל פבטין דבוודיש דאה

נטילת רשות

אתרמי פולוטוס מעי ירחייך כי שלח אנטסטוס לארעא דאיגנטוס
אמן כיען טעי נעין על מוי ומדע בדיידן מבן ישראל בדאפ דין
מה עסן והא כן אמר להון קביל מני כל דנאמר לכון נסן אמר
להון שתוק פומיכון דאנא הוא אבוהון ואנה הוא דפרק להון מן שעבוד

יהחודש הזה לכב

אמל משה מן שמי וחות לגב במיה   בידך אנה עתיד פרק על אוסי
גלה אנה לך כל נסייה   די אקונין דסטב חקיקה בכורסייה
הא אין סרב פרעה מן למשלחה בנייה ואין מיהול מן שטוא ה
זרק אין הוא בגזרה מיטוקייה   חשבן אחשוב עמיה בשא וחשב
טירטם אין הוא על כל בניה   יתיב משעבד להון בטמא ובלענה
כל בכורוי אתקטל בפלגות ליליה   לגיה אנה מכבר רירדית גמר במיי
מטמע אנה בומה כל עלייה   נדעותיה דאנ צלך בשמייה
סגר אנ ... לסוף נסיין
מהק אנה לבני מן שעבוד ובנייה עלותה ארכרית דתלתי סניה
קרחע אנה עתיא וקץ למוושמיה רחמי הנון מן שדרו
שבועתה אשלטת וקובו כדנייה תנשבחו רבא אעביד יא

MS KK   Poems to Exodus 12:1, 2   שמות יב:1, 2

plate 174

וּבִי סְלֵיק מֹשֶׁה לִמְרוֹמָא:
וְאַחֵית עִמֵּיהּ לְוָחַיָּן נַמָּא:
זָעֵף תַּמּוֹן בְּקָל עָצִיב וְאָמַר:
דְּבֵי אִינוּן מִתְפָּרְקִין וט' וג'
חֲדוֹ בְּרִיאָתָא בְּשֵׁירוּי
דְיֵכְלוּן וְיִשְׂבְּעוּן מִן פּוּרֵי
פַּס אַב לִמְצֹרַח וּמֵימַר לְחַב
דְּבֵי אִינוּן מִתְפָּרְקִין וט' וג'
וַיְהִי פַּרְשַׁת וּבְטֵלַת גְּזֵירָה
דְּעַתִּידָא לְמֵיתֵי עַל אוּמָּה
בְּחַשׁ אָזֵיל לִמְצֹרַח וּמֵימַר לֵיהּ

אִתְגְּלִי אֱלָהָא רַמָּא:
בְּמִצְרַיִם בְּאָתִין וּמוֹפְתִין לְמִפְרַק עַמָּא:
גְּלֵי גְּבוּרְתֵּיהּ לְהוֹן עֲלֵיהוֹן לְרַחֲמָא:
וְאִדְכַּר לְהוֹן יָת קְיָמָא:
דְּכַד אִתְגְּלִי בְּקַדְמֵיתָא לְעִינְוְתָנָא:
הוֹדְעִינְתֵּיהּ רָזָא דְנָא:
וַאֲמַר לֵיהּ מֹשֶׁה וְאָתִיב הָאֲנָא:
אֵמָא וְאִשְׁלְחִינָךְ לְוָת פַּרְעֹה גְּחִכְתָּנָא:
זְכוּת שַׂבְּרֵוִי אִדְכְּרִית לְעִבְרֵי:
חָאֵיס אֲנָא עֲלֵיהוֹן בְּדִיל קְיָמִי:

T-S. H10. 78.

דְּבֵי אִינוּן מְפַסְּרִין אֲנָא אֵ
לַאֲבִיהוֹן וְעֵינֵיהוֹן עֲתִידִי לְ...חוּדְשָׁא
וּבֵי עֲתִידָא לְמִתְבְּנָאָה בֵּית
מַקְדְּשָׁא קַדִּישָׁא
מַלָּל תְּשָׁרֵי מֵמַלַּל פּוּמֵיהּ:
דְּבֵי אִינוּן מִתְפָּרְקִין זוּהּ וג'
נְהוֹרֵיהּ דְּיִשְׂרָאֵל אֲנָא שַׁרְיֵהּ
דְּבֵי אִינוּן חַבְרֵן ו
סָגִין דְּבַר יְרַח מֵרֹאשׁ חֹדֶשׁ
דְּבֵי אִינוּן מִתְפָּרְקִין וט' וג'
עָבְרוּן קְרַב נַאֲתַלְחוֹן
וְיַחֲסֵי

T-S. H10. 78.

Cambridge University Library MS T-S H 10.78, folios 1, 2

MS MM   Acrostic Poems to Exodus 14; and 12:2   שמות יד; יב:2

plate 176

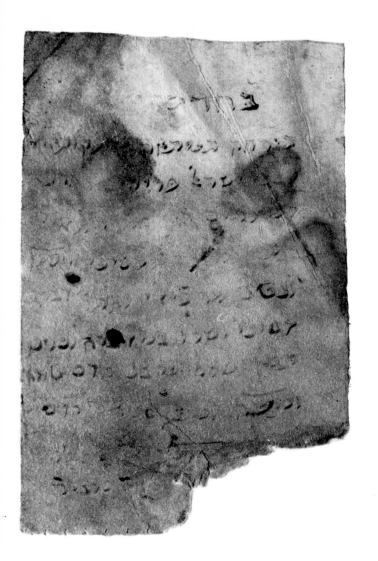

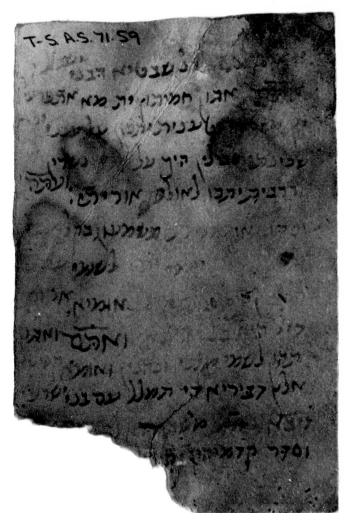

Cambridge University Library MS T-S AS 71.59

MS NN

Exodus 19:1 שמות יט:1

plate 177

עללת ולא פסיק כדוכרן יבבות חעוצרתא על
אמור עתיק ומתנסך בבית מקדשא ! אפרים
מיחל עוד לעעביס אוני עניתי ואצו אומתו ~
ואשורית אני כברוש רענן כריר עמצא :
יימרון בית ישראל מא לנא עוד למפלח לטעוותא
אנא צמיכדי אקביל צלתיה דישראל ואירחס
עלוהי צמיכמיי אעבידיען כברו שפיר מ ~
המין קדמי סלח לחיובתהון משתבחה : מי ~
חכם וריבן אלה נבון וידע כי ישרים דרכי יוי
וצדיקים ילכובם ופושעים יכשלו בס ! מן
חכים ניסבר אלן סוכלתן וידי עינן אמרי תאמן
אורחתא דיוי ועדיקייא דחליבו בהון ייחון
בהון בחיי עלמא ורשיעייא יתמסרון ל
לגיהנם עלדלא יתקנו בהון נשלמה

ובני ישראל הלכו ביבשה

אלה ארבא וגגרא בריטתיך אמרבמיריה
למיפריקהון כרעותיה ותבת בזון עבותיך
בקומי כד אתברי עלמא ובחירי חוו מנלא
עמיא רי יתחן תפנ בשמיא גלין קדמוהי
רחוא גלי רזיא גלתן ומיתכנשין אתשורפא
אדי גזריא דתחבריא גרבריא דריש מברא
מעטיף אבונא קדמאתזיא דירין בעוהי
ארבע מאה שנין בפולחנא קשיא כד נחת עמא

Jerusalem J.N.U.L. MS 4⁰ 577.4⁹, folio 3 (2r)

MS PP   Acrostic Poems to Exodus 14:29-31   שמות יד:29–31

plate 178

עלפלגא האמצע יתהפיך ניטנסא לחיותא
נסיטא אכלא ומריא ובאחמטה שיראבגלא
ופסה עד דייתרחיש להון משעבודהון
נסא ובן חזן חמי שעשרה נצייא אמין דאמר
לנבוך בגלא אנתמלכאמלך מלך מלכיא וראע
יישריאל מדמיין בהאי דעלמא זמן ינתן לה
דואת חלמא מתער ומתפריק בירדעא מרממא
חשיצו נפשן כזרעא דיזרע חריש למרמי
חיטיא בזורעא מלדע יתרחיש למירכלדתאה
וכבי זר עיק מזרר ע טב שבחיה ריאלהא
תעירא טריף דעתן בחכמה יתירא עלרמים
אודיתא בעיתרא בטפל לשקול אגרא יבע
בפריע טוריק משיחיה קשישא יתפריק
עמיק עמא קדישא כמלקדמין דחיל תשבין
עבוד כרישא נפישא כבבירא שלמא כאילקא
קדמא כן תשמעבחון שלמין בווהבת עלמא
כמלקדמי וידי מרבר קדמיהון ביממא
אתייא תמראהיא ומופתיא אנאמרכי יתהון דעבר
אלהא לעמיך כד עיקא להון בעיר) דירדפו
מפיס איו ואוציקו יתהון כד שרי עלימא וימגן
אחיד קמיהון ואתרגושת סנאה מבתריהון אומי
ואעד שילת ימיהון ואתמסי לבהון ומטורפולהבן
רוחהון כאויל נא עדתשן בהן עדד אתסי
מרומא אלהי עקב אבוהון לצלאוהי יסמעינו צלי

מא את עות בדילהון טולו בדרעא מרומא (ובקדל
זקיף אמר להון) בכן שורי זיקא ועלעולא לאובלא
(לאותבא אזדא וגליהון) (הוו מדברין עד מטרית
עפרא) בתקפא דרבנהו (ואתבזעו תרי עשר
בזעין לקבל תרי עשר שבטין להבא בהון כמה
ר אתפריש ע(פומיה דדוד רי לעזרין סגאין)
אתגזרו דלא למיפלג חד נזרהון (וכשורין)
אתעתדו ואתרימו בעטלהון ובן גזרא לגזרא
דרכין רמסתבלן שבט לשבט מעהון האבלי
ד דילעין דמדעס בי שמדאת בהון כלהון
כבעירא דמא לכא בבק עתא ויזו מדבר קדמיהון
כן אידברו בחידוה וטגיסאי בגו ימא דאטיף
עליהון (ובני ישראל הלכו ביבשתא בגו ימא אצתי
עמוד אדראשהון ומיא להון שורין מימינהון
(ומסמאלהון)   ויושע יוי ביום
(דו עדי אגמור אדעגא לגבמותהן) באורחיא ואף
לא עמודא ראשתא לאהרא אפלטו בימרא
בימרא ובנלטא לא מתחשב שעבורא ופרעה
מסרבן לבל דמיקרוב קרבן עלשעבוד וחרבן עם
פנח פומיז ממללין רבובן מפתר המחייה בדיני
עסרה ממלל בתקוף מעלבלן אטן במדברא אל
ערוף צתריהון זוחר עליהון מדברא נדביקין
פושרן באתריהון נגה פוריקהון וזקף עפהון והט
מצראי נטול בתריהון סגני עיניהון תל לתריהון

סליקת קבילתהון מטוגאות כיבהון וילי מדבר
קדמיהון עריק ואלמיתד רכב צד שימא כד
מ כדמרין מחמאי פומיה ונשניה אוחרמא
ונבי שראל הלפו בבישתא בגו ימא פליגוסיה
דימא רבא מתפזרין לתרין עשריש ביען מית
מדנזרין מימינהון ולשמאלהון נמיא להון שורין
צוחו מצראי זעירין ורבירבין נערוק מן קדם
עממין חביבין אורירא גבורתא דיוי דעבד להון
קרבין חבלא וחשובא למצראי דדא חויא ונשרוצ
נהורא אפילא ולא אותקרבו רין לתרין כלליליא
רחיע מצראי בתתוף חיליהון דישתמין דעירא
אמר לעמיה לא תמעיקון מינמרא דיוי יגיח לבו
[לבו] ואתו נ תשתקון שבחו ואודוקדם מרישמא
שליטצ תרירא בכלהון עממיא ומלכותרד
לעם ולעלמי עלמיא תקיפא דעבד פריש
לאדם איכיל בגבורתה למפרק בתר אי כמלך
כמלקדמין ופרק ושיזיב יוי ביומא ההוא ית
ישראל אלזל עאורחימא מן ידיהון דמצראי פלהי
עלמא וחמון ישראל ית מצראי דערין דגורין
עירמא מיתין רמא) עלכיף ימא
וירא ישראל
וחזו ישראל כד אותא רעיא מהימנא בנבואתא
ובהימנותיה משתעי א בלמק ד אמרין [?]
ברבותא כד מני אבבנא אתגל לך גלא עמיקתא

כשלהובית אישתא דלית נורא מגו אסנא זריז
אהרן לאובגש סבי ורברבי כנישתא ודחילו כלל
אומתא וחזו ישראל כד אתהפיך לכמה גונ[...]
אעוותא כד איתהפיך לחיות קלי לאתא נ[...]
למימר מטא פוריקנא ותתפריקון בהדא
שעתא מבית עבדותא ידיע אם לא יהימען
לקלא ואא קדמיתא וייהימען לק[...]תא
בתרי אתא במצרים · גלה אלהא פרישורי[ה]
ותחוף עובדיה בעסר מחן דהו אפורען מ[...]ריה
משניא מן דא לאותבא תש למיתפרעה על
קדקדיה בנין חמון ישראל ית גבורת ידא רבא
רבתא דיריח וכמי עלהון בימא וימאקאים
בעיתודיה תהומיא חפ עלהון וקמיהון
עמודיה בנין דחילו ישראל מן קדם יוי דכל
ראודריה ובמיחזיהון בעל דרבז נפח עלכיף
ימא במי שריח על עוף ימאו בדילהא וימרון
תבסנאה לאור ע דיריה בנין הימיען ישראל
במימראדיחי בלחודיה ובצלותה דמשה
עבדיה   אז ישיר משה